Notes d'Afrique

L'auteure

Lorsque Jenny Cathcart arrive au Sénégal en 1984 dans l'équipe de tournage de la production *The Africans* de la BBC, elle fait la rencontre de Youssou N'Dour, une étoile montante. Cette rencontre fut le début de leur amitié et l'a poussée à s'intéresser à la musique et à la culture africaines. Lorsque le terme world music, musiques du monde, est inventé à Londres, Jenny est productrice de la série télévisée pionnière *Rhythms of the World*. En 1995, elle propose African Summer sur la BBC 2 et produit deux des programmes : le premier bal africain et le documentaire *Africa's Rock 'n' Roll Years*, une histoire musicale de l'Afrique d'après les indépendances. Dix ans plus tard, en 2005, elle est productrice de séries et réalisatrice de la série télévisée en six épisodes de la BBC 2, *The African Rock 'n' Roll Years*.

Au cours de son passage au siège de l'entreprise de Youssou N'Dour, à Dakar, elle a accompagné plusieurs artistes, dont Cheikh Lô, l'Orchestra Baobab, et Pape et Cheikh.

Notes d'Afrique

Un voyage musical avec Youssou N'Dour

Jenny Cathcart

AMALION

© Amalion 2022
BP 5637 Dakar-Fann
Dakar CP 10700
Sénégal
http://www.amalion.net
http://www.twitter.com/amalion

ISBN 978-2-35926-109-7 (broché)
ISBN 978-2-35926-110-3 (ebook)

Conception et mise en page intérieure par Amalion
Conception de la couverture par Anke Rosenlöcher
Photo de la couverture fournie par Baye Arona Ndiaye
Photos intérieures : Les crédits photos connus sont indiqués à la page à laquelle l'image est présentée dans l'ouvrage.

Achevé d'imprimer en Espagne par
Gráficas Iratxe, C.P. 31160 Orcoyen Navarra.

À la mémoire de Fama Sow Cama

1. Youssou N'Dour avec l'auteure. © Jenny Cathcart.

Sommaire

III. LES RACINES MUSICALES
DE YOUSSOU N'DOUR

IV. LA MUSIQUE AFRICAINE À LA UNE

Avant-Propos

J'ai effectué mon premier voyage en Afrique en 1984 avec l'équipe de la BBC pour les besoins du tournage de la série télévisée « *The Africans: A Triple Heritage* ». Au Sénégal, cette année-là fut marquée par l'émergence d'une nouvelle figure emblématique de la musique africaine, en la personne de Youssou N'Dour, qui dans sa fulgurante ascension vers le succès, était le sujet des discussions de rue et l'objet d'articles de presse de toutes sortes, vantant son talent surnaturel. Les femmes l'aimaient ; les jeunes l'adoraient. « *You dou nit* », disaient-ils en wolof, « Youssou est un surhomme »

Bien que je fus élevée en l'Irlande du Nord, nourrie aux Beatles et abreuvée de Beethoven, je ne pouvais échapper aux envoûtantes et fortes émotions africaines, véhiculées par cette voix veloutée de Youssou N'Dour ainsi que les fanions argentés et scintillants des tambours (sabars), qui rythment le charme kaléidoscopique du mbalax, musique dont Youssou N'Dour est incontestablement le roi.

À travers la traditionnelle et très réputée « Teranga sénégalaise », le Sénégal et la musique de Youssou N'Dour avaient, sur moi, des charmes aussi marquants, au point que mes collègues décidèrent de me donner le pseudonyme « Jenegal ».

Pour moi, cette étape marque le point de départ de la découverte de la musique africaine moderne à travers Youssou N'Dour. Cette période a coïncidé avec l'émergence d'un nouveau phénomène musical qui finit par porter le nom de *World Music,* « musique du monde ». Dès lors, les musiques d'Afrique furent l'objet d'une attention particulière de la part des producteurs occidentaux.

Une amitié naturelle naquit entre Youssou et moi, et ma proximité avec lui fit naturellement de moi une ambassadrice engagée dans la promotion à l'échelle internationale de sa musique, mais aussi de celle d'autres musiciens sénégalais comme Cheikh Lô et l'Orchestra Baobab, l'une des toutes premières formations musicales sénégalaises. Devenu l'une des icônes charismatiques de la musique populaire moderne de l'Afrique, Youssou fut mon point d'entrée et mon guide dans cette palpitante aventure musicale à travers l'Afrique.

A l'aube du nouveau millénaire, Youssou N'Dour est consacré artiste africain du siècle par le magazine britannique *Folk Roots* et en 2007, le magazine américain *Time* l'a cité parmi les cent personnes les plus influentes du monde. Il a participé aux plus remarquables concerts de l'époque y compris le concert de charité Live Aid, et le concert pour la libération de Nelson Mandela au stade Wembley. Il a fait partie de la tournée mondiale d'Amnesty International, Human Rights Now ! Avec Bono et Bob Geldof, il a rejoint les rangs de ceux qui ont lutté pour l'allègement de la dette accumulée par les pays en voie de développement d'Afrique. Ses collaborations avec Peter Gabriel, Alicia Keys, Deep Forest, Annie Lennox, Ryuichi Sakamoto et d'autres l'ont propulsé sur la scène mondiale et en 2005, il a reçu un Grammy Award pour son album *Egypt*. En 2011, il est fait Docteur Honoris Causa de l'université de Yale et deux ans plus tard, à la suite de Bob Dylan, Ray Charles, Quincy Jones, et Miriam Makeba, pour ne citer que ceux-là, il a reçu le prestigieux prix, Polar Music Prize.

Ayant depuis toujours choisi son pays le Sénégal comme lieu de résidence, Youssou a su traduire ses messages musicaux, en actions, à travers son engagement dans la société sénégalaise dont dépend son avenir et celui de sa famille au sens large du terme.

Sa conviction profonde de l'absence de frontières dans la communication par la musique et à travers les supports de type télévision, radio ou papier presse a fini par faire du musicien-chanteur, le patron du Groupe Futurs Médias (GFM), l'un des plus puissants groupes de presse et média du Sénégal.

Farouche opposant au troisième mandat du président Abdoulaye Wade, son militantisme en faveur des grandes causes l'a placé en 2011 parmi les prétendants au poste de Président de la République du Sénégal. Malgré une candidature jugée non recevable par le Conseil Constitutionnel d'alors, la popularité de Youssou N'Dour aura contribué significativement à la victoire du Président Macky Sall et au départ du Président Abdoulaye Wade. Sa nomination en qualité de Ministre de la Culture et du Tourisme a provoqué sa séparation avec quelques membres fondateurs de son groupe légendaire, le Super Etoile, et l'éloigna de la scène musicale. L'envie de jouer et de poursuivre ses tournées finit par le convaincre d'accepter un poste de Ministre Conseiller du Président, lui redonnant ainsi la liberté de remonter sur scène.

En tant que productrice à la chaîne de télévision du British Broadcasting Corporation (BBC TV), j'ai créé des épisodes pour la série musicale pionnière *Rhythms of the World*, ainsi qu'une série africaine intitulée *The African Rock 'n' Roll Years*. J'ai donc eu l'occasion de travailler avec de grands musiciens comme Ali Farka Touré, Rokia Traoré, Baaba Maal, Salif Keita, le groupe Bembeya Jazz, Ray Lema, Wally Badarou, Amina, King Sunny Ade, Thomas Mapfumo… Le lien avec tous ces artistes fut établi par Youssou N'Dour.

Dans ce livre, je décris le développement de la World Music et le rôle des musiciens africains, plus particulièrement ceux du Sénégal et du Mali mais aussi du reste du continent. Plus généralement, j'explique les styles musicaux modernes qui se sont développés en Afrique depuis les années soixante lorsque de nombreux pays sont devenus indépendants. Des stars comme Franco et Papa Wemba (RD Congo), Miriam Makeba, Hugh Masekela et Abdullah Ibrahim (Afrique du Sud), Thomas Mapfumo (Zimbabwe), Angélique Kidjo et Wally Badarou (Bénin), Manu Dibango (Cameroun), King Sunny Ade (Nigeria), Fela Kuti (Nigeria), Khaled (Algérie) ont guidé une nouvelle génération de talentueux musiciens.

Remerciements

Je suis très reconnaissante à tous ceux qui m'ont aidée et encouragée dans ce projet en commençant par Youssou N'Dour lui-même et les musiciens du Super Étoile de Dakar ainsi que Joe Ouakam, Nicholas Cissé, Babacar Ndaak Mbaye, Fadel Diagne, Pierre Hamet Ba, Bara Diokhané, Ousseynou Wade, Souleymane et Arame Diakhité, Alassane et Clarice Mbodj, M. Racine Senghor, Camille Lomey, les familles Cama et Sow, Jane Sparrow et Anne Marie Villeneuve qui ont lu les premières versions du manuscrit et qui ont été généreuses avec leurs suggestions. Mon neveu, le Dr Robbie Maxwell a lu le manuscrit final et m'a fait d'autres commentaires utiles. Philomène Luccioni, Brigitte Allemande, Hedi Djebnoun, Pascale Hertzmann-Deville et Sylvie Pader ont eu la gentillesse de relire et corriger la traduction en français. Le voyage a été enchanteur et enrichissant, la musique hypnotique et inoubliable.

I

Voyage et découverte

2. Panorama de Dakar, Sénégal, 2018 © Djami Cama.

3. Baie de Ngor, Dakar, Sénégal, 1988. © Jenny Cathcart.

Chapitre 1

Dakar, Sénégal

Certains disent que Dakar tient son nom de *dakhar*, une espèce de tamarin que les égyptiens utilisaient pour assombrir le visage de leurs momies. Dans la ville que j'ai vue pour la première fois en 1984, j'ai reconnu la description de Ryszard Kapuscinski : « Une belle ville côtière, aux tons pastels, pittoresque, exposée sur un promontoire au milieu de plages et de terrasses, qui ressemble légèrement à Naples, aux zones résidentielles de Marseille, à la banlieue chic de Barcelone. »[1] La mer était limpide, l'air pur, les jardins pleins de fleurs d'hibiscus et de bougainvilliers, dorés et rouges rubis. En bord de mer, au coucher de soleil, des silhouettes solitaires se dessinaient sur l'horizon, s'asseyaient en contemplant la mer, à la recherche de réconfort ou d'espace, bercées par le rythme des vagues déferlantes. La chaleur de l'accueil, l'élégance, la grâce et le charme de la population sénégalaise m'ont profondément impressionnée.

En 1902, Dakar, un petit port sur la péninsule du Cap-Vert, devient capitale de l'Afrique occidentale française (AOF), à la place de Saint-Louis, fondée en 1659 et qui fut capitale de l'AOF du 1895 au 1902. En 1914, suite à une épidémie de choléra, les colons français décidèrent de déplacer la population autochtone du Plateau aéré vers les terrains marécageux autour de la baie de Soumbédioune. Le nouveau quartier appelé Médina, là où est né Youssou N'Dour, a été conçu avec des tracés géométriques et des rues numérotées et sans noms, sauf quelques unes. Provenant de divers groupes ethniques sénégalais et de la sous-région, les habitants du quartier vivaient dans des maisons en bois qui devaient

---

1   Ryszard Kapuscinski, *Shadow of the Sun, My African Life*, Penguin, 2001, p.271.

4. Les enfants à la plage, Dakar. © Jenny Cathcart.

plus tard été remplacées par des structures en briques rouges. En 1958, Dakar est devenue la capitale et le centre administratif du Sénégal.

Dans les années qui ont suivi l'indépendance du Sénégal en 1960, la vie se déroulait « à la sénégalaise », c'est-à-dire doucement. Le dimanche après-midi, les habitants, paniers de pique-nique à la main, se promenaient le long des rues du Point E en passant par les résidences de Fann, avant d'arriver à la Corniche et aux plages de Ouakam, Yoff ou Ngor. Cependant, le paysage économique évoluait de plus en plus et, quand, à partir de 1973, la sécheresse a frappé la région du Sahel, des populations ont progressivement quitté la campagne et milieu rurale pour la ville. En 1986, la population du Sénégal était d'environ 6 millions d'habitants. En 2006, le même nombre de personnes vivaient à Dakar et la population du pays dans son ensemble avait atteint 12 millions.[2]

Aujourd'hui, le Sénégal compte plus de 16 millions d'habitants dont 60 % sont âgés de vingt-cinq ans ou moins. Après quarante ans, la capitale coloniale est maintenant surpeuplée. Au cœur de la ville de Dakar, le Plateau, de plus en plus congestionné, a forcé les entrepreneurs à se déplacer, vers les Almadies, à la pointe ouest de l'Afrique, et plus loin,

---

2 Worldometers.info, consulté le 1er mars 2019.

le long de la côte, portés par les projets d'infrastructures urbaines. Au nom du progrès, l'accès à la mer est barré par une Corniche moderne à double sens, des hôtels de luxe et des centres commerciaux. Des tours d'immeubles, des appartements et des bureaux ont remplacé une partie des bungalows de SICAP Amitié, Baobab et Liberté d'antan. Les bars et discothèques huppés sur la route des Almadies attirent les noctambules, dont des footballeurs internationaux et des jet-setters branchés tandis que les quartiers de Derklé, Dieuppeul, et les banlieues éloignées de Pikine, Guédiawaye, et des Parcelles Assainies sont déjà surpeuplées.

En plein centre de Dakar, à la place de l'Indépendance, les mendiants s'installent aux abords des grandes banques, des boutiques de mode et des pâtisseries attirantes. On voit encore un grand nombre d'enfants de la rue, les talibés, qui se promènent pieds nus, à peine vêtus et mal nourris, alors qu'ils devraient être au Daara pour apprendre à lire le Coran. Je les vois avec leurs boîtes en fer attendre les clients de la station-service à Ouakam. Malgré les récents efforts des autorités étatiques et religieuses et de citoyens, la réticence à la modernisation du système d'apprentis-sage des Daara reste un défi, car, au-delà de son aspect transfrontalier dans le Sahel, c'est une forme d'éducation et formation que beaucoup dans la population, couches sociales confondues, a connue. Les change-ments sociaux et économiques, l'exode rural-urbain dû au changement

5

5. Style d'habitation au début de XXème siècle à Médina, Dakar, le quartier où est né Youssou N'Dour. © Jenny Cathcart.

6.   Ile de Gorée, Dakar © Adama Doucouré.

climatique, l'urbanisation féroce et galopante, entre autres phénomènes, sont autant d'obstacles aux principes d'abnégation, de discipline et de persévérance qui devraient accompagner le système d'éducation par les Daara. La situation des enfants est l'une des préoccupations majeures de Youssou N'Dour.

La topographie de la Médina a également changé au fil des ans pour devenir de plus en plus cosmopolite. Dans les années 1920, les premiers venus étaient des familles et travailleurs originaires des territoires coloniaux français et qui emménageaient au Sénégal. Aujourd'hui, des familles des pays limitrophes de la sous-régions s'investissent de plus en plus à Dakar plutôt que dans leur pays d'origine, et ont construit des immeubles financés par l'argent qu'ils gagnent en travaillant en Afrique, en Europe ou en Amérique.

À Gorée, une petite île au large de Dakar où des marchands d'esclaves portugais, néerlandais et anglais, établirent des comptoirs de traite, la Maison des esclaves est conservée comme un triste mémorial dédié aux millions d'Africains qui ont transité par sa « Porte du non-retour » sur la route des Amériques. C'est un lieu de pèlerinage, surtout pour les visiteurs afro-américains sensibles à la douleur de leurs ancêtres décrits par Maya Angelou comme « les légions vendues par les sœurs, volées par les frères, achetées par des étrangers, et trahis par l'histoire. »[3]

Lorsqu'en janvier 1974, Michael Jackson est venu au Sénégal pour des concerts avec les Jackson Five, il s'est rendu à Gorée. Le sort de ces esclaves, dont certains auraient pu être ses ancêtres, et une reconnaissance de leur bravoure, ont certainement eu un impact sur la jeune vedette qui a écrit plus tard « c'est une visite au Sénégal qui nous a fait prendre conscience de la chance que nous avons et comment notre patrimoine africain a contribué à faire de nous ce que nous sommes. Nous avons visité l'ancien camp des esclaves abandonné de l'île de Gorée. Nous étions tellement émus. Le peuple africain nous a fait cadeau de tant de courage et d'endurance. »[4] L'un des visiteurs célèbre fut le président des États-Unis, Barack Obama qui, avec sa famille, a été photographié contemplant l'océan à l'endroit symbolique où les esclaves ont quitté le sol de l'Afrique.

L'île conserve les vestiges de son architecture coloniale ; mais de nombreux bâtiments sont tombés en décrépitude. Certaines maisons avec vue sur mer, minutieusement restaurées sont la propriété de riches familles telles les banquiers et producteurs de films qui vivaient également en France. Derrière les murs ocre drapés de frondaisons d'hibiscus et de bougainvilliers, les jardins secrets parfumés de jasmin ouvrent leurs portes au public une fois par an pendant le festival d'art nommé *Regards sur Cours*. Gorée abritait la maison du talentueux sculpteur, Moustapha Dimé ainsi que celle du peintre Souleymane Keita, qui nous ont malheureusement quitté. Mody Kane, dont la mère a fabriqué les premières poupées commerciales de l'île, signe ses *suwers* (peintures sous verre) contemporains « Le Nègre de Gorée. » La couturière capverdienne travaille dans son grenier tandis que les femmes se rassemblent en bas dans la boutique de Bigué pour papoter. D'autres passent leurs journées sur des écheveaux de fils colorés produits avec du coton blanc pur pour produire les motifs de broderie qui sont typiques de l'île.

Une ruelle tranquille mène au musée dédié aux femmes sénégalaises, et avec de la chance, on peut tomber sur un défilé de mode sur la grande place devant les ruines coloniales atmosphériques organisé par Marie-Madeleine Diouf, une jeune styliste dont les modèles NU NU s'inspirent des pagnes tissés de sa grand-mère Sérère.

7

---

3   Maya Angelou, *All God's Children Need Walking Shoes*, Virago, 1986, p.109.
4   Michael Jackson, *Moonwalk*, William Heinemann, 2009, p.108.

7.   Maison des eclaves, Gorée © Shutterstock.

C'est dans la petite église Saint-Charles Borromée de l'île que se sont mariés le réalisateur américain John Singleton (*Boyz n the Hood*) et l'actrice Akosua Busia (*The Color Purple*), fille de l'ancien président ghanéen, Kofi Busia. L'hôtel-restaurant, Le Chevalier de Boufflers, avec ses façades en terre cuite rouge, surplombe le petit port où de jeunes garçons plongent et replongent pour récupérer les pièces de monnaie jetées à l'eau par les visiteurs arrivant à bord du ferry qui fait la navette entre l'île et Dakar. C'est un havre de paix et de tranquillité, car il n'y a ni voiture ni bicyclette à Gorée. Le soir, après le départ du dernier visiteur, seul le bruit des résidents bavardant sous les vérandas dans la fraîcheur de la soirée trouble le murmure des vagues de l'océan.

Chapitre 2

Une aube nouvelle

En 1986, le professeur Ali Mazrui qui a présenté à la BBC, la série télévisée, *The Africans: A Triple Heritage,*[1] a noté que l'Afrique a absorbé plusieurs chocs avec le monde occidental. Il y a d'abord eu l'esclavage, puis la colonisation l'indépendance et maintenant la démocratie. Alors qu'il a fallu 2000 ans pour que la démocratie se développe en Europe, l'Afrique n'a eu qu'une génération pour la mettre en place.

Après des années de pauvreté, de sécheresse et de guerre, l'Afrique devient, selon George Soros, le financier et philanthrope hongrois, « l'un des rares points lumineux sur le sombre horizon économique mondial »[2] En effet, il semblerait que les Africains ingénieux, inventifs et entrepreneurs ont tout à jouer, tout à gagner. En mars 2012, le *Times* de Londres a publié des rapports optimistes sur l'Afrique d'aujourd'hui. Selon les rédacteurs, l'Afrique a une nouvelle génération de leaders avec d'autres façons de faire. Nous lisons que, au cours des dix premières années du nouveau millénaire, l'Afrique s'est développée plus rapidement que l'Asie de l'Est. Soixante millions d'africains ont maintenant un revenu de plus de 3.000 dollars américains par an, et la classe moyenne est en expansion. En 2017, Marième Jamme, femme d'affaires sénégalaise, a estimé avec beaucoup d'optimisme que la classe moyenne représentera 34% de

---

1 Ali Mazrui, *The Africans: A Triple Heritage*, BBC TV/PBS/WETA Washington, 1986.
2 'Soros among those viewing Africa as a strong growth opportunity', *Asia Asset Management*, le 26 mars 2012, https://www.asiaasset.com/news/afric_soros.aspx, consulté le 1er mars 2019.

la population du continent.[3] Les téléphones portables ont transformé le commerce. Le taux de prévalence du paludisme a baissé d'un cinquième et celui du VIH/sida a chuté. Selon l'ancien premier ministre britannique, Tony Blair,   l'Afrique progresse à un rythme fulgurant ».[4]

Mais, la ruée vers l'argent dans de nombreux pays africains et la mal gouvernance, ont creusé l'écart entre riches et pauvres qui grandit dangereusement. En avril 2014, Bob Geldof a affirmé au journaliste de la chaîne ITV, Jon Snow, que, pour lui, les inégalités au sein de la société nigériane ont contribué à étendre le pouvoir de l'organisation terroriste Boko Haram.[5] Évidemment, les causes de l'avènement de Boko Haram ou d'autres groupes terroristes en Afrique sont plus compliquées et nuancées que cette assertion de Geldof.

Élections présidentielles

En 2000, après quarante ans de gouvernance du Parti socialiste, Abdoulaye Wade du Parti démocratique sénégalais, le PDS, a été élu sur une promesse de changement. Le président sortant, Abdou Diouf, a gracieusement admis sa défaite et a quitté le pays pour vivre à Paris où il a ensuite été nommé secrétaire-général de l'Organisation internationale de la francophonie (OIF). Bientôt, Wade, éminent économiste et juriste, a commencé à développer une économie de marché libre, mobilisant ses contacts dans les pays comme la Corée du Sud, la Chine, et les États arabes pour attirer des entreprises et des investissements au Sénégal. Sa politique, définie comme *Wadisme* par ses détracteurs, a permis aux riches de devenir plus riches et aux pauvres de s'appauvrir encore plus. En 2007, lorsque Wade préparait sa réélection, l'argent a parlé et de nombreux sénégalais, y compris ceux vivant à l'étranger, ont reçu de l'argent ou des cadeaux pour voter pour lui. En remplaçant les politiciens des

---

3   Interviewée par *Newsnight* BBC 2, 3 février 2017. Elle n'est pas la seule, voir également l'estimation de la Banque africaine de développement en 2018, «Perspectives économiques en Afrique: la classe moyenne en très forte croissance», *Afrique Expansion Magazine*; «À la recherche de la classe moyenne africaine» www.lemonde.fr; et L'Infographie: «95 % de la classe moyenne africaine vit dans 20 pays», *Jeune Afrique.*

4   Tony Blair, 'Get wise to the good news coming from Africa', *The Times*, London, 19 mars 2012.

5   L'interview a été diffusée le 8 mai 2004 et peut être visionné sur le site web de Channel 4, https://www.channel4.com/news/bob-geldof-nigeria-africa-progress-panel-video, consulté le 1 mars 2019.

anciens régimes, les ministres du gouvernement de Wade et leurs nouvelles bandes de clientéliste ont profité de la 'vente' de contrats lucratifs à d'habiles entrepreneurs qui ont offert des pots-de-vin. Cela peut expliquer en partie un nouveau climat économique influencé par la crise politique de la Côte d'Ivoire et du Mali. Subitement, nous voyons de jeunes jet setters sénégalais conduisant dans Dakar à bord de voitures luxueuses, dépensant à la boîte de nuit Duplex des montants dépassant les salaires annuels des sénégalais lambda dans une soirée. Dakar était devenu un véritable eldorado, une destination pour de riches individus et de la classe moyenne venant d'autres pays africains et de la sous-région, qui ont préféré investir dans des projets immobiliers au Sénégal plutôt que de déposer leur argent « sale » ou « propre » dans les banques européennes ou les paradis fiscaux devenus plus risqué.

À l'aube du XXIème siècle, alors que Youssou N'Dour était assurément la pop star la plus importante du Sénégal, sinon de l'Afrique, les fans qui assistaient à ses concerts avaient l'habitude de crier « Youssou président. » Interrogé par les journalistes sur son ambition politique, Youssou a répondu : « Je pense que ce que je fais est plus fort que la politique. »[6] Mais en 2011, l'année même où le pouvoir du peuple a renversé des régimes dictatoriaux en Tunisie et en Egypte, le Sénégal se battait pour préserver sa réputation de modèle de démocratie en Afrique. Youssou N'Dour se sentait suffisamment concerné pour s'opposer ouvertement à la réélection du président Abdoulaye Wade.

Pierre Goudiaby Atépa, connu pour l'architecture du siège de la BCEAO qui domine la ligne d'horizon de Dakar, a été nommé par Wade pour superviser les nouveaux projets du Millénaire, y compris la modernisation de la corniche ouest.

Le monument de la Renaissance est une énorme statue de bronze représentant une « famille africaine ». Construit par la société nord-coréene, Mansudae Overseas Projects, et inauguré en 2010, elle a été conçue par Wade lui-même après son rejet du célèbre sculpteur sénégalais Ousmane Sow. Certains l'ont décrit comme un symbole de la mégalomanie de Wade, car la construction a coûté la somme vertigineuse de 50 milliards de francs CFA, soit 27 millions de dollars. Le monument qui s'élève à 50 mètres est quelques centimètres plus haut que la Statue de la liberté à New York et, étant stratégiquement placé tout près des deux

---

6 'Youssou N'Dour, Open N'Dour', *Independent,* 13 décembre 2002, disponible à www.independent.co.uk/arts-entertainment/music/features/youssou-ndour-open-ndour-135888.html, consulté le 1 avril 2019.

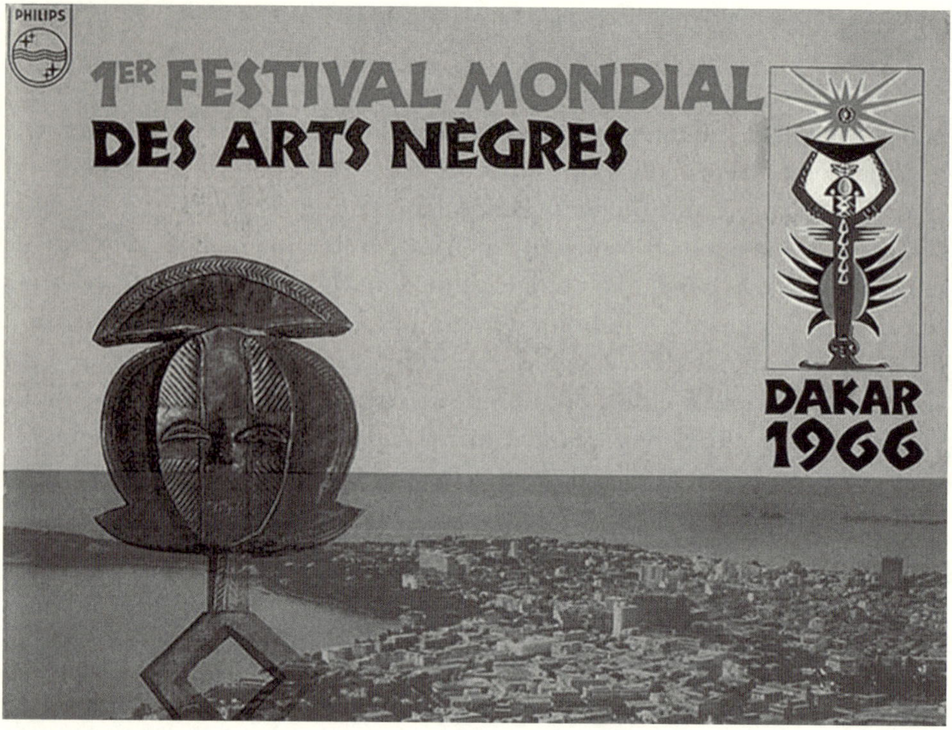

8. Album du 1er Festival des Arts nègres 1966, Dakar, Sénégal.

9. Poster FESTAC, 2ème Festival des Arts nègres 1977, Lagos, Nigeria.

10. Poster FESMAN, 3ème Festival des Arts nègres 2010, Dakar, Sénégal.

11. FESMAN 2010, press photo © Adama Doucouré.

collines connues comme Les Mamelles, il est clairement visible à partir de nombreux points stratégiques de la ville. A l'approche de l'ancien aéroport de Dakar, les figures « héroïques » d'un couple africain berçant leur enfant apparaissent de façon assez spectaculaire. Cependant, loin d'être une structure attrayante ou moderne digne des aspirations d'une renaissance, elle semble plus appropriée sur une esplanade soviétique du XXème siècle.

Wade et Goudiaby avaient également prévu un parc culturel pour mettre en valeur les sept merveilles du Sénégal.[7] Des deux premières constructions, un magnifique théâtre national et le Musée des civilisations noires ont été financés et construits par la Chine. Une salle de concert, une école d'architecture, une galerie d'art moderne, une bibliothèque et des archives nationales, doivent être construits dans le futur. Goudiaby, qui croit qu'il faut bâtir des rêves aussi bien que des

7   Drew Hinshaw, 'Senegal to build "Seven Wonders" complex in capital', Bloomberg, 29 mars 2011. Disponible à https://www.bloomberg.com/news/articles/2011-03-29/senegal-to-build-seven-wonders-complex-in-capital-soleil-says, consulté le 1 mars 2019.

12. Le bassiste camerounais, Richard Bona © Shutterstock.

constructions en béton, m'a une fois fait remarquer que « les américains ne sont pas tous riches mais l'Amérique est devenue le continent le plus riche du monde parce que ses habitants ont vécu leurs fantasmes en construisant des gratte-ciels et Disneyland. Les gens savent que s'ils travaillent dur, ils peuvent avoir tout ce qu'ils veulent et il devrait en être de même pour nous africains. »

Un autre événement extravagant, conçu sans doute pour ajouter au prestige du Président a été le troisième Festival mondial des arts nègres, FESMAN. Wade semblait déterminé à s'inspirer du président Léopold Sédar Senghor, qui a lancé le premier Festival mondial des arts nègres à Dakar en 1966. Senghor avait invité 2.500 des principaux artistes, de tous les coins de l'Afrique et de la diaspora, parmi lesquels son ami Aimé Césaire, pour célébrer leur patrimoine commun au Sénégal. De l'Amérique sont venu les chorégraphes Alvin Ailey et Katherine Dunham, l'écrivain Langston Hughes, le musicien de jazz Duke Ellington et la chanteuse Marion Williams. Des représentants de trente pays africains ainsi que sept pays à populations diasporiques ont assistés au festival. On

13. *Berber Taxi*, Malika Zarra, photographe Rebecca Meek © Motema Records Ltd.

a estimé que le festival a attiré 25.000 visiteurs étrangers au Sénégal.[8] Le FESTAC '77, la deuxième édition du festival qui a eu lieu à Lagos en 1977, a invité, entre autres, Stevie Wonder, Miriam Makeba, Osibisa, Franco, le Bembeya Jazz National et Fela Kuti. Le jazzman américain, Randy Weston, qui était aussi de la partie, a décrit l'évènement comme « absolument étonnant. Imaginez toute cette musique. Ce fut une des expériences les plus extraordinaires de ma vie. »[9] Le FESMAN, prévu six ans auparavant et reporté à quatre reprises, a finalement eu lieu en

8   David Murphy, 'The performance of pan-Africanism: staging the African Renaissance at the First World Festival of Negro Arts', dans David Murphy (ed.), *The First World Festival of Negro Arts, Dakar 1966: Contexts and Legacies*, Liverpool University Press, 2016, pp.1-52.
9   Randy Weston and Willard Jenkins, *Randy Weston African Rhythms*, Présence Africaine 2016.

décembre 2010 avec la fille du président, Sindjely Wade, comme directrice du festival.

L'envergure et la portée du programme 2010 a été bouleversant. Environ 130 tonnes de matériel de sonorisation et de scène ont été spécialement envoyé de France. Les artistes de quatre-vingt pays, avec une forte délégation du Brésil, ont joué dans différents endroits, principalement à Dakar mais aussi dans la ville de Saint-Louis, au nord du Sénégal et dans d'autres centres régionaux. En tête d'affiche, il y avait un célèbre fils du Sénégal, la superstar Akon et l'ancien Fugee, Wyclef Jean ; et la liste des artistes comprenait des représentants de tous les pays d'Afrique ainsi que de grands noms de la musique africaine: Khaled, King Sunny Ade, Hugh Masekela, Angélique Kidjo, Alpha Blondy, Youssou N'Dour. Il y avait également de nombreux artistes renommés de la diaspora, parmi eux : Kassav, Margareth Menezes, Chucho Valdes, et de célèbres jazzmen américains comme Stanley Clarke, Marcus Miller, Randy Weston et Archie Shepp. Selon le directeur de la programmation musicale, Aziz Dieng, le festival a voulu mettre en valeur la diversité et la vitalité de la musique noire et son influence dans le monde.

Un concert sublime, offert par le bassiste et chanteur camerounais, Richard Bona, faisait partie d'une série de spectacles dans un cadre étonnant, une scène en pleine air spécialement conçue au pied du nouveau Monument de la Renaissance. Bona fait partie d'un groupe de musiciens africains qui est en train de créer une nouvelle fusion world jazz. Né en 1967 dans le village de Minta au Cameroun où sa mère fut organiste à l'église, il se révéla un musicien précoce qui a joué du balafon et de la guitare – il a lui-même fabriqué son premier instrument, avec des câbles de vélos comme cordes de guitare. Un homme d'affaires français qui vivait à Douala, a remarqué son talent et lui a donné accès à sa collection de cinq cent disques vinyl, la plupart des disques de jazz. Il parait que le premier album que Bona a choisi d'écouter fut celui de Jaco Pastorius, un présage sans doute. À Paris, Manu Dibango l'a pris sous son aile comme il l'a fait avec d'autres bassistes prometteurs de son pays y compris Armand Sabal Lecco et Étienne Mbappé. Bona vit maintenant à New York où il collabore avec de grands artistes comme Harry Belafonte, Stevie Wonder, Mike Stern et Pat Metheny qui reconnaissent en sa musique une nouvelle énergie pure, une spiritualité indubitable ainsi qu'une vive appréciation de rythmes. A Dakar, Bona s'est révélé être un interprète chaleureux, amusant et espiègle qui avait le contact facile avec le public. Je me souviens avoir pensé que l'on peut être impressionné par le trajet d'un garçon qui grandit dans un village retiré de l'Afrique centrale et qui arrive à jouer sur les scènes les plus célèbres du monde par le simple fait de son talent extraordinaire. Il a plus tard exprimé son propre étonnement quand il a écrit :

> « Étant enfant, mon rêve a commencé derrière chez moi où je jouais le balafon toute la journée en écoutant la nature et regardant la forêt. Nous avions 8 ou 9 ans et quand des avions ont survolé la maison, je me souviens avoir dit à mon ami (Fan Thomas) qu'un jour je voyagerai dans un de ces avions. Il m'a regardé en souriant avant de dire : « Toi, tu ne peux même pas atteindre Yaoundé (la capitale)! »[10]

Et bien sûr, on peut dire de même de Youssou N'Dour qui est né dans un quartier populaire de Dakar ainsi que d'autres stars qui figurent dans ce livre et dont la musique nous fait tellement plaisir.

Tout comme Bona, plusieurs des jeunes artistes présentés au FESMAN sont basés à New York. La chanteuse rwandaise, Somi, est venue avec son trio qui comprenait le guitariste sénégalais, Hervé Samb. Née au Maroc, Malika Zarra était accompagnée par son collaborateur de longue date, le bassiste sénégalais Mamadou Ba, ainsi que des musiciens de France, du Surinam, de la Guadeloupe et du Maroc. Son compatriote, Hassane Hakmoun, a joué avec un groupe de musiciens tout aussi éclectique.

Le FESMAN, qui aurait coûté 70 milliards de FCFA (110 millions euro), fut remarquable, non seulement pour la musique mais aussi pour la qualité de ses expositions d'art. Des défilés de mode qui ont eu lieu en bord de mer avec en toile de fond le magnifique hôtel Ngor Diarama conçu par l'architecte Le Corbusier en 1953. La presse internationale n'a pas été invitée et le festival n'a pas reçu la couverture médiatique qu'il méritait. Le problème semblait être que, l'a précisé l'artiste de rap Didier Awadi, le Sénégal n'a pas de politique culturelle cohérente, ni d'infrastructure administrative pour les arts. Mais, pour ceux qui y ont pris part, et ceux qui ont eu la chance d'y assister, ce fut quand même un somptueux événement très réussi.

Comme avec ce manque de soutien pour les arts, Awadi est convaincu qu'une élite a accaparé l'argent du pays qui ne circule pas comme il le devrait. Le prix des aliments augmente et la vie devient de plus en plus difficile pour la majorité de la population.

---

10 Richard Bona, Facebook, 24 novembre 2015.

Au premier regard, on peut supposer que le Sénégal est un pays riche et non pas un pays en développement. Pour ceux qui se promènent le long du front de mer à Dakar où une double voie moderne est bordée de palmiers, on est stupéfait par le nombre de véhicules 4x4 qui passent, mais il est impossible d'ignorer la silhouette en guenilles qui dort allongée sur le trottoir. Mon amie sénégalaise de longue date, Arame, a bien exprimé le sentiment de beaucoup de Sénégalais quand elle m'a dit: « Il y a ceux d'entre nous qui dansent et ceux qui pleurent. »

Ceux qui s'opposaient à la politique de Wade ont commencé à s'organiser sous la bannière de *Bennoo Sigil Senegal,* une coalition de partis politiques et d'organisations de la société civile. En 2008 et 2009, des citoyens sénégalais influents se sont réunis sous la présidence de l'ancien directeur général de l'UNESCO, Amadou Mahtar M'Bow, pour former les Assises nationales, une instance qui devait examiner d'autres formes de gouvernance et publier une charte pour le changement.

Ces intellectuels sénégalais, conscients que la période coloniale a détruit la forme indigène de consensus politique en Afrique, se sont sentis inspirés par la Charte Manden du XIIIème siècle proclamée sous le règne de l'empereur Soundiata Keïta à Fuga Kurukan, qui obligeait les rois et les chefs de rendre des comptes aux anciens, aux comités et aux médiums. Il est intéressant de noter qu'à la même époque, le 15 juin 1215 précisément, à Runnymede, près de Londres, les barons anglais forcèrent le Roi John à signer la Magna Carta, la grande charte des libertés, qui limitait les impôts féodaux à la Couronne et protégeait les aristocrates.

À l'approche des élections présidentielles de février 2012, le président Wade, alors âgé de 85 ans, semblait déterminé à rester au pouvoir pour un troisième mandat, même si cela aurait requis une modification de la constitution. Il a proposé que tout candidat ayant obtenu 25% des suffrages soit élu président et, peut-être en pensant à son fils Karim, il a voulu créer un nouveau poste de vice-président. Le 23 juin 2011, les politiciens des partis d'opposition et des militants des droits civiques ont convergé vers l'assemblée nationale, opposant un NON retentissant aux changements prévus par Wade. Vers la fin de l'année, en dépit de débats animés sur son droit constitutionnel de se faire réélire, il semblait de plus en plus évident que le régime monarchique de Wade allait perdurer.

Lorsque Youssou N'Dour a senti les dangers pour son pays, il a annoncé la formation d'un nouveau Mouvement citoyen, appelé *Fekke Mac ci Bolle* (« puisque je suis ici, je suis impliqué ») et il a écrit une chanson avec le même titre afin d'expliquer le message du mouvement: « On n'a pas besoin de se quereller, nos votes parleront ». À l'occasion du lancement officiel, il s'est adressé à la foule rassemblée devant le siège du mouvement à la Médina. « Il existe deux Sénégal ; un pour les riches et un pour les pauvres » a-t-il déclaré. Il a promis de suspendre ses activités musicales à partir du 1er janvier 2012 et, par la suite, de révéler ses plans concernant l'élection présidentielle.

Le 23 décembre 2011, pendant que le président Wade était choisi comme le candidat officiel du Parti démocratique sénégalais devant un grand rassemblement d'adhérents, une foule plus grande se rassemblait à la place de l'Obélisque.[11] Les artistes radicaux du rap, Fou Malade, Kilifeu et Thiat qui faisaient parti du mouvement *Y en a marre* (trop c'est trop) ont présenté leur single d'avertissement au président Wade « Faux! Pas forcé » : « Vous êtes en train de commettre une erreur. » Youssou N'Dour a joué son habituel concert de réveillon à la foire de Dakar. Au programme de ce spectacle stimulant et scintillant, un medley de ses plus grands succès, le Super-Étoile prouvant leur niveau extraordinaire. Nous ne savions pas que ce serait l'avant-dernier concert de cette formation légendaire.

Youssou était sur le point de faire une pause dans la musique dans le but, comme il l'a dit, de défendre la démocratie et lutter pour une société plus équitable dans son Sénégal bien-aimé. Après un mois de spéculations, Youssou s'est finalement jeté dans l'arène politique le 2 janvier 2012, confirmant par le canal de sa propre station de télévision, sa candidature à l'élection présidentielle du 26 février. Sa décision a surpris beaucoup, y compris ses musiciens. L'un d'entre eux a envoyé un SMS à Youssou en faisant allusion à sa réputation de roi du mbalax au Sénégal: « Un roi est plus puissant qu'un président ». Aussitôt sa candidature annoncée, un véritable cirque médiatique s'est mis en place à Dakar.

Au cours de la première semaine seulement, Youssou a fait l'objet de six cents articles dans la presse nationale et étrangère, ainsi que des « phone-ins » sur Radio-France Internationale, un documentaire sur la chaîne francophone TV5 et des interviews à la BBC TV et radio. Si la nouvelle de sa candidature suscitait un grand intérêt à l'étranger, au Sénégal, le débat faisait rage de savoir si Youssou avait raison de

19

---

11 Diadie Ba, 'Senegal braces for "Tahrir Square" protest day', Reuters, 18 mars 2011. Le vrai Tahrir Square (connu aussi sous le nom de 'Martyr Square') situé au centre du Caire, est devenu célèbre à cause des manifestations politiques qui y ont eu lieu y compris celles qui ont mené à la démission du Président Hosni Mubarak.

s'aventurer dans la politique, et s'il était qualifié pour le faire. Le lendemain de l'annonce de sa candidature, des photos de Youssou apparaissaient à la une de presque tous les journaux sénégalais. Le titre pince-sans-rire d'un article dans *Grand'Place* disait : « Youssou veut faire du mbalax au palais présidentiel. » Certains journalistes le soupçonnaient d'avoir été influencé par le succès du musicien, Michel Martelly, en Haïti. Certains estimaient qu'il n'avait pas le bagage intellectuel ou politique pour réussir. D'autres ont suggéré que le garçon de la Médina, qui avait quitté l'école à l'âge de douze ans, pourrait en fait changer la donne pour son pays et croyaient que son éthique de travail, son immense popularité, ses compétences de gestion, ses contacts internationaux, pourraient lui gagner des votes. Dans la rue où les opinions étaient également partagées, on entendait des remarques telles que : « Il n'a pas de CV… il ne sait faire que de la musique.»

« Il pourrait obtenir 3 % à 5 % des votes et être un faiseur de roi ».

« Qu'est ce qui a provoqué ce changement d'esprit puisque Youssou a une fois dit que s'il était président, les gens mangeraient des pierres? »

« No You can't! » etc.

Lorsque j'ai rencontré Youssou début janvier 2012, il m'a parlé des messages de soutien qu'il avait reçus, y compris un le matin même de la part de Richard Branson et puis il m'a expliqué les motivations de sa candidature. D'abord, c'était son devoir de patriote d'essayer de se faire élire car les dictatures et les dirigeants corrompus sont la honte de l'Afrique. Au cours de ses trente ans de carrière, malgré des agendas de tournées internationales très chargés, il était resté au Sénégal et avait traité des questions d'actualité dans ses chansons. Il avait vu les gens souffrir et désespérer, mais il a également reconnu le vrai visage du Sénégal et, récemment, il s'était rendu compte qu'une grande partie de la population éprouvait le besoin de changement. Se souciant profondément de son pays et le peuple ayant fait de lui ce qu'il est, il avait décidé de faire de son mieux pour eux. Youssou a aussi souligné l'importance de la liberté d'expression et c'est pourquoi il avait investi dans le Groupe Futurs Médias. Et puis il a ajouté :

«Par le passé, j'ai souvent parlé avec le Président Abdoulaye Wade et il a écouté mon point de vue. Cependant, à la suite des événements du 23 juin 2011, j'ai vu la colère dans les rues, et bien qu'étant en tournée aux États-Unis, j'ai essayé, pendant deux jours, de joindre le Président, mais impossible de lui parler. C'est alors que j'ai compris qu'il était temps d'agir et je me suis aligné avec l'opposition. Wade est âgé, je lui souhaite une longue vie, mais dans un an ou deux, même s'il est réélu, il pourrait ne pas être en mesure de continuer et le président du Sénat sera obligé d'organiser de nouvelles élections. Je suis heureux de faire connaître au monde entier la réalité de ce qui se passe dans mon pays. Pourquoi les passeports et les visas diplomatiques sont-ils accordés à des personnes afin qu'elles votent pour Wade? Nous devons faire face à la corruption. Nous devons réduire le nombre de ministres dans le gouvernement et répartir les recettes de ce pays de façon équitable. Je suis un artiste qui a réussi. J'ai tout ce que je veux et ce dont j'ai besoin, mais je me présente pour l'élection parce que je sens que je dois le faire. Je suis heureux de secouer le baobab. » Il était clair pour moi que Youssou se fixait sur cette tâche avec le même enthousiasme, engagement et confiance qui l'ont conduit à son succès mondial en musique, mais je redoutais les conséquences.»

Il a été fascinant d'observer le positionnement, pour ou contre, la réélection du président Wade d'autres musiciens sénégalais bien connus. Le duo folk Pape & Cheikh était parmi ceux qui étaient le plus ouvertement pro-Wade. Leur tube « Gorgui Doliniou » était devenu le thème musical de Wade lors des élections de 2007 et ils promettaient un autre hymne pour la réussite de Wade en janvier 2012. Idrissa Diop, Kiné Lam et Alioune Kassé ont, eux aussi, annoncé leur soutien à Wade et le bruit courait qu'ils avaient été bien payés pour cette fidélité. Didier Awadi a catégoriquement affirmé qu'il ne s'alignerait pas avec un parti ou un mouvement politique, et son propre agenda était clair: « Il est de notre devoir de nous assurer que les gens aillent voter et qu'ils fassent un choix éclairé. Le pays pourra rester pacifique si nous pouvons tous parler librement. Aucun président africain devrait être autorisé à siéger plus de deux mandats ». Le clip vidéo d'Awadi, « Mame Boye », un sketch astucieux et satirique, souligne ces points de vue.

Des rappeurs comme Fou Malade (Malal Talla) étaient la véritable épine dans le flanc du régime de Wade. Talla a affirmé que le président Wade lui avait offert 25 millions de FCFA (environ 40.000 euros) pour son soutien, mais qu'il les a refusés.

Le 27 janvier 2012, les cinq « sages » du Conseil constitutionnel (qui avaient été choisis par le président Wade), ont validé la candidature d'Abdoulaye Wade et celles de treize autres candidats, mais pas celle de Youssou N'Dour parce qu'il n'avait, selon les autorités, pas recueilli les 10.000 signatures nécessaires. Youssou et ses partisans ont été choqués et indignés. Quatre jours plus tard, les foules sont descendues dans la rue pour protester contre Wade et son troisième mandat, et parmi eux

Youssou qui avait l'air fatigué, abandonné et consterné. Pour montrer sa solidarité avec l'opposition, il a assisté à toutes les manifestations organisées par le groupe de protestation, M23 (dont le nom rappelle la marche sur l'Assemblée nationale, le 23 juin 2011). Du gaz lacrymogène et un *dragon* pulvérisant de l'eau chaude ont été utilisé. Des civils ainsi que des policiers ont été blessés, et au cours d'un weekend plusieurs manifestants ont perdu la vie.

Le jour du scrutin, le dimanche 26 février 2012, les élections à Dakar ont fait la une sur France 24, une chaîne de télévision basée à Paris qui diffuse en français, anglais et arabe. La BBC News par contre n'a même pas parlé des élections. C'est avec soulagement et une certaine fierté que nous avons vu des sénégalais faire la queue pour voter dans le calme. Youssou N'Dour a été filmé arrivant pour effectuer son devoir civique dans un bureau de vote de Sicap Karack, mais il boitait encore d'une blessure subie au cours d'une manifestation. Il a été dit que 60 % de la population s'étaient rendus aux urnes. Toutefois, il est vite devenu clair qu'aucun candidat n'avait obtenu plus de 50 % des voix. Wade a obtenu 34,8 %, Macky Sall 33,34 %, Moustapha Niasse 13 %, Ousmane Tanor Dieng, 11 %, et Idrissa Seck 7,86 %. Les candidats ayant obtenu moins de 5 % des suffrages exprimés ont perdu leur caution. Le deuxième tour était prévu le 25 mars 2012.

Dans la période entre les premier et deuxième tours de scrutin, tandis que Youssou est en France pour encourager les sénégalais y résidant à voter de nouveau, le site web du mouvement *Fekke Macci Bolle* produisait des bons mots et des réflexions du Dalaï Lama à propos de la paix et d'une société équitable. Au début du mois de mars, lors d'un rassemblement de soutien à Macky Sall sur la place Faidherbe à Saint-Louis, Youssou a dit à l'assemblée qu'il ne chanterait pas une note jusqu'au départ de Wade. Toutefois, il a promis un concert public gratuit lorsque Wade aurait quitté le pouvoir. À Dakar, les gens suivaient Youssou jusqu'à la place de l'Indépendance, en criant « sauve nous ».

Le 25 mars 2012, jour du deuxième tour des élections sénégalaises, il est vite devenu clair que Macky Sall serait gagnant, et Wade a rapidement reconnu sa défaite. Finalement, Macky Sall a obtenu 65,8 % des suffrages et Wade 34,2 %. Youssou a fait un discours saluant Macky Sall comme le nouveau Président de la République et affirmant que le processus électoral et la lutte pour la démocratie avait renouvelé sa foi dans la justice et la liberté. Il était plus que jamais convaincu qu'il lui a été nécessaire de prendre l'initiative d'innover, ce qu'il a fait tout

14. Youssou en campagne électorale © Seneweb.

naturellement et avec conviction. Enfin, il a remercié sa famille pour son appui indéfectible.

Le 2 avril 2012, la place de l'Obélisque n'était plus un lieu de manifestations et de colère mais de célébrations. En concert, Youssou a chanté des chansons clés et pertinentes de son répertoire y compris *Xale Rewmi*, «enfants de notre pays». « C'est un grand jour pour la démocratie », a-t-il dit. « Maintenant que les élections sont terminées, nous devons retourner au travail. » Et les musiciens du Super Étoile de Dakar ont joué *Ligeey*, l'hymne au travail de Youssou. Pendant *Chimes of Freedom*, chanté en wolof, ils ont encouragé le public à spontanément agiter les bras et, juste en avant de la scène, quelqu'un a brandi un très grand drapeau national vert, jaune et rouge.

La voie de la prospérité

En 2012, lorsque le président Macky Sall a été élu sur une plateforme de *Yonou Youkkouté* qui signifie « la voie de la prospérité », l'environnement semblait refléter la nouvelle tendance au Sénégal ainsi qu'un optimisme qui prévalait dans le reste du continent. Il y a autant de Sénégalais vivant à l'étranger qu'au pays et ils envoient un étonnant 500 milliards de

FCFA (770 millions euros) chaque année pour soutenir leurs familles et pour investir dans leur pays. Nombreux sont les fils et les filles de la classe moyenne sénégalaise qui ont achevé leurs études en Europe ou aux USA, et puisque les emplois deviennent plus rares dans les pays d'accueil où ils obtiennent leurs diplômes, de plus en plus de ces jeunes rentrent, amenant avec eux leurs compétences et leur expertise. Il y en a qui travaillent dans les TIC ou les industries pétrolières, et un nombre croissant créent leurs propres entreprises en utilisant leurs contacts à travers le monde.

Né à Dakar, Patrick Vieira, qui a joué à Arsenal et à la Juventus dans les années 1990 et 2000, a été un élément moteur dans la création de la première école internationale de football du Sénégal, l'Institut Diambars, située près de la station balnéaire de Saly. Avec Jean-Marc Adjovi-Boco et le footballeur français Bernard Lama, Viera a sollicité le parrainage d'Adidas et de l'UNESCO pour l'école qui a ouvert ses portes en 2006. Les élèves apprennent les matières de base ainsi que le football et sont encouragé à prendre part à des programmes d'échange d'été avec des enfants européens, un programme sponsorisé par Cadbury-Schweppes.[12] Aujourd'hui, d'autres sportifs, comme Sadio Mané, construisent des écoles et des centres de santé dans leur village natal, et Gorgui Dieng est renommé pour ses œuvres caritatives dans le pays.

---

12 Sophie Eastaugh, 'From sand, to grass, to Europe? Senegal's football dream house', CNN, le 8 juin 2016. Disponible à https://edition.cnn.com/2016/06/07/football/senegal-football-school-diambars/index.html, consulté le 1 mars 2019.

II

La première superstar du Sénégal

15. Youssou N'Dour. Photo par Henryk Kotowski, CC BY-SA 3.0.

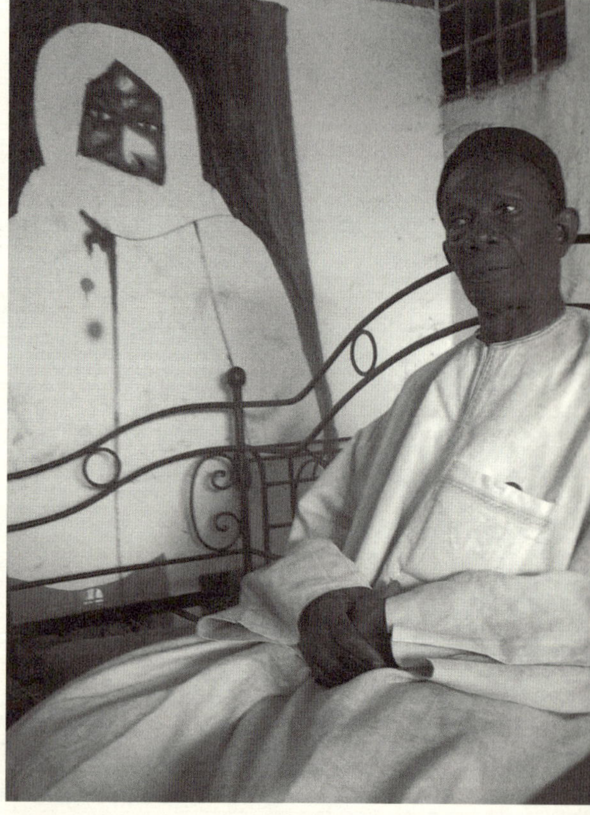

16. Ndeye Sokhna Mboup et Elimane N'Dour, les parents de Youssou.

Chapitre 3

Une étoile est née

Au moment où il a émergé sur la scène musicale locale, Youssou N'Dour, la première pop star du Sénégal a souvent été comparé à la superstar américaine, Michael Jackson. En effet, c'est ainsi qu'on me l'a décrit quand je suis arrivée à Dakar en octobre 1984. Le jeune homme timide, sérieux, charismatique et talentueux que j'ai rencontré avait, qu'il le sache ou non, pour mission de sortir la culture wolof de l'ombre du colonialisme et de prouver qu'à force de travail acharné, de foi, de courage et d'ambition il était possible de réussir et de donner de l'espoir aux autres.

Youssou N'Dour, premier enfant d'Elimane N'Dour et de sa femme, Ndèye Sokhna Mboup, est né à la rue 31 angle 22, dans le quartier de la Médina à Dakar le 1er octobre 1959, six mois avant que le Sénégal obtienne son indépendance de la France. Son père fait partie de l'ethnie wolof et sa mère toucouleur est *gawlo*, une chanteuse traditionnelle, qui lui permet de faire remonter son arbre généalogique à sept générations : Yirim Diop, mère de Yaram Diop, mère de Yacine Mar, mère de Mame Ngoné, mère de Marie Sène, mère de Ndèye Sokhna Mboup, mère de Youssou N'Dour.

En général, au Sénégal, ceux qui sont musiciens de père en fils, y compris les percussionnistes, sont qualifiés de *guéwel* tandis que ceux qui chantent et jouent du xalam, le luth ouest-africain, sont définis comme *gawlos*. Youssou a été fasciné par l'atmosphère de la grande maison *griot/gawlo* où il grandit. C'est là qu'habitait sa grand-mère maternelle, Marie Sène, l'une des chanteuses de son époque. C'est là même qu'il suivait les allées-venues, regardait les costumes de cérémonies, les somptueux préparatifs des jours de fête et de festivals. Il se souvient avec fierté des spectacles présentés par son grand-père maternel, Boubacar Mboup, et Samba Diabaré Samb : tous deux bien connus comme virtuoses du xalam ; Youssou explique qu'il tient son don de la famille *gawlo* de sa mère. « En particulier dans les familles *gawlo*, nous chantons avec l'estomac pour faire passer nos émotions. Je fais beaucoup d'effort pour chanter. C'est ainsi que ma mère et ses parents m'ont appris à chanter, puisque c'est leur tradition ». Un jour, alors que Youssou et moi regardions la performance fulgurante de Van Morrison qui chantait 'Caravane' avec The Band dans le film documentaire, *La Dernière Valse*, de Martin Scorsese, il a remarqué que, comme lui, Morrison chante à partir de son estomac.

Au début de sa carrière, Youssou était tout à fait conscient qu'il venait de la Médina, le quartier de la population ouvrière indigène de Dakar et non du Plateau, fief des anciens administrateurs colons et du nouveau gouvernement indépendant, des Libano-Syriens et aussi des indigènes moyens, et qu'en tant que membres d'une caste, son entourage *griot* était considéré comme inférieur à la classe noble. Même si le père de Youssou n'était pas *griot*, le statut social de la lignée de sa mère a été pour lui un défi. Jeune homme, il était sensible à toute critique implicite mais cela n'a fait que l'inciter à travailler dur et à réussir. En outre, Youssou a beaucoup appris de ses parents *griot* et il a particulièrement respecté leur statut de chanteurs de louanges, ainsi que de gardiens de l'histoire et des valeurs sociales. Tout au long de sa carrière, il les a consultés pour vérifier sa langue wolof ou son phrasé et il n'a jamais cessé de reconnaître leur contribution :

> « Nous [griots] les troubadours, musiciens et conseillers des rois Mandingues d'antan, restons les gardiens de notre culture, et nous devrions prendre grand soin de la préserver. Nous sommes restés assez traditionnels, avant de nous ouvrir au monde. Je suis un griot résolument moderne, mais je sais que, aujourd'hui encore, la musique peut porter un message et changer la vie des gens ».

Lorsque le Sénégal est devenu indépendant, le premier président, Léopold Sédar Senghor, poète et académicien français, a insisté sur l'importance de l'éducation et a mis l'accent sur les arts et la musique. Sa théorie d'*enracinement et ouverture*, formulée à partir de sa propre expérience d'écrivain et poète, a appelé le peuple à connaître les traditions sénégalaises et apprécier les valeurs culturelles occidentales. Telle une forme d'art, la musique mbalax de Youssou N'Dour, fondée sur des percussions et influencée par des chansons et des danses traditionnelles qui intègrent des instruments et des structures de chansons occidentales, remplit parfaitement le principe senghorien. Instinctivement, Youssou a bien tâté le pouls de la population sénégalaise ; il savait qu'ils voulaient

17. Youssou N'Dour circa 1989. Photo par Eric Catarina. © L'artiste.

entendre des chansons pop chantées dans leur propre langue, qu'ils suivraient les sabars jusque dans les discothèques de la ville, jusqu'à éblouir les néons en dansant les danses habituelles et enivrantes qui les font agiter les bras tout en sautant et en tapant des pieds.

Youssou chante en wolof; il chantait pour la population, pour les mécènes, pour les commerçants, pour les garçons et les filles de la Médina. Il a osé créer une musique populaire qui intègre de vieux récits et des vérités modernes, et qui fait danser au rythme des tambours de leurs ancêtres. Les rythmes vivifiants du passé s'expriment avec les instruments et les techniques modernes et créent une musique urbaine sophistiquée, la bande-son idéale pour un paysage d'une chaleur parfois accablante, de poussière sahélienne, de couleurs éclatantes.

18. Youssou N'Dour sur scène. Photo fournie par Baye Arona Ndiaye.

Chapitre 4

Le beat dans la rue

Youssou N'Dour a donné sa première représentation publique en 1972, à l'âgé de 13 ans, au stade Wiltord, actuel stade Joseph Gaye de Saint-Louis. Il a chanté « Mba », un hommage à l'éminent saxophoniste Papa Samba Diop, alias Ali Mba, qui venait de décéder. De nombreux chanteurs participèrent au concert mais lorsque le présentateur de radio Francis Cheikhna Ba présenta le jeune Youssou N'Dour, il a prononcé ces paroles prophétiques : « Ce soir, une étoile est née sous vos yeux ». En effet, beaucoup à l'extérieur du Sénégal pouvaient à peine prononcer le mot mbalax ou danser sur ce rythme complexe, ce style de musique est devenu, grâce au succès de Youssou N'Dour, l'un des genres les plus célèbres de la musique africaine moderne, représentatif du Sénégal tout comme le *soukouss* au Congo, le *makossa* au Cameroun ou la *mbaqanga* en Afrique du Sud. En outre, il s'agit d'une musique syncopée portée par les sabars qui sont spécifiques à la région sénégambienne et qui sont si expressifs. Avec ses racines dans la culture populaire, le nouveau style reflétait les sentiments d'une génération née avec l'indépendance, mais le processus d'intégration des sabars fut progressif.

La musique de danse latino-américaine était populaire au Sénégal pendant les années 1940, lorsque les marins étrangers ont amené des disques cubains de Grabación Victor (GV)[1] au port de Dakar. La salsa, en particulier, bénéficie d'une énorme popularité et a été interprétée avec une sensualité et une grâce unique sur les pistes de danse à Dakar. Labah Sosseh, de la Gambie voisine, a confirmé sa réputation de premier salsero d'Afrique de l'Ouest quand il a obtenu un disque d'or pour son album *Salsa Africana* qui a été vendu à plus de 100.000 exemplaires. Ce fut la fusion décontractée mais envoûtante entre la musique latino-américaine

---

1 Grabacion Victór (GV) enregistrements qui ont été lancés en Grande-Bretagne en 1933 par EMI (His Master's Voice) et sortis en Amérique par le label RCA Victor.

et la musique africaine, devenue la signature de l'Orchestra Baobab de Dakar, l'un des groupes les plus célèbres d'Afrique de l'Ouest.

À la fin des années 1960, Ibra Kassé (1927–1992), patron du club « le Miami » où la plupart des musiciens et chanteurs sénégalais connus ont commencé leur carrière professionnelle, prit l'initiative audacieuse d'inviter régulièrement des percussionnistes de sabar à se joindre à ses groupes : le Diamono et le Star Band. Souvent appelé « le père de la musique sénégalaise moderne », Kassé a vécu à Paris avant de retourner à Dakar pour ouvrir un restaurant appelé « Le Bon Coin » sur l'avenue Malick Sy, puis le restaurant est devenu le Miami, l'une des boîtes de nuit branchées de la ville à cette époque. Des musiciens légendaires comme Johnny Pacheco y ont joué lors de visites à Dakar. Les ministres du gouvernement et des dignitaires étrangers y dansaient la salsa, le tango, le bolero, la valse et le *cha cha cha*. Quand la musique zaïroise ou guinéenne est devenue populaire à Dakar et que le Nigeria et le Ghana ont créé leur musique, le highlife, Kassé a décidé de promouvoir la musique sénégalaise moderne. Petit à petit, la salsa est devenue la *salsa mbalax* et les paroles en espagnol ont été remplacées par le wolof local. Beaucoup de m'ont dit que Kassé, ce strict adepte de la discipline qui ne buvait que du kinkéliba, une tisane locale, avait une petite table de mixage à côté de lui, là où il servait des clients au bar. Lorsqu'un des musiciens sur scène faiblissait, il fermait tout simplement leur microphone.

C'est dans ce désir de promouvoir la musique sénégalaise moderne, qu'en 1975, il annonça à la radio, qu'il recrutait des musiciens pour son groupe résident, le Star Band. Lorsque Youssou N'Dour, un garçon élancé se présenta, Kassé lui a dit qu'il était trop jeune et qu'il devrait revenir à condition d'avoir la permission de son père. Non sans difficulté, Youssou persuada son père, Élimane, un mécanicien auto qui tenait un garage à la Médina, à l'autoriser à joindre le Star Band moyennant un salaire d'environ 0,85 euro par nuit. Kassé tout de suite a su qu'il avait trouvé une voix d'or. Pour sa part, Youssou dit, « Ibra Kassé m'a enseigné la rigueur. C'est comme dans l'armée ; c'est difficile, mais j'ai beaucoup appris et cela m'a aidé par la suite car ce n'est pas facile de diriger un groupe de musiciens ».

Youssou trouvait le rythme de la musique cubaine acceptable mais harmoniquement étrangère. Cependant, il voulait surtout chanter en wolof. Il n'était pas le premier à promouvoir le mbalax, ni le premier à chanter en wolof. Aminata Nar Fall et Mame Cheikh Kounta avaient initié cette tendance au début des années 1960. Mais Youssou savait comment intégrer les sabars, les guitares électriques, les claviers et la batterie. Alors que le percussionniste Babacar Faye jouait jusqu'à quatre sabars différents et Assane Thiam le *tama*, la guitare reproduisait la partie *mbeung mbeung,* et la guitare basse celle du *tiol.*

Les sabars

Ailleurs en Afrique, il y a des tambours mâles et femelles, mais nulle part on ne les utilise ensemble comme c'est le cas dans les batteries sénégalaises de sabars. Ces tambours (on peut en compter jusqu'à huit dans l'orchestre) reproduisent des rythmes qui sont caractéristiques des différentes groupes ethniques du pays : Wolof, Sérère, Diola, Toucouleur ou Peul. Ils combinent trois rythmes de base, c'est-à-dire le mbalax (le nom que Youssou a choisi pour décrire son style de musique), le *touli* et le *talmbat.* Le *mbeung mbeung bale* taillé en forme de coupe et son petit homologue, le *mbeung mbeung tungune,* qui est plus petit, mais plus aigu, jouent deux rythmes de mbalax différents. Le *lamb,* qui ressemble à un œuf et dont sort un gros son de basse, joue le rythme *touli* pendant que le *gorong talmbat,* un sabar tenor, joue le *talmbat.* Le *thiol* peut être accordé afin de jouer soit le rythme *touli* soit le *talmbat.* Le *nđer,* qui ressemble au *mbeung mbeung,* mais qui est plus grand (parfois un mètre de haut) peut jouer aussi bien une sonorité basse qu'un ton aigu de baguette. Et puis il y a, bien sûr, le petit *tama,* le sabar parlant.

Comptés en subdivisions de trois temps, le mbalax (qui veut dire « accompagnement » en wolof et se prononce 'mbalakh'), est ternaire contrairement aux rythmes plutôt binaires de la musique occidentale. Rédigé dans un style simple 4/4, il est néanmoins joué comme une musique ternaire 6/8. Alors qu'en Occident, la musique pop accentue généralement la première et le troisième battement dans une mesure, le mbalax souligne le deuxième et quatrième battement, comme le reggae. Cette musique est donc différente des normes internationales et elle possède cette particularité radicale, un battement inversé, qui est tout à fait unique. Pourtant les formes ouvertes et les structures cycliques du mbalax laissent la place pour l'improvisation comme avec le jazz.

Étoile de Dakar

En 1977, alors qu'il n'avait que 18 ans, Youssou était très motivé pour avancer dans sa carrière en solo. Il décida de former son propre groupe,

Étoile de Dakar, et prit avec lui six musiciens du Star Band : y compris son ami d'enfance, le percussionniste Babacar Faye dit Mbaye Dieye Faye, ainsi que Alfa Seyni Kanté (guitare rythmique), Abdou Fall (timbales), Matar Guèye (congas), le joueur de tama, Assane Thiam et l'animateur Alla Seck. Puis il a recruté Badou Ndiaye (guitare) comme chef d'orchestre, Kabou Guèye (guitare basse), Rann Diallo (saxophone), et les chanteurs Eric Mbacké Ndoye et El Hadji Faye. Le gestionnaire et commanditaire du groupe était l'oncle de Kabou Guèye, Mohammed Ablaye Sow, appelé Sow Sabor, qui travaillait à l'ASECNA, la compagnie régionale de sécurité du transport aérien. Étant lui-même un musicien expérimenté, il a fourni des instruments et des équipements pour le groupe.

Kabou Guèye décrit les débuts de l'Étoile de Dakar comme très peu prometteurs. Le groupe répétait chez Youssou et faisait des enregistrements en direct avec un magnétophone et des microphones placés près des haut-parleurs. C'est ainsi qu'ils réussirent à sortir sept cassettes en deux ans. Le griot El Hadj Faye chantait avec eux (« Jalo » était l'une de ses chansons) et Eric Mbacké Ndoye, un ami de Badou Ndiaye, est venu avec une collection de chansons cubaines qui ont inspirés de nouveaux morceaux. Rann Diallo les a rejoints pour jouer du saxophone et chanter des lignes de chœur. C'était un groupe de jeunes musiciens insouciants, ouverts à l'innovation et comme leur répertoire s'est rapidement élargi, le public fut bientôt conquis.

Enregistrée au Miami Club en 1979, « Thiely » (l'oiseau) fut la première chanson à mettre en avant la voix de Youssou et la première qui passa à la radio. Chantée d'abord par Pape Seck et le Star Band, elle était fondée sur une mélodie composée par El Gran Combo au Porto Rico, mais la version de Youssou est devenue la chanson dont tout Dakar parlait. « Xalis » (argent), une chanson proposée par Badou N'Diaye, enregistrée au Club Jandeer, est devenue le premier grand succès du groupe Étoile de Dakar. Elle conserve toujours un élément cubain inspiré par le thème de « Soy el hombre misterioso » mais leur version a propulsé la carrière de Youssou et marqué la transition de la musique cubaine au mbalax. « L'Étoile » qui a introduit des membres du groupe est devenue leur chanson-fétiche. Elle avait aussi des sonorités cubaines en raison de la présence permanente de la tumba et des timbales, mais l'importance croissante des sabars était facilement reconnaissable. Même Kabou Guèye jouait de sa guitare basse comme d'un sabar traditionnel. Bien que timidement d'abord, les danseurs se sont inspirés des danses sénégalaises traditionnelles. « C'est pour les tarés » disaient certains, mais le mbalax de Youssou allait devenir la musique de danse la plus populaire au Sénégal. La chanson « Thiapathioly » marqua une autre étape dans la popularité croissante du mbalax. Un « Thiapatholy » peut signifier unique, mais c'est aussi le nom donné à une personne qui réussit dans sa vie et dans son travail, une personne modèle. Ici Youssou chante une telle personne : Pape Thioune, propriétaire de la boucherie Damel, à la rue de Thann à Dakar, un fournisseur bien connu qui avait des clients importants comme l'Université de Dakar, maintenant Université Cheikh Anta Diop de Dakar.

Pape Oumar Ngom remplaça Alpha Sidi Kanté à la guitare rythmique et lorsque Kabou Guèye se blessa dans un accident de motocyclette, Jimi Mbaye fut recruté comme bassiste pendant que Guèye se consacrait aux arrangements des chansons. Remarquablement, les tubes se succédaient dont « Ndakarou », qui célébrait les attraits de Dakar. Bientôt, ils ne dansaient plus sur les rythmes langoureux latino-américains mais se joignaient aux danses mbalax souvent très suggestives, que ce soit au Balafon, au Sahel ou au Club Jandeer. Progressivement, les musiciens de l'Étoile de Dakar furent eux-mêmes inspirés par les mouvements et les impulsions des danseurs sénégalais.

Salué d'abord comme le « prince du mbalax », Youssou fut ensuite surnommé « le roi du mbalax ». Sa réputation de jeune homme sérieux, devait changer à jamais l'image des musiciens au Sénégal, qui, jusqu'alors étaient souvent perçus comme des ivrognes et des coureurs de jupon.

Le Super Étoile de Dakar

En 1981, Youssou décida de créer un nouveau groupe, le Super Étoile de Dakar, avec Jimi Mbaye, Alla Seck, Pape Oumar Ngom, Mbaye Dièye Faye et Kabou Guèye. Les autres musiciens formèrent un nouveau groupe éphémère appelé Étoile 2000.

Kabou Guèye joua un rôle important dans la création d'une structure administrative suffisamment efficace pour soutenir une superstar. Il n'y avait jamais eu d'entreprise de musique au Sénégal avant que Youssou N'Dour n'en crée une. En effet, l'un des attraits pour les musiciens du Super Étoile était qu'ils étaient salariés et qu'ils avaient donc un revenu mensuel garanti payé par la SAPROM, Société africaine de promotion, la société créée par Youssou avec son comptable Abdoul Aziz Dièye et basée à l'avenue Malick Sy. Ainsi sécurisés financièrement, ils se sentaient libres de faire de la musique. Jimi, Pape Oumar et Kabou Guèye formaient un grand trio de guitares. Mbaye Dièye Faye jouait définitivement les sabars et Boy Gris, originaire de Louga, était aux timbales.

Youssou et le Super Étoile enregistrèrent rapidement quatre cassettes. Ils jouaient régulièrement au bal des sapeurs-pompiers, lors du Réveillon du nouvel an ; ils animaient des soirées privées organisées par les responsables des banques ou des agents de douanes et ils commencèrent à effectuer des tournées dans les villes régionales de Kaolack, Tambacounda, Saint-Louis et Dagana. Leurs chansons, qu'on entendait dans les cours de maisons et au marché, semblaient pertinentes et d'actualité.

Youssou a une fois décrit le Super Étoile de Dakar comme sa plus grande réalisation car peu d'orchestres africains qui ont conservé le même personnel pendant trente ans. À force d'interprétations, d'enregistrements et de tournées, les membres-fondateurs du groupe en sont venus à connaître leurs compétences musicales mutuelles, leurs points forts et, même s'il y eut quelques départs de membres en cours de route, c'est resté une machine bien huilée. *Los Angeles Times* a loué « la joyeuse précision de cette musique roots sénégalaise.[2] » Interviewé par le magazine dakarois, *Thiof* en 2006, le percussionniste Mbaye Dièye Faye a parlé du Super Étoile comme une famille unie, avec le genre d'esprit d'équipe qui est rare dans le football, à plus forte raison dans la musique. Il reconnut également qu'il faisait envie à des vedettes d'autres pays africains comme Mory Kanté ou Salif Keita.

Pourtant l'évolution du groupe ne s'est pas passée sans des moments de contradiction. En 1984, un évènement inhabituel s'est produit lorsque Touré Kunda, le trio des frères originaires de la Casamance, qui avait commencé une carrière internationale à Paris, a organisé un mégaconcert avec des invités spéciaux dont le Super Diamono dirigé par Omar Pène et Youssou N'Dour et le Super Étoile. Déjà l'un des groupes les plus populaires sur la scène locale, le Super Diamono reçut une ovation enthousiaste. Mais lorsque Youssou et son groupe terminèrent leur prestation, ils furent hués. Youssou N'Dour hué ! Comment était-ce possible ? Mais ce fut un moment décisif qui a permis à Youssou de réaliser qu'il avait besoin de renforcer son orchestre en amenant les frères Adama et

---

2 Jim Washburn, 'Pop music review: Senegalese sensation N'Dour rivets audience with rhythms', *Los Angeles Times*, le 24 juillet 1990.

19. Best of Touré Kunda © Celluloid.

Habib Faye. Kabou Guèye se rappelle comment, dans ce processus de modification de leur style, le groupe a presque perdu le fil :

« Je me souviens du premier concert de Youssou au théâtre Sorano après l'arrivée d'Adama Faye et Habib. Ils ont ouvert le spectacle avec «Africa», une méditation rêveuse et impressionniste sur le sort de notre vaste continent, réuni, puis découpé par le colonialisme, désormais libre mais fragmenté. Les vocalises compatissantes de Youssou, les solos de saxophone tendres d'Issa Cissokho et le piano sensible d'Adama Faye se combinaient pour produire un véritable chef-d'œuvre. Pourtant, dans le théâtre les gens se regardaient les uns et les autres en se disant, "qu'est-ce que c'est que cela !" ».

Destiné à être un tube classique et intemporel, Africa a marqué le début d'un âge d'or pour la musique de Youssou N'Dour. À partir de ce moment là, Youssou et le Super Étoile sont allés de l'avant, et ce, pendant les trente années qui ont suivi.

Nombreuses sont les chansons célèbres de Youssou qui n'ont pas tout de suite impressionnées ses fans, mais chacune a révélé ses subtilités secrètes au fil du temps. Youssou l'a dit lui-même. « J'aime quand un public ne comprend pas tout de suite ma musique puis, en l'écoutant, est converti ».

Lamine Minte, propriétaire de l'un des plus grands magasins de cassettes de musique africaine en Gambie a raconté à l'ethnomusico-logue-journaliste, Professeur Lucy Durán, comment, lorsque Youssou sortait une nouvelle cassette, les gens le critiquaient.

> « Ils donnent une raison ou une autre pour justifier pourquoi ils ne l'aiment pas ; pourtant ils traînent encore dans la boutique pour l'écouter. Ils disent qu'il est allé trop loin, vers un style européen, ou bien pas assez. Et ils l'écoutent toujours. Puis tout d'un coup, tout le monde commence à l'acheter. En deux semaines, les cassettes originales sont totalement épuisées et je cache ma dernière afin que je puisse en faire des copies. Chaque fois, c'est comme cela avec la musique de Youssou ».[3]

38   Les musiciens du Super Étoile de Dakar

Adama Faye (1952–2005), claviers, arrangeur et compositeur. Certains disent qu'il était le Mozart du Sénégal, tellement son talent fut exceptionnel. Il a obtenu son CAP d'enseignement à dix-sept ans et devint professeur à dix-neuf ans. La famille Faye habitait au 9, rue Diourom à Dakar, dans quartier plus connu sous le nom de Sicap-Rue 10, où de nombreux autres musiciens de renom ont résidé. Jacob Desvarieux (1955–2021), qui habitait en face et est plus tard devenu le guitariste du super groupe des Caraïbes, Kassav, apprit ses premières notes avec Adama qui adorait jouer des reprises de Jimi Hendrix ou de Carlos Santana. Quand il n'avait pas de piano, Adama s'exerçait sur un morceau de carton découpé avec des touches blanches et noires. Avec son don spécial pour transférer les rythmes et instruments traditionnels sur un clavier synthétiseur, il recréa le son du balafon et le style appelé Mbalax Marimba qui est devenu un phénomène musical au Sénégal. Le frère d'Adama, Habib, utilisait le son marimba dans ses compositions avec Youssou, notamment « Sabar », tandis qu'un autre frère, Lamine Faye, l'utilisait avec son groupe, le Lemzo Diamono. La simulation

---

3   Lucy Durán, 'Key to N'Dour', *Folk Roots* 64, octobre 1988, p. 34.

20. Le Super Étoile de Dakar, musiciens et fans en Gambie © Miyoko Akiyama

21. Les couvertures de cassette du Super Étoile de Dakar, © Youssou N'Dour.

d'instruments traditionnels africains au clavier a été développé et perfectionné par les musiciens français Loy Erlich et Jean-Philippe Rykiel qui enregistraient souvent avec Youssou et partaient en tournée avec lui. Avant qu'Adama ne rejoigne le Super Étoile, le style de chant de Youssou et son répertoire étaient assez traditionnels, mais c'est Adama, influencé non seulement par les Rolling Stones et les Beatles, mais aussi par Herbie Hancock et Chick Corea, qui a introduit avec succès le riff rock, le jazz et le blues dans cette musique. Il a également attiré un nouveau public de jeunes et d'intellectuels vers la musique de Youssou. En tant que musicien, Adama était extrêmement généreux, mais il était tellement modeste et discret que la presse a eu du mal à trouver une photo de lui quand il décède jeune en août 2005.

22. Adama Faye. © La famille Faye.

Assane Thiam (tama) est un « *walo walo* » de la région du Walo au nord du Sénégal ; il a un sens inné de l'humour et une grande connaissance de proverbes wolof. Il vient d'une longue lignée de *Tamakat* (joueurs de tama) qui, dans les temps anciens, dans les cours royales, participaient à la cérémonie du couronnement que le chef *griot* ouvrait avec sept battements traditionnels de tambour. Les joueurs de tama accompagnaient des récits épiques et, lors de l'anniversaire du prophète Mahomet, ils jouaient d'un tambour spécial appelé *ndondukere*.

Babacar dit Mbaye Dièye Faye (percussion), a grandi à la Médina, tout près de la maison de Youssou. Son père, Vieux Sing Faye, et Papa Doudou Ndiaye Rose l'ont encouragé à être percussionniste. Alla Seck l'a plus influencé en tant qu'animateur. Il jouait avec Youssou dans les cérémonies de circoncision *kassak*, aux baptêmes et aux *mbappates* (combats de lutte traditionnelle nocturnes). Ils ont rejoint le groupe de théâtre Sine Dramatique qui a remporté le premier prix pendant la Semaine de la jeunesse, devant le favori Cercle de la jeunesse de Louga. Puis Mbaye Dièye Faye a rejoint, avec Youssou, le groupe Star Band Number 1, avant de devenir un membre fondateur du Super Étoile de Dakar.

23. Babacar 'Mbaye Dièye' Faye, percussioniste.

24. Le guitariste Jimi Mbaye.

Mbaye Dièye prétend qu'il trouve de l'énergie pour jouer en buvant du bissap (infusion de fleurs d'hibiscus) et du gingembre.

Habib Faye (1965–2018) : guitare basse, claviers, arrangeur, compositeur. Il a collaboré avec Youssou sur de nombreux albums. À un moment donné, ils ont partagé une maison dans le quartier résidentiel, Cité Biagui, et créé ensemble une société nommée Youbib. Habib a marqué le répertoire de Youssou N'Dour avec sa contribution à de nombreux morceaux dont « Bekoor », « Sabar », « Set », « Lii ». Habib fut le premier musicien sénégalais à jouer avec une guitare basse sans frette (dans « Mbeugel », « Mercy » et « Ay Coona La ») et une basse à six cordes. Il a également transposé des lignes de basse sur keyboard dans « Alboury », « Set » et « Wooy », et c'était aussi un adepte des créations de modulations harmoniques major/mineur. Habib a initié un ambitieux jazz avec son album *H20*. Quand le 25 avril 2018, est annoncée la mort du benjamin du Super Étoile de

25. Habib Faye

Dakar, décédé à Paris l'âge de 52 ans, ses compagnons musiciens étaient bouleversés et tout le Sénégal choqué par sa disparition.

Ibou Konaté (trompette) est le fils de Mady Konaté, célèbre chef d'orchestre et saxophoniste dont le groupe s'est produit dans des boîtes de nuit et des soirées de gala partout dans Dakar.

Issa Cissokho 1946–2019 (saxophone) a été un musicien influent au Super Étoile avant de rejoindre l'Orchestra Baobab en 2000, où son personnage atypique et ses solos de saxophone ont amené de la couleur et de la bonne humeur sur scène. Issa a été invité par le réalisateur renommé Djibril Diop Mambety à composer la musique pour son film « Le franc ».

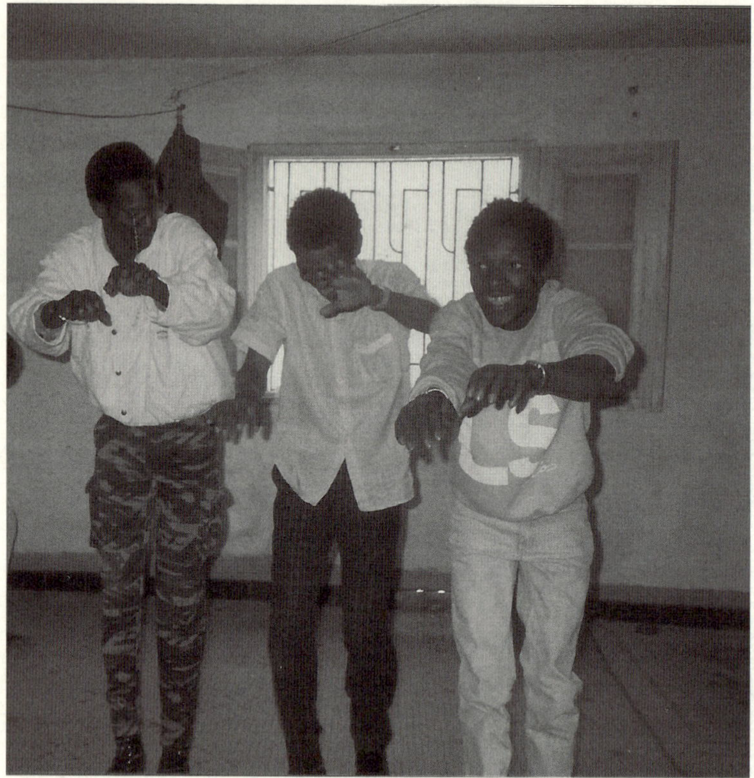

26. Pape Dieng, Youssou N'Dour et Mbaye Dièye Faye en répétition avec le Super Étoile à Castor, Dakar. © Jenny Cathcart.

Mamadou Jimi Mbaye (lead guitare). Dans la famille de Jimi, tous sont griots et certains d'entre eux sont des conteurs d'histoires comme Babacar Ndaak Mbaye. Le frère de Jimi, Abdoul Aziz Mbaye, a été un fonctionnaire international et président de la fondation de Youssou N'Dour, Youth Network for Development, avant de devenir ministre de la culture du Sénégal, en succédant à ce dernier dans le gouvernement d'Abdoul Mbaye sous Macky Sall.

Jimi fut grandement influencé par Carlos Santana et Jimi Hendrix, d'où son surnom. Au moment, en 1985, où Youssou et le Super Étoile jouait avec Jacques Higelin à Bercy, Youssou remarque que le guitariste de Higelin, Pierre Chérèze, produit un gros son, grâce à une excellente technique. Ses remarques furent une révélation pour Jimi qui avait passé dix années à perfectionner sa propre boîte de sons distinctifs à l'aide d'une Fender Stratocaster, d'une pédale réverbe et des effets comme le picking afin de reproduire le son des instruments traditionnels tels que

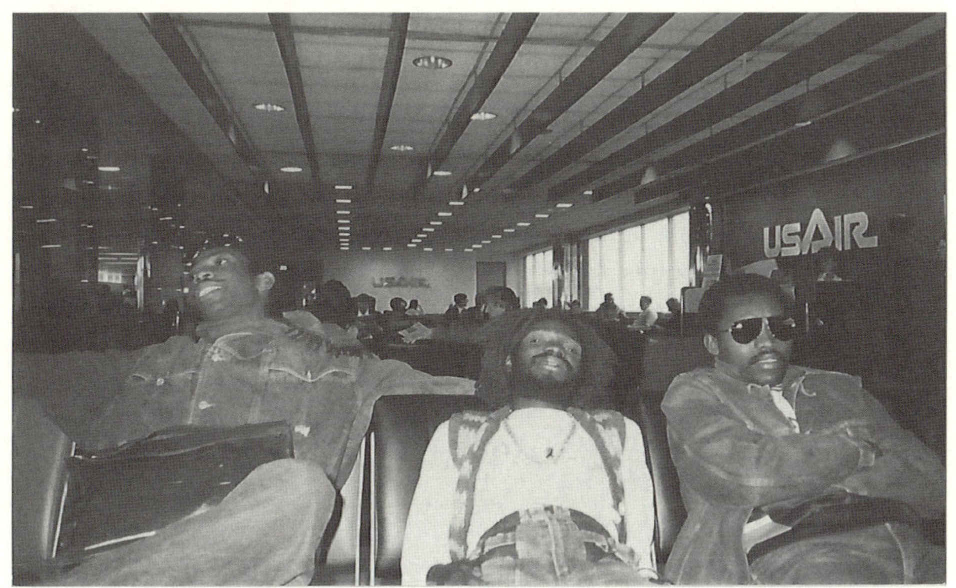

27. Youssou, Alla et Assane en tournée aux États-Unis. © Jenny Cathcart.

le xalam, la kora, le ngoni. Ainsi Jimi développa son propre style qui devint immédiatement aussi reconnaissable que celui des virtuoses de la guitare qu'il admirait. Il est particulièrement fier de son solo rock dans la chanson « Kocc Barma » et son intro sur « Birima ».

Oumar Sow (guitare/arrangeur). Son style est un mélange unique de jazz et de musique traditionnelle africaine ainsi que de soul moderne, de rock et de blues. Né à Dakar en 1959, quelques mois après Youssou, il a reçu une bonne éducation. Par la suite, il a perfectionné ses compétences en tant que compositeur/arrangeur auprès de Pierre Culaz au Centre d'instruction musicale de Paris. Lorsqu'il est encore étudiant, il forme le groupe Bataxal, avec Pape Dieng à la batterie et Jean-Pierre Senghor aux claviers. Bataxal est devenu un forum d'expérimentation pour jeunes apprentis passionnés de jazz. Entre 1985 et 1986, Oumar a joué de la guitare dans les albums de Youssou, *Jamm* et *Nelson Mandela*, et a participé à des tournées avec le Super Étoile avant de choisir une carrière de musicien indépendant. En 2006, à la suite de sa participation aux albums *Alsaama Day* et *Rokku Mi Rokka*, Oumar redevient membre à temps plein du Super Étoile de Dakar.

Ousseynou « Ouzin » Ndiaye (chanteur) est, en fait, l'oncle de Youssou N'Dour. Sa voix veloutée, avec un fort vibrato, a été un excellent contrepoint à celle de Youssou et en tant que choriste, un élément vital dans le répertoire du Super Étoile.

Pape Dieng (batterie), est maintenant un homme d'affaires prospère et ne joue plus avec le groupe. C'était un musicien/compositeur naturel, intuitif, et un batteur talentueux qui a apporté sa musicalité authentique et son flair pour le jazz à la musique de Youssou, notamment dans l'album *Jamm*. Lorsque Jacques Higelin demande à Youssou de faire la première partie de ses concerts à Bercy, ce fut Dieng, seul avec sa batterie, qui est apparu le premier, hissé depuis le sous-sol au centre de l'arène.

28. Pape Dieng en coulisses à Bercy, Paris, France.
© Jenny Cathcart.

Pape Oumar Ngom (guitare rythmique), comme Youssou, est issu d'une famille de griots. Sa guitare fait le lien entre les rythmes de base et les harmonies; lorsque les autres musiciens cessaient de jouer dans des morceaux comme « Ndakarou », « Thiapatholy », ou « Immigrés », et que sa guitare continuait de jouer, il était toujours possible de reconnaître la chanson. Pape Oumar soutient que chaque fois que la musique suit la voix de Youssou, comme dans les chansons « Djino » ou « Birima », le résultat semble très naturel et complet mais chaque fois que Youssou chante sur une musique déjà préparée par un producteur externe, le rendu est moins satisfaisant.

Thierno Koité (saxophone) vient d'une grande famille de musiciens dont beaucoup jouaient du saxophone, dont son oncle qui a collaboré avec le Nigerian Dexter Johnson, quand il résidait à Dakar et a influencé toute une génération de joueurs de cuivres, et fondateur du groupe Le Super Star de Dakar. Thierno a commencé sa carrière en 1969 avec le Rio Orchestra, puis a joué avec le Star Band au Miami Club avant de rejoindre le groupe Xalam. Il a été membre du Super Étoile de 1985 à 2000, puis et il a fait des tournées avec Cheikh Lô avant de rejoindre l'Orchestra Baobab. Sa sensibilité musicale liée à une virtuosité technique ont fait de Thierno, un musicien très fiable, que ce soit en studio ou sur scène.

Thio Mbaye (percussion). Polyvalent et inventif, Thio a travaillé avec la plupart des principaux groupes de Dakar et a effectué des tournées avec beaucoup d'entre eux. Le morceau titre de son album solo, *Rimbax Papakh,* produit en France en 1993 par Ibrahima Sylla, a été un tube au Sénégal.

Viviane Chidid N'Dour (chanteuse) a passé de nombreuses années comme choriste avec le Super Étoile avant de se lancer dans une carrière solo. Quand sa première cassette, *Entre Nous,* est sortie en 1999, 100.000 exemplaires ont été vendus. Un modèle pour les jeunes femmes sénégalaises, elle se présente sur scène en robes de styliste, les cheveux bien lisses (elle a signé un contrat lucratif de promotion avec la société japonaise NINA). Viviane a été mariée avec Bouba N'Dour, le frère de Youssou.

En 1987, quand Youssou entreprend une longue tournée en Europe, il crée un deuxième groupe, le Super Étoile 2 avec Kabou Guèye à la basse, Ibou Cissé à la guitare, Rann Diallo au saxophone, et avec comme chanteurs, Manel Diop et Malang Cissokho. Selon Guèye, c'était un *groupe de choc.* L'idée était que Youssou puisse retourner à Dakar pour remplir des contrats avec eux, et éviter les frais de transport encourus chaque fois que les musiciens du Super Étoile se déplaçaient. Lorsque le Super Étoile 2 atteint la perfection, Khassy Wally emmène la plupart des musiciens avec lui en Finlande (Kabou Guèye reste à Dakar où il travaillait au bureau de Youssou).

29. Viviane Chidid. © L'artiste.

Chapitre 5

Danseurs et danseuses

Les sabars polyrythmiques et scintillants qui forment la musique mbalax de Youssou N'Dour sont une combinaison parfaite pour les prouesses des danseurs et danseuses sénégalais. Toujours grandes et élégantes, les femmes se déplacent athlétiquement et avec facilité. Même les jeunes enfants semblent avoir peu de difficulté à maîtriser des mouvements complexes. À l'occasion des soirées sabar et *taneber*,[1] les femmes entrent dans le cercle et elles dansent subtilement, suivant des battements de tambour avec leurs corps, marquant les rythmes avec leurs jambes, s'envolant comme des oiseaux de paradis, s'étirant vers le nirvana dans un tourbillon d'extase. Ces femmes ont été les premières à promouvoir la musique mbalax de Youssou N'Dour.

Architecte et réalisateur de films, Nicolas Cissé qui s'y connaît en équilibre et symétrie, décrit leur danse comme une exaltation et finalement une thérapie. Il explique :

« Il y a des pas de danse où la femme, pour les exécuter, doit être en parfaite harmonie avec son corps. Ces danses complexes, même irrationnelles, semblent tourner sur une fausse note, un demi-battement subtil. La danseuse entre dans un état de transe où elle est en ligne avec le cosmos. Un érotisme transcendantal libère les femmes physiquement, spirituellement et sexuellement et c'est la même chose pour les batteurs dont les rythmes les y incitent. »

La première danseuse à rejoindre Youssou sur scène a été **Ndèye Khady Niang** qui séduisait les foules avec ses mouvements énergiques et impertinents. Pour Youssou, le choix était évident puisqu'elle avait été la danseuse préférée du président Senghor, l'ayant accompagné sur ses

---

1 Le *Taneber* est une soirée de danse traditionnelle animée par des sabars.

campagnes politiques jusqu'en 1980, et elle était considéré par une partie du peuple sénégalais comme la meilleure danseuse du Sénégal.

En 2009, une année avant son décès, j'ai rencontré Ndèye Khady dans le salon de son petit pavillon dans le quartier de Mermoz à Dakar. Entourée de grandes photographies d'elle-même avec le président Senghor, Thione Seck, Youssou N'Dour et d'autres célébrités, elle parlait avec vivacité de ses expériences de danseuse et c'était évident qu'elle aimait beaucoup les potins.

Le premier danseur/animateur à travailler avec Youssou était **Alla Seck,** un vrai original, un artiste qui apportait instantanément de la couleur sur scène, soit en jouant des maracas ou en dansant son mouvement particulier. Il s'exprimait avec sa remarquable voix rocailleuse mais aussi par la façon dont il s'habillait – chaussettes rayées et boubou Baye Fall en patchwork – qui montrait son dévouement au guide et marabout, Cheikh Ibra Fall. Il utilisait des proverbes profonds en wolof afin de marquer des points spirituels et il mimait des histoires, tendant la paume de sa main comme si c'était un miroir pour coiffer ses cheveux, ou prétendant demander l'heure à un passant en regardant sa montre. Alla aimait jouer le rôle d'un innocent *Kow Kow,* un paysan, tout juste arrivé à Dakar. Il est né à Gossas, près de Kaolack et est venu à Dakar pour travailler comme tailleur avec son frère dans le quartier d'Usine Bene Tally, mais il était destiné à une vie sous les projecteurs. Sur scène, il se donnait à cent pour cent; sans doute trop pour son propre bien. Il mangeait peu et selon certains, il insistait pour que le bus qui transportait les musiciens s'arrête d'abord à Grand-Dakar pour qu'il achète ses provisions. En 1987, au cours de la tournée européenne de Youssou, il est tombé malade à Londres et je l'ai conduit à l'aéroport sans savoir que je ne le reverrais plus jamais. Quand, un mois plus tard, le 14 juin précisément, il est mort de la fièvre typhoïde, la scène musicale a été bien triste.

À la mémoire d'Alla Seck, Youssou et son personnel organisèrent, au stade Demba Diop à Dakar, un concert de charité qui dura toute la nuit, avec la participation des orchestres principaux du Sénégal. Youssou dédia sa cassette *Kocc Barma* à son cher artiste et ami, qu'il décrit ainsi :

> « Alla Seck appartenait à un autre monde. Il est venu sur cette terre pour être un artiste et je l'ai trouvé au Miami Club où il chantait deux chansons par nuit ou, parfois, lorsque nous étions tous présents sur scène et qu'on manquait d'espace, il pouvait ne pas chanter du tout. Je l'ai vu jouer des maracas et nous avons persuadé Ibra Kassé de l'engager dans

ce rôle. Pourtant, chaque fois qu'il s'approchait du micro, il avait toujours quelque chose d'intéressant à dire. Son style de danse était unique et quand Alla est mort, je me suis sentie obligé de danser parce que la marque qu'il a laissé sur ma musique est indélébile. »[2]

Alla a été le modèle et l'inspiration pour des danseurs qui l'ont suivi. Gallo Thielo était lui aussi original, une sorte de « rubberband man » athlétique. Son passage sur scène était toujours suivi d'un tonnerre d'applaudissements. Ensuite, Papa Ndiaye animait la scène suivi de Pape Moussa, qui a travaillé avec la troupe de danse du théâtre Sorano avant d'être invité à se produire avec Youssou au stade de Bercy en 2006. Il est devenu ensuite un membre permanent du groupe pendant les tournées et se distingue par ses gestes fluides et la poésie de ses mouvements. Alla Seck a légué son talent à son propre fils, Mara Seck, danseur, chanteur, percussionniste, vedette charismatique du groupe Guiss Guiss Bou Bess (Nouvelle Vision) dont la fusion électro-sabar offre un spectacle de scène vif et chaleureux.[3]

Lorsque Youssou écrit « Sabar », parfois appelé « Wundelou », qui veut dire tournoyer, la chanson devint le grand succès de l'été 1986. Dans la chanson, il demande aux danseurs de respecter la grâce et la signification de la danse traditionnelle *bawnaan,* que les Lébous exécutaient avant la récolte afin d'invoquer la pluie et de s'assurer des récoltes fécondes. Quand les danseurs et danseuses sautent, les jambes en l'air, leurs robes amples tourbillonnent pour compléter la sensation visuelle. Néanmoins, certaines danses très suggestives, même élaborées, ont été improvisées par les fans de Youssou. Comme Moussa Joh l'a expliqué à Lucy Durán :

> « Pendant les premières années de sa carrière, Youssou avait l'habitude de chanter la musique associée aux cérémonies traditionnelles de circoncision, des *kassaks.* C'était la musique que nous appelions *danse sayi sayi (naughty dancing)* que les garçons effectuaient lorsqu'ils étaient guéris après leur circoncision et quand ils pensaient de nouveau aux filles. Ils entraient au milieu du cercle, les mains sur les hanches, et agitaient et faisaient osciller leurs jambes comme des petits chenapans »[4]

---

2   Conversation avec l'auteur, octobre 2006.
3   L'album *Set* conçu et arrangé par Mara Seck et Stephane Costantini et produit par Valentin Langlois est resorti sur le label Hélico en 2019.
4   Lucy Durán, 'Key to N'Dour', *Folk Roots* 64, octobre 1988, p.34.

30. Danseurs au Club Thiossane, Dakar. © Jenny Cathcart.

52 Les noms des danses décrivent leur action. Les mouvements du bassin et des genoux du *moulayechigin* (danse réputée créée par Salam Diallo et Lemzo Diamano),[5] correspondent exactement aux battements des sabars. Écartez trop les jambes en dansant le *khoti thiaya*, et vous pouvez littéralement déchirer votre pantalon large de style arabe. Le *reugreug bodiang*[6] est une danse d'accroupissement et le *hacc bi* est une imitation assez grossière d'un chien qui soulève la jambe. Quant au *banganboungoun*, le terme évoque la façon dont les femmes agitent leurs postérieurs. Le *ragajou* décrit une femme qui lève ses yeux au ciel. Dans le *jalgati*, qui veut dire détournements, les bras du danseur, les coudes pliés, se déplacent dans un mouvement de gauche à droite et de droite à gauche. Le clou d'une soirée au Club Thiossane de Youssou N'Dour était le moment où une fille se précipitait sur la scène pour attraper le pied d'un microphone et commencer à tourner ses hanches de façon suggestive. Dans leur excitation, les hommes criaient « *diafondoul* », qui veut dire, accroche-toi à moi ou « *songoma* », attaque-moi. Même le portier voulait quitter son poste pour assister au spectacle et Assane Thiam, qui jouait encore du tama, se mettait à suivre la fille qui quittait la scène.

---

5 Danse réputée créée par Lemzo Diamano.
6 Danse réputée créée par Salam Diallo et Lemzo Diamano.

Chapitre 6

Chansons pour le peuple

En 1993 à Dakar, lors de la conférence de presse pour le lancement de l'album *The Guide*, « Wommat », l'écrivain Mamadou Traoré Diop a déclaré :

« Aujourd'hui, tout le Sénégal attend en retenant son souffle le nouvel album de Youssou N'Dour. La Banque mondiale pourrait choisir de dévaluer le prix de nos matières premières, mais elle ne peut pas dévaluer la musique de Youssou qui se déplace là où nos arachides, notre phosphate ou même l'avion de notre président ne peuvent pas arriver. »

Babacar Ndaak Mbaye, griot et conteur moderne, ajoute:
« Il a salué tous les grands hommes de son pays. Il a chanté les gens ordinaires, les grands intellectuels, l'africaniste, philosophe et scientifique, Cheikh Anta Diop et l'incomparable Nelson Mandela. Il a chanté l'amour, nos joies, nos peines, ce que nous mangeons et ce que nous buvons, nos contes, nos animaux et les oiseaux du ciel. Il a chanté à propos de la politique sans être politicien, l'économie sans être économiste, les questions humanitaires, la vie de tous les jours au Sénégal, et surtout, la paix »

Pour Maguèye Kassé, professeur d'université, les chansons de Youssou sont utiles parce qu'elles éduquent plus qu'elles ne divertissent. Youssou a écrit la chanson « Nelson Mandela » afin d'expliquer à sa mère et ses tantes, qui ne parlaient que le wolof, et qui étaient émues par les scènes de violence en Afrique du Sud transmises à la télévision, qui était ce grand homme et ce que signifiait l'apartheid. C'était le morceau phare d'un album produit en 1985 par Albert Koski pour le label Magnétique et enregistré à Paris, au studio Montmartre, rue Lepic, au pied de la butte Montmartre, non loin du Sacré-Coeur. C'est l'album qui a lancé la carrière internationale de Youssou. Les chansons ont été enregistrées « en live », c'est-à-dire la batterie, la guitare basse, les percussions et la guitare ont été enregistrées ensemble, puis la voix et les cuivres ont été ajoutés. Doudou Doucouré, un musicien basé à Dakar, a fait les arrangements. Après avoir étudié au Collège de musique de Berklee à Boston, Doudou a déménagé à New York où il se produit avec, entre autres, Pharoah Sanders et James Brood Elmert. Selon Doucouré, il existe deux sortes d'arrangeur : ceux qui veulent s'imposer et ceux qui suivent le musicien. Il se compte parmi ces derniers et croit que cela convient à Youssou qui a une voix de griot.

Après le succès de l'album *Nelson Mandela*, Youssou a reçu l'Ordre du Lion du Sénégal et lorsque l'avenue Courbet à Dakar a été renommée avenue Nelson Mandela, il a chanté sa chanson pour marquer l'occasion. Le 11 juin 1988, au stade de Wembley à Londres, a eu lieu un

54

31. La couverture du single «The Rubberband Man» © Earthworks.

32. L'enregistrement de l'album *Nelson Mandela* à Paris, France. © Jenny Cathcart.

méga-concert pour demander la libération de Nelson Mandela qui allait fêter, le mois suivant, ses soixante-dix ans. Ce concert fut retransmis à six cents millions de téléspectateurs dans soixante-sept pays. Hugh Masekela a chanté « Bring back Nelson Mandela » et Youssou N'Dour est arrivé sur scène avec Salif Keita, Sly & Robbie et Ray Lema.

Le premier ministre d'Afrique du Sud, Frederik Willem de Klerk ordonna la libération de Nelson Mandela, qui avait été incarcéré pendant plus de 10.000 jours, et qui est sorti le 11 février 1990. Plus tard dans l'année, les musiciens se sont rassemblés une fois de plus à Wembley pour accueillir Nelson Mandela et son épouse, Winnie. Youssou, qui était une fois de plus présent, a cette fois-ci chanté avec Peter Gabriel. En mai 1994, lorsque Mandela fut élu président de son pays, il a rassuré son peuple avec ces mots : « Jamais, au grand jamais ce beau pays ne subira plus l'oppression d'un peuple par un autre ».

En 1996, Youssou a organisé un spectacle au Stade de l'Amitié à Dakar en rapport avec la visite du président Mandela au Sénégal. Peter Gabriel et Bobby McFerrin faisaient partie des vedettes qui devaient y être présentes. Spike Lee, cinéaste et propriétaire du label 40 Acres and a Mule MusicWorks avec qui Youssou avait signé un contrat d'enregistrement, figurait parmi les invités. Malheureusement, le concert s'est déroulé sans le président Mandela, dont la visite a été reportée à la dernière minute. Lorsque Mandela est finalement venu à Dakar en 1991, Youssou et le Super Étoile ont joué pour lui sur une scène spécialement construite devant le palais présidentiel.

Youssou a exprimé ses sentiments sur Mandela, non seulement dans ses chansons, mais aussi avec ces mots :

« Les Noirs ont toujours résisté à l'oppression. Il suffit de regarder les chaînes des esclaves sur l'île de Gorée pour se rappeler comment la peau des bras des Africains qui résistaient à leur transport a été déchirée. Donc, Nelson Mandela n'a pas été le seul martyr, il y en a eu des milliers, des millions, mais j'ai choisi de rendre hommage à ce grand homme. Mandela est notre modèle, notre père à tous. La première fois que je l'ai rencontré, j'avais les larmes aux yeux. Personne n'a donné autant de lui-même dans la construction d'un monde meilleur. Le 10 mai 1994, le jour où il est devenu président de l'Afrique du Sud, j'étais à Auckland, en Nouvelle-Zélande et lorsque j'ai appris la nouvelle, j'ai couru autour de l'aéroport comme un fou, les bras tendus vers le ciel, criant, « Mandela est président ! ». Lorsqu'après presqu'un demi-siècle passé à lutter pour la liberté et la justice, il a volontairement démissionné, c'était la cerise sur le gâteau et je me suis dit, il est le plus grand ».

Youssou a nommé son neuvième enfant, Nelson Mandela N'Dour car il est né le 18 juillet 2012, le jour de l'anniversaire de l'ancien président sud-africain qui est mort l'année suivante, âgé de 95 ans.

En 1989, « Set » (la propreté) devient la chanson-thème pour un mouvement social appelé Set Setal initié par Joe Ouakam et le Laboratoire Agit Art pour nettoyer la ville de Dakar. Le mouvement était une protestation populaire contre les négligences et la saleté qui en résulte dans les espaces urbains. Les amas de détritus s'accumulaient dans les rues et, pendant la saison des pluies, l'eau stagnait dans des flaques nauséabondes, les égouts étaient tellement infects que les gens s'inquiétaient pour leur santé et leur sécurité. Et puis, il y avait une autre odeur, celle de la corruption et de l'avidité. À de nombreux égards, l'initiative Set Setal a introduit un agréable esprit de voisinage, car les femmes commencèrent à collaborer pour nettoyer devant leurs portes pendant que, de l'autre côté de la rue, les artistes peignaient des fresques et les jeunes descendaient dans la rue pour ramasser les ordures. La chanson est devenue d'actualité une fois de plus au début des années 2000, lorsque de nouveaux chantiers et programmes de reconstruction initiés par le gouvernement du Président Wade ont semé le désordre. Le paysage urbain était parfois apocalyptique, évoquant des scènes qu'on ne verrait que dans un film d'Eisenstein. Heureusement cet état de choses fut temporaire.

« Békoor » (sécheresse), un morceau que Youssou a écrit pour un concert spécial qu'il a organisé au Stade Iba Mar Diop à Dakar en soutien aux victimes de la sécheresse, énonce des mesures préventives. Les lignes de percussion orageuses et les rythmes entraînants agissent comme un appel à la prise de conscience. À la campagne, les lits de rivière asséchés et les arbres morts signalaient que nous avions abusé de la terre. Les besoins de la vie quotidienne, le bois de chauffe ou la nourriture pour le bétail, ont conduit à l'épuisement de ressources vitales. La culture intensive de l'arachide pour le commerce a épuisé les sols qui pourraient facilement être renouvelés avec de l'engrais local et des techniques d'élevage. L'Afrique est responsable de seulement 2 % des émissions de gaz à effet de serre du monde, mais il est estimé que les Africains souffriront plus que quiconque des effets du réchauffement de la planète. Dans la région du Sahel, il y aura même plus d'incidences de sécheresse et de désertification. Dans « Bekoor », Youssou chante :

Plantons des arbres, arrosons-les

Planter, c'est toujours une bonne chose !

Depuis 2005, la Grande muraille verte, un projet élaboré par l'Union africaine et appuyé par des scientifiques de Kew Gardens à Londres, a organisé la plantation d'un mur d'arbres épineux s'étirant à travers treize pays sahariens, de la côte Atlantique de l'Afrique de l'Ouest à la mer Rouge, à Djibouti, dans une tentative de mettre fin à ce processus.[1]

Certaines entreprises européennes ont payé de grosses sommes d'argent aux pays en développement pour qu'ils acceptent chez eux des déchets toxiques. En février 2007, Trafigura, une compagnie basée en Hollande, qui faisait du commerce d'huile, a payé 100 millions de dollars de compensation à la Côte d'Ivoire après que des milliers d'ivoiriens sont tombés malades à la suite de contact avec des déchets déchargés d'un de leurs navires, le *Probo Koala*. Dix personnes sont mortes et le gouvernement de la Côte d'Ivoire a été, par la suite obligé de disperser les déchets. Ces poisons restent puissants pendant des centaines d'années et peuvent tuer des êtres humains, des animaux et tout être vivant sur terre ou dans la mer.[2] Voici ce que Youssou a dit dans « Toxiques »

Tous ceux qui connaissent le danger devraient dire non

Les pays riches font des déchets toxiques.

Pourquoi devraient-ils les envoyer vers le Tiers-Monde ?

Les pays pauvres connaissent le danger des déchets toxiques ;

Pourquoi devraient-ils les accepter ?

Lorsque je suis au lit je ne peux m'empêcher de penser à ce sujet

Lorsque je suis éveillé je dois vous mettre en garde à ce sujet

Refrain : Lorsque les pays sous-développés commencent

À dire NON...

Au cours des dernières années, au Sénégal, comme dans les pays ouest-africains voisins, l'émigration a pris une nouvelle et sinistre dimension. Chaque année, des milliers d'hommes et femmes sénégalais pauvres, qui désespèrent de pouvoir nourrir leurs familles, tentent de

---

1 Veuillez trouver plus d'information au sujet du Great Green Wall à https://www.greatgreenwall.org/about-great-green-wall, consulté le 1er mars 2019.

2 'Two jailed over Ivorian pollution', BBC News, le 23 octobre 2008. Disponible à https://news.bbc.co.uk/1/hi/world/africa/7685561.stm, consulté le 1er mars 2019.

33. *Immigrés* © Celluloid Records.

s'échapper vers l'Europe par avion, par bateau via les îles Canaries ou à travers le Sahara vers la côte nord-africaine. Si les bateaux sont interceptés, les occupants sont rapatriés et, hélas, nombreux sont ceux qui meurent en mer. Sensible au sort de ses compatriotes, la chanteuse Awa Ly a soulevé la bonne question dans sa chanson « Here » : « Que ferez-vous quand vous serez au milieu de la mer ? »

En 2002, le réalisateur sénégalais, Massamba Ndiaye a traité du problème de l'émigration clandestine dans son court métrage primé, *Banc Jaaxle* (le banc de l'inquiétude)[3] inspiré par l'histoire vraie d'un jeune sénégalais et de ses deux amis guinéens qui sont morts dans le train d'atterrissage d'un avion. L'année d'après, l'écrivaine sénégalaise,

---

3 Banc Jaaxle, Massamba Ndiaye, Dakar, 2002.

Fatou Diome, a mis en évidence le phénomène dans son puissant roman, *Le ventre de l'Atlantique*[4] et Mati Diop a fait pareil avec son film *Atlantique*.[5] En 2007, Youssou a lancé un appel personnel à la télévision sénégalaise : « Ne risquez pas votre vie. Vous êtes l'avenir de l'Afrique », a-t-il dit.

Déjà dans les années 1980, Youssou fut tellement frappé par le sort de ces émigrés, dont certains avaient été séparés pendant de longues périodes de leurs familles au Sénégal, qu'il écrivit une chanson poignante, « Immigrés », pour leur rappeler les bienfaits de leur pays.

J'ai pu apprécier un tant soit peu le message de ce morceau car mon premier mari, Babacar Diouf, venu à Londres avec son oncle, n'avait pas revu Dakar pendant six ans lorsqu'il y retourna pour passer des vacances en 1991. Il m'a décrit l'impact que son absence avait eu sur sa famille sénégalaise. Ses cousins sont venus l'accueillir à l'aéroport et ensuite l'ont accompagné jusqu'à la maison de ses parents à Fass. En chemin, il a demandé au chauffeur de taxi de s'arrêter un peu avant pour qu'il marche dans le sable, respire l'atmosphère et sente la brise de la mer. Dans la cour, sa mère, qui ne savait pas que Babacar arrivait, a sauté de joie en le voyant et puis elle a commencé à pleurer. Sa grand-mère, qui était déjà couchée l'attira à elle et pleura en touchant sa tête et son corps avant de lui dire qu'elle ne croyait plus le revoir.

Selon Youssou, l'inspiration pour « Immigrés » était venue tout naturellement; la chanson s'était pratiquement écrite d'elle-même. Elle commençait par un riff de guitare de Pape Oumar Ngom et Kabou Guèye suivait avec une ligne de basse. Lorsque les percussionnistes ajoutaient une partie très rythmique, le morceau semblait être en pilotage automatique. « Immigrés » devint également le titre d'un album produit en France par Gilbert Castro et édité par Celluloïd en 1984. Lorsque l'album *Immigrés* sortit au Royaume-Uni en 1987, l'écrivain et présentateur de radio Charlie Gillett reconnut le potentiel de cette musique pour le marché international.

« Nous ne sommes pas tout à fait à la fin de la décennie, écrit Gillett, mais cet enregistrement se distingue comme l'un des enregistrements-clés des années 1980 tout comme « Astral Weeks » de Van Morrison et « What's Going On » de Marvin Gaye l'étaient pour les années soixante-dix et « Like A Rolling Stone » de Bob Dylan et « Hey Joe » de Jimi Hendrix

---

4   Fatou Diome, *Le ventre de l'Atlantique*, Éditions Anne Carrière, 2003.
5   Mati Diop, fille du musicien sénégalais Wasis Diop a remporté le Grand Prix au festival de Cannes 2019 avec son film *Atlantique*. La musique du film a été composée par Fatima Al Quadiri, compositrice koweïtienne née à Dakar.

dans les années 1960... Pour moi, cette musique suit tout naturellement celle de Dire Straits et Police et c'est juste une question de temps avant que le reste du monde ne s'en rende compte ».

Au milieu de la nuit, dans les rues sombres de la Médina, les trafiquants de drogues exercent leur méprisable commerce de crack, la forme la plus addictive de la cocaïne, qui est utilisée à Dakar. Transformé en petits cailloux, le crack est fumé dans les ghettos avec une simple boîte d'allumettes ou un tuyau de fortune. Dans « Sinébar », Youssou dénonce l'usage de drogues et l'abus d'alcool, rappelant qu'il y a mieux à faire. Il chante, « au Super Étoile, nous aimons mieux notre travail que prendre de la drogue. Nous n'en avons pas besoin et nous pouvons vous rendre heureux ».

En 2014, à la suite de l'épidémie dévastatrice d'Ebola au Libéria, en Sierra Leone et en Guinée, les organismes d'aide internationale ont souvent été critiqués pour ne pas avoir agi rapidement en installant des hôpitaux ou en expédiant plus d'infirmiers dans la région. Baaba Maal a profité de l'occasion d'une interview radiophonique à la BBC pour encourager les médecins ouest-africains et les infirmiers africains formés à l'étranger à rentrer chez eux afin d'aider les malades et les mourants. « Africa Stop Ebola », un morceau reggae produit par Carlos Chirinos pour le label 3D Family et chanté en français et d'autres langues africaines par Salif Keïta, Toumani Diabaté, Oumou Sangaré, Tiken Jah Fakoly et Didier Awadi conseille les africains sur la manière dont ils pourraient arrêter la maladie, tout en exprimant l'espoir de son éradication. Lorsque Youssou a collaboré avec l'artiste du hip hop nigérian, J Martins, leur clip vidéo, « The Time Is Now », a commencé par une expression de leur sympathie pour les victimes d'Ebola.

Passionné de football, Youssou a écrit la chanson « Gaindé » afin d'encourager l'équipe nationale de football, les Lions de la Téranga. En 2002, ils se sont qualifiés pour le tournoi de la Coupe du monde pour la première fois et à l'étonnement de tous, ont battu les précédents vainqueurs, la France, lors du premier tour. Symboliquement, cela a été un moment fort puisque l'équipe sénégalaise avait battu le pays qui les avait colonisés. L'un des joueurs sénégalais, Henri Camara, se souvient que Youssou téléphonait souvent afin de les encourager. Ils savaient qu'il était avec eux, qu'ils gagnent ou qu'ils perdent, et lorsqu'ils ont perdu la Coupe africaine des nations, ils l'ont vu pleurer, ce qui les a beaucoup touchés. Youssou a composé l'hymne officiel de la Coupe du Monde

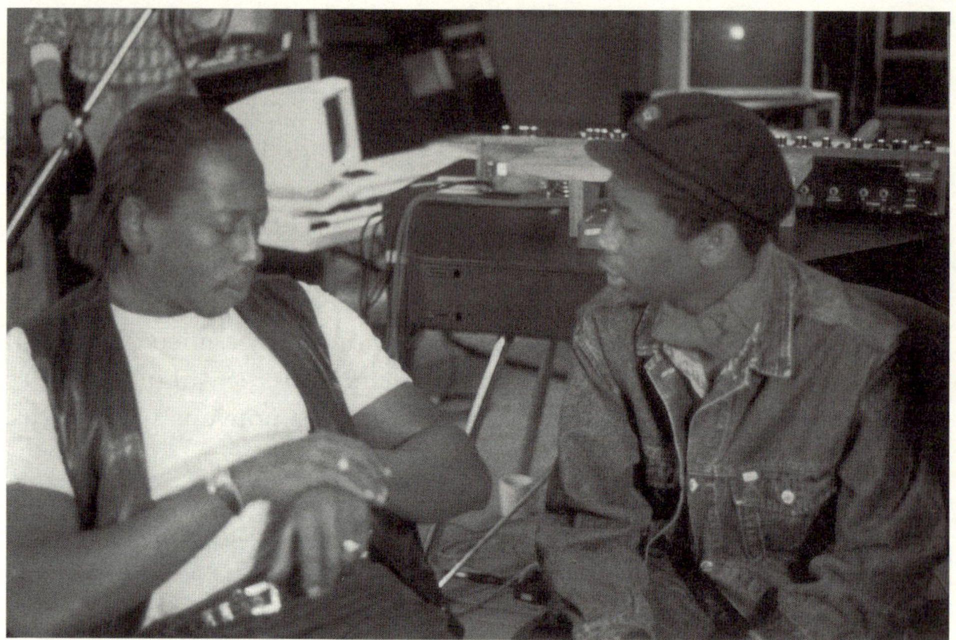

34. George Acogny et Youssou à l'enregistrement de «Gainde» ('The Lion'), single pour encourager l'équipe nationale de football, Les Lions de la Teranga. © Jenny Cathcart.

62 de football, France 1998, « La cour des grands » qu'il a chanté avec la vedette belge Axelle Red, à l'occasion du tirage au sort de la Coupe du Monde à Marseille en décembre 1997.

Parce qu'elles commentent des sujets et des personnes, souvent avec humour et ironie, les chansons de Youssou ont été absorbées par la mémoire collective de sorte que la plupart des fans sénégalais peuvent les chanter par cœur, en respectant chaque phrase rythmique et inflexion mélodique. Conformément à la tradition des chants de louange, Youssou chante des personnages bien connus de l'histoire et de la société sénégalaise actuelle : Thierno Mamady Sakho, appelé Touré dans « Wareff », Sérigne Ndiaye Bouna dans « Alboury », Moustapha Sy Djamil, un marabout Tidjani qui vivait à Fass dans « Djamil », la famille Thiam dans « Walo », Bassirou Les Diagne dans « Yallay Dogal ». Dans « Yarou », il chante avec humour l'histoire de Samba Guèye, connu comme « Samba Abidjan », un entrepreneur Toucouleur qui était tellement riche qu'il pouvait se permettre de louer le deuxième étage de l'hôtel Concorde La Fayette à Paris. Beaucoup de fans de Youssou ont trouvé l'idée de séjourner à l'hôtel tellement séduisante qu'ils parlaient d'y loger quand ils se rendraient à Paris ! Thierno Diabaté, l'un des bienfaiteurs les plus généreux de Youssou, que ce dernier salue aussi dans ses chansons, eut quitté la Gambie pour Dakar afin d'assister à un spectacle au cours duquel il a remis de gros billets à Youssou et à chacun des musiciens.

Comme les griots l'ont toujours fait, Youssou donne des conseils fondés sur le bon sens ou la sagesse ancienne, faisant souvent usage de proverbes traditionnels wolof. Dans « Donkaasigi », le bien-être est comparé à un hamac que vous pouvez accrocher à n'importe quel arbre. En d'autres termes, si vous avez un bon cœur et une bonne attitude envers votre voisin et envers la vie vous pouvez être heureux où que vous soyez et quelle que soit votre situation. Il souligne aussi la nécessité de s'entraider :

Tout le monde a le droit au confort

Il faut s'entraider pour trouver l'équilibre

Afin que chacun ait ce qu'il faut pour être à l'aise

Malheureusement, le fossé entre riches et pauvres est beaucoup trop grand

Il faut se contenter de ce qu'on a sans envier les autres

Dans « Sama Doom », écrite pour sa fille, Thioro, Youssou chante :
Ne souhaitez pas le mal aux autres, et de bonnes choses pour vous.

Il est mauvais d'être égoïste. Faites passer les autres avant vous-même

Et Dieu avant tout.

Soyez indulgents et n'oubliez pas que

L'amour de l'argent est la source de nombreux maux

C'est ainsi que vous suivrez plus sûrement votre destin

La chanson « Juum » (erreur), est une adaptation de la chanson « Originator » de Jimmy Cliff. En Wolof, Youssou dit *Nit ki ∂ul juum amul Yalla buur bi rekka ∂ul juum* pour exprimer la maxime « l'erreur est humaine, le pardon divin ». Avec espièglerie, il termine le morceau avec la phrase : « Excusez-moi, mais je pense que j'ai fait une erreur… ».

« Jamm » (paix), l'une des chansons les plus mémorables de tout le répertoire de Youssou, évoque la paix qui dépasse toute connaissance comme il est résumé dans les salutations islamiques « Salaam alaikum » (que la paix soit avec vous). C'est le morceau-titre d'un album dans lequel chaque chanson essaie glorieusement et majestueusement de transmettre l'idée de la paix. Une des plus émouvantes est « Ale Samba » où Youssou chante en duo avec son oncle, Ouzin Ndiaye, leurs voix soutenues par les riffs sympathiques du saxophone de Thierno Kouyaté. Ensuite, il y a la chanson harmonieuse, tel un hymne, « Yonent » (le Prophète),

35. Thioro N'Dour, une des filles de Youssou. © Jenny Cathcart.

remarquable pour l'interaction des lignes subtiles de guitare d'Oumar Sow et les motifs rythmiques persistants et envahissants de Pape Dieng à la batterie.

« Wooy », est dédié aux enfants du monde. À Dakar, le morceau a incité la commercialisation de casquettes marquées d'un X pour Malcolm X (l'activiste musulman américain, militant des droits humains et partisan du panafricanisme qui a été assassiné en février 1965) et pour Xippi, la société de Youssou N'Dour. En homme d'affaires avisé, Youssou avait acheté des T-shirts et casquettes soldés de son producteur Spike Lee, qui a par ailleurs réalisé le film *Malcolm X*.

Peu de vedettes pop ont, comme Youssou, couvert une telle gamme de sujets dans leurs chansons. Il a écrit cinq cents chansons, la plupart sont influencées ou inspirées par les gens qu'il a rencontrés ou des sujets qui sont pertinents dans le Sénégal d'aujourd'hui ou ailleurs en Afrique. Son message a souvent été celui d'un modérateur.

Chapitre 7

Admiratrices, bienfaitrices et égéries

L es femmes sénégalaises que Youssou N'Dour perçoit comme étant à la fois très traditionnelles et très modernes représentaient, au début de sa carrière, soixante-dix pour cent de son public. Suivant une tradition bien établie longtemps dans les communautés de cette partie de l'Afrique, le griot compose sa chanson, l'offre à son noble (*geer*), qui en retour l'honore (*teral*). Cette pratique est demeurée même pendant l'époque coloniale quand les Signares, grandes dames métisses, filles de mères sénégalaises et de pères européens, riches entrepreneuses, tirées à quatre épingles, faisaient des largesses à leurs griots les jours de fêtes. À l'époque postcoloniale, quelques femmes notables de la société moderne ont soutenu Youssou N'Dour par des dons d'argent, de tissus ou d'équipement musical. Certaines ont même assumé le rôle d'égérie. En reconnaissance, Youssou a chanté leurs louanges.

Marième Dieng Salla est née le 23 juillet 1953 sur les rives du fleuve Sénégal, à Dagana, d'un père mauritanien et d'une mère sénégalaise. Salla, à laquelle Youssou N'Dour a dédié une chanson de louanges très populaire, était une femme d'une rare beauté et d'un charme dont tout Dakar parlait. Elle a souvent été l'invité d'honneur quand Youssou et le Super Étoile ont donné des concerts mémorables sous un ciel étoilé dans sa ville natale. Le concert se tenait dans les jardins devant le fort de Léon César Faidherbe, qui fut gouverneur du Sénégal de 1854 à 1865. Pendant ces soirées de gala, il y avait toujours un intermède pendant lequel un/une célèbre griot ou griotte, comme la grande diva, Adja Mbana Diop, dont les aïeux avaient chanté pour les rois du Walo, chantait les louanges de certaines familles dans l'assistance. À partir de la galerie VIP, des invités de Marième Dieng Salla se dirigeaient vers la scène pour placer des billets sur le front de Youssou ou ses musiciens.

36. Marième Dieng Salla.

Marième Dieng Salla est devenue la quatrième épouse d'El Hadj Babacar Kébé appelé Ndiouga, fils d'un marabout de Kaolack, et l'un des hommes les plus riches au Sénégal de son vivant. En 1956, Ndiouga Kébé a commencé par l'achat de diamants au Congo et dans d'autres pays africains et en 1973, il a créé un grand commerce d'import-export au Sénégal. Il possédait un palais inachevé à Touba, des propriétés dans la ville régionale de Kaolack et un appartement à la rue de Prony dans le 17ème arrondissement tout près du Parc Monceau de Paris. Il fait construire l'immeuble Kébé qui est jusqu'à présent l'un des bâtiments les plus imposants de Dakar-Plateau et le supermarché Sahm (actuel Casino), parmi les premiers de son genre. En 1974, dans ce même complexe, il ouvrit la boîte de nuit, Le Sahel, qui avait son propre orchestre nommé également le Sahel. Ndiouga Kébé était père de vingt-deux enfants et chacune de ses épouses habitait une villa à Fann-Résidences.

Marième Dieng vivait à la Villa Kébé 7, rue des Ambassades. Les sénégalais de la rue la regardaient avec étonnement quand elle passait au volant de sa voiture dernier cri et haut de gamme, une Jaguar Golden, Mercedes 500 ou une rutilante BMW.

Lorsque je suis arrivée à Dakar en octobre 1984, la rumeur courait que Youssou N'Dour et Marième Dieng Salla avaient une liaison et que le mari de Marième, Ndiouga Kébé, qui est décédé le jour de son 70ème anniversaire, le 13 mars de même année dans un mystérieux accident de voiture, avait été tué par les marabouts[1] de Youssou. Ensuite, une rumeur disant que Youssou avait été tué par vengeance par les marabouts de Kébé fut tellement forte que Youssou se sentit obligé d'apparaître à la télévision pour prouver qu'il était encore en vie. Youssou a toujours insisté que ses relations avec Marième Dieng et toutes les femmes à qui il a dédié des chansons étaient fondées sur l'amitié et le plus grand respect.

Amie et mécène de nombreux musiciens, Marième Dieng a soutenu beaucoup des artistes : la visite du Jackson Five à Dakar en 1972 ; elle a accueilli James Brown pendant son concert au Stade de Demba Diop en 1973, et pendant celui de la chanteuse Dalida lorsque elle est venue jouer au Théâtre national Daniel Sorano. Elle a ouvert sa maison aux artistes, surtout les musiciens qu'elle admirait : Ndiouga Dieng, Ismael Lô, les frères Touré Kunda et, bien sûr, Youssou N'Dour, pour qui elle avait une admiration spéciale et à qui elle avait offert des instruments et de l'équipement sonore.

Après la mort de Ndiouga Kébé, Marième Dieng Salla s'est remariée, mais elle est malheureusement décédée en accouchant en janvier 1987 à l'âge de 34 ans. Le Président Mobutu du Zaïre et le Président Abdou Diouf, qui étaient des admirateurs, ont assisté à ses funérailles à Dakar et de nombreux sénégalais décrivent encore Marième Dieng Salla comme immortelle. En mai 2006, presque vingt ans après sa mort, plusieurs magazines la comparaient à Lady Diana, Princesse de Galles ou à Marilyn Monroe. Le magazine glamour de la jet set sénégalaise, *Icône*, a reproduit des photographies de Marième en utilisant des termes comme,

> « brin d'ange, étincelle de génie, entre mythe et légende, mais plus réelle que mythique et surtout légendaire … elle a laissé derrière elle autant de bonnes actions que pouvait en contenir un chapelet… elle était riche de

1   Le mot marabout est dérivé d'*El Morabbatim* qui signifie en arabe celui qui vit dans un monastère. Au Sénégal, le terme est attribué le plus souvent aux chefs religieux mais aussi à des guérisseurs, des voyants ou des hommes sages.

son sang, riche de sa beauté, riche de la réelle richesse de son mari mais aussi et surtout riche de ses actions envers les démunis et des excellentes relations qu'elle entretenait dans la discrétion et la tolérance ».[2]

Mon ami, Alassane Mbodj, le frère de Marième Dieng, passe ses journées dans l'ancienne maison de sa sœur à la rue des Ambassades. Le soir, voulant profiter de l'air frais, je marchais avec lui le long de la rue vers la mer, en passant par de somptueuses villas aux murs hauts : Kébé 1, la maison de la première femme de Ndiouga Kébé ; la maison du directeur général de la SONATEL ; et la résidence de l'ambassadeur néerlandais. Nous parlions de cette époque où la vie était belle et Marième si généreuse. Le soir où elle est décédée, ce fut Alassane qui la conduisit à l'hôpital. C'était évident que le choc de sa mort laisse pour toujours une blessure profonde dans son cœur.

Quelques ruelles plus loin, se trouve la maison de **Ndella Wade**, une autre des bienfaitrices de Youssou à qui il a dédié sa chanson *Bes*. Pour lui, Ndella est l'incarnation de la beauté, de la générosité, de la simplicité et de l'effacement car elle conserve une sorte de mystère qu'il admire. De manière traditionnelle, Youssou chante sa généalogie :

« Samba Woury, Maye Dièye, Papa Cissé, Mariama Diagne, Ndella Wade. Quiconque l'a chanté chantera à nouveau, Jaabi Birahima, Samba Woury, Maye Dièye Papa Cissé, Mariama Ndiaye. Je vous tiens en très haute estime. Nulle ne peut être plus gentille que vous ».

Lorsque Marième Dieng Salla ou Ndella Wade venaient aux concerts de Youssou au Théâtre Sorano, elles devenaient ses muses, l'inspirant par leur présence et contribuant, à leur façon, au processus créatif. Par leur célébrité elles ont influencé d'autres femmes qui, à leur tour, ont soutenu la musique et aidé Youssou à réunir les fans dans une banlieue populaire comme Pikine et ceux des quartiers plus prospères comme Fann-Résidence. Le journaliste sénégalais, Massamba Mbaye note que « par reconnaissance, par amitié, Youssou N'Dour aura gravé pour l'éternité des êtres chers, de Marième Dieng Salla à Ndella Wade. Des êtres qui peuplent sa voix à travers le temps et qui acquièrent une part d'un mystère si caractéristique de la rencontre ».

Une autre dame bien connue pour laquelle Youssou a écrit une chanson fut **Nanette Ada,** nièce du Président Léopold Sédar Senghor, épouse d'Abdoulaye Diack, ministre de l'Information dans le gouvernement de

---

2 El Hadj Amadou Mbaye, 'Marième Dieng Salla, une fée qui passait', *Icône*, no. 9, mai 2006, Dakar.

Senghor. Leur fille Colette apporta des fleurs à Youssou le jour de son anniversaire et lorsque Youssou a rencontré sa maman, il lui a dédié sa prochaine composition. On comprend l'objet du morceau à travers une fanfare de cuivres ascendante et audacieuse suivie d'un déclenchement de tama et des phrases staccato de sabar surmonté de la voix retentissante de Youssou et lavé par les claviers cascadant d'Adama Faye. « Nanette Ada » occupe une place de choix sur la cassette magnifique, « Africa Deebub ».

Une des premières égéries de Youssou, **Absa Guèye Yaye Dior,** a fait l'objet d'une chanson qu'il a composé avec l'Étoile de Dakar en 1979. Une beauté remarquable qui était toujours sur son trente et un, elle arrivait aux concerts avec une étoile énorme blasonnée sur son boubou, afin de faire tourner toutes les têtes. Elle a aidé Youssou à acheter des instruments et grâce à elle, sa musique a trouvé une nouvelle audience parmi les riches du Plateau où elle vivait rue Carnot. Absa Guèye était la fille d'Ibrahima Guèye Kato Diagne, un riche homme d'affaires qui fabriquait des meubles pour les marabouts de la famille Sy à Tivaouane et qui possédait une flotte de voitures, limousines et décapotables, qu'il louait à des colons français dans les années d'avant l'indépendance. Un dandy élégant qui portait trois montres, une sur chaque poignet et l'autre autour de son cou, Ibrahima avait quatre belles épouses parmi lesquelles Aminata Niang, la mère d'Absa Guèye, et chacune d'elles jouaient d'un instrument traditionnel dans l'orchestre familial. Le sujet du morceau « Absa Guèye », est inspiré du sens des affaires de son père, qui voyageait partout en Afrique de l'Ouest et principalement en Côte d'Ivoire, au Togo, au Mali et au Ghana pour acheter des tissus. Lorsque je l'ai rencontrée chez elle dans le quartier Mermoz de Dakar, elle m'a dit, « Youssou est une personne sage et bien élevée et son succès est dû au fait qu'il aime et respecte sa mère ».

Bien entendu sa mère, **Ndèye Sokhna Mboup,** croyait en lui et l'avait toujours soutenu surtout dans les premières années de sa carrière et ce, malgré les objections de son père qui ne voulait pas qu'il devienne artiste. Toujours conscient de cela, Youssou a dédié « Jimaamu », à sa mère.

Néanmoins, ce fut sa grand-mère maternelle, Marie Sène, qui fut sa principale source d'inspiration. Pour elle, il composa « Yaakar » (Espoir) un hommage mélodieux qui met en avant les percussions *asiko*

37. Absa Guèye, sujet d'un morceau de Youssou.

célébrées par le défunt Ismaël Thiam, autrement connu sous le nom de Billy Kongoma, qui a fondé le Ballet d'Afrique noire dans les années 1950.

Massamba Mbaye a bien résumé l'importance de ces origines maternelles de Youssou N'Dour quand il a dit, « l'héritage qu'il a eu de sa mère qui l'avait hérité elle-même de sa mère avant elle, fut bien réel; il y a un lien direct avec les grandes actions de l'Afrique antique : un monde où il n'y avait pas de paraboles mais des caravanes et des caravelles ».

Awa Guèye s'est rappelée avec fierté de la première fois qu'elle a entendu la chanson qui porte son nom. Lorsqu'en 1984, Youssou chanta « Awa Guèye » au cours d'une soirée de gala au Théâtre Sorano, elle fut bouleversée. Un joyeux mix de musiques limpide et bluesy, qui groovait au rythme Rock 'n' Roll mesuré, éminemment dansant pour les non-sénégalais comme pour les Sénégalais. La mère d'Awa Guèye, Aissatou Sow, une Toucouleur de la région du Fouta-Louis, a été l'une de premières femmes sénégalaises à faire du commerce de coton brodé importé d'Europe. Awa a suivi son exemple, voyageant à Paris, en Italie et en Suisse pour acheter du textile à revendre dans sa boutique au quartier HLM 5 de Dakar et sur le marché de Castors. Sachant comment Youssou aimait être élégant, elle lui a littéralement offert des kilomètres de tissus magnifiques pour ses tenues de scène. Awa Guèye est décédée en 2011, mais sa chanson a illuminé son époque et reste un de mes morceaux préférés.

Ces femmes lanceuses de mode et perspicaces étaient les précurseurs des stylistes contemporaines du Sénégal comme Linn Senghor, Collé Ardo Sow, Dasha Nicoué ou Claire Kane, dont les créations originales et subtiles en pagne tissé ont été portés sur scène par Youssou.

Lorsque **Diouma Dieng Diakhaté** a quitté son emploi de secrétaire à l'Asecna pour exploiter sa passion pour la mode, elle a créé un atelier dans son garage avec une seule machine à coudre. Aujourd'hui, l'entreprise Shalimar qu'elle a fondée, est l'une des plus prospères au Sénégal. Diakhaté, elle-même un modèle élégant, charmante et belle a habillé des chefs d'État africains et leurs épouses et a conçu des tenues pour Barbara Bush, Hillary Clinton et Oracene Price, mère des sœurs Williams, championnes de tennis. Je l'ai rencontrée pour la première fois avec Youssou lors d'une visite à son atelier pour commander des tenues de scène. Lorsque j'ai demandé à Madame Diakhaté ses impressions sur la carrière de Youssou, elle m'a reçue dans son bureau au boulevard du Général de Gaulle, m'invitant à m'asseoir d'un côté de son bureau tandis que de l'autre elle prenait sa chaise habituelle, un Swiss ball! En s'asseyant elle montra son ventre plat et s'exclama, « Comment voulez-vous que je garde cela! » Pendant ses défilés de mode, à Abidjan, à Paris ou à Tokyo, Madame Diakhaté, qui est la marraine de *l'Observateur*, le journal publié par le Groupe Futurs Médias de Youssou N'Dour, utilise ses chansons pour sa bande-son. Déjà nommée

38. L'actrice sénégalaise Marie Madeleine Diallo.

Femme de l'année par la télévision sénégalaise RTS, elle a investi son argent dans des initiatives sociales y compris des maternités et une morgue. Koffi Olomidé lui a dédié une chanson. Elle fut candidate à l'élection présidentielle en 2012, une décision mal avisée peut-être puisqu'elle n'a obtenu que 0,12 % des suffrages. Une consolation a été sa nomination comme ambassadrice itinérante pour le Sénégal par le nouveau président Macky Sall.

Les femmes que Youssou décrit dans « Jigeen Rew Mi » (femmes de mon pays) sont bien conscientes qu'elles ne sont pas moins dignes que leurs hommes. Certaines travaillent comme ministres dans le gouvernement ; il y a des femmes dans les champs, des femmes au marché et dans les bureaux, des femmes à la cuisine, des femmes pilant le mil et des femmes sur les plages à Bargny, tirant des filets de poissons aux côtés des hommes.

Courtisanes, signares

Ces femmes ont longtemps été une force avec laquelle il faut compter dans la société sénégalaise. À l'époque, la vie coloniale était solitaire pour les commerçants européens et les administrateurs qui séjournaient en Afrique. Ils ont conclu des arrangements avec les chefs et les aînés pour se marier ou en vivre en concubinage avec des femmes africaines pour la durée de leur service au Sénégal. Ces femmes, choisies pour leur beauté et leur élégance, vivaient avec leurs maris à Saint-Louis, l'ancienne capitale du Sénégal, ou sur l'île de Gorée, où elles sont devenues de riches courtisanes qui bénéficiaient d'un style de vie luxueux, mais aussi dans certains cas difficile. Les enfants de tels mariages ont produit de charmantes 'Signares' (un nom accordé dans le temps aux nobles dames de la Cour du roi Joseph Premier du Portugal) de plus en plus belles. Comme c'était leur droit, les Signares vivaient dans de grandes maisons parfois léguées par leur mari ou concubin où on a défini des bonnes manières et inventé la haute couture. Vêtues de leurs plus séduisants costumes façonnés avec de la soie et du cachemire, ornées d'élégantes coiffures et de bijoux élaborés, elles se promenaient le long des quais du fleuve Sénégal à partir de dix-sept heures de l'après midi pour leur « *takussaan* ». Beaucoup d'entre elles ont exprimé leur indépendance et leur émancipation en fumant une pipe et l'une d'elle se vantait : « J'ai eu autant d'amants que de perles *diali diali* qui couvrent mes hanches. Ou plutôt, je devrais dire, je n'en ai pas suffisamment pour les compter tous… »

Allant au-delà de l'image préconçue des Signares comme gracieuses et belles concubines, l'historien Jean-Luc Angrand en a donné une autre image.[3] En mettant en évidence leur sens aigu des affaires, il a décrit ces femmes comme les *Mama Benz* de leur époque. Elles ont été des négociantes très organisées dans la gomme arabique, dans l'or et l'indigo.

---

3   Jean-Luc Angrand, *Céleste ou le temps des Signares*, Éditions Anne Pépin, 2006.

Certaines d'entre elles étaient propriétaires de bateaux et à la fin du 17ème siècle, elles exportaient jusqu'à 150.000 peaux d'animaux par an vers la Hollande. Elles ont loué des ateliers aux artisans dont les produits étaient transportés dans leurs navires vers les ports de la côte africaine. Ainsi les Signares étaient riches et souvent plus riches que leurs maris européens.

Au réveillon du Nouvel An, les Signares se mettaient à leurs balcons afin d'assister au défilé appelé *Fanal*. Des chars portaient une série de maquettes spécialement construites en bois afin de représenter des bâtiments bien connus et éclairés à l'intérieur par des lanternes, passaient en dessous d'elles. Les griots et percussionnistes *Asiko* qui animaient le défilé chantaient les louanges de leurs patronnes Signare dans l'espoir d'être arrosés de pièces ou billets de banque.

La chanson de Youssou intitulée « Marie Madeleine » est dédiée à **Marie Madeleine Diallo,** l'une des actrices les plus célèbres au Sénégal, qui a joué avec Golbert Diagne dans un des feuilletons télévisés les plus populaires. Elle a joué un rôle important dans le renouveau du défilé *fanal* dans sa ville natale de Saint-Louis, comme un élément clé dans les célébrations du Millenium.

Fabienne Diouf, fille de l'ex-président du Sénégal Abdou Diouf, est une amie et une des premières égéries de Youssou N'Dour ; elle lui a présenté Stevie Wonder et d'autres musiciens connus lorsqu'ils sont venus au Sénégal. C'est une femme d'affaires astucieuse, qui a rénové une des maisons de signare sur l'île à Saint-Louis, afin de créer la Maison Rose, un hôtel de luxe. Avec beaucoup de flair et de bon goût, elle a développé une ligne de châles et de vaisselle moderne de haute qualité, inspirées des bijoux traditionnels sénégalais et fabriqué par des artisans de Saint-Louis où elle a fondé son entreprise nommé bien sûr « Signare ».

Héroïnes de l'histoire

Aujourd'hui, les héroïnes d'antan ont suscité un regain d'intérêt grâce à des chansons de Youssou N'Dour. « Miss », coécrit avec Pape Dieng, est un morceau qui transmet le pathos de la tragédie grecque tant par ses paroles que par la manière dont Youssou le chante. Il raconte l'histoire de deux femmes remarquables et désormais légendaires qui se sont opposées à la présence française au Sénégal. **Aline Sitoe Diatta,** une guérisseuse Diola est née en 1920 à Kabrousse dans le domaine de Mosor de la province de Casamance au sud du Sénégal. Elle a dirigé un mouvement de résistance acharné contre la domination coloniale en général, puis une révolte contre les colonisateurs français qui exigeaient que les agriculteurs sénégalais produisent de grandes quantités de riz et de viande pour nourrir leurs soldats en Europe pendant la Seconde Guerre mondiale. Portant un bâton emblématique, elle s'est déplacée de village en village, s'opposant au paiement des impôts et boycottant la plantation de cultures d'arachide. Elle s'est opposée à la conscription des fantassins africains connus sous le nom de *tirailleurs sénégalais*, dont près de 93.000 ont servi en Europe pendant les deux guerres mondiales, et la guerre en Indochine. Aline Sitoe Diatta a été arrêtée par les Français et exilée à Tombouctou. Elle est décédée en captivité le 15 mai 1944, mais elle demeure un symbole de la résistance, surtout pour les Casamançais. Même après sa mort, elle a représenté l'esprit de la révolution pour les communistes du parti politique, And-Jëf/Mouvement révolutionnaire pour la démocratie nouvelle (AJ/MRDN), auquel beaucoup d'étudiants sénégalais ont adhéré dans les années 1980. Le campus social des femmes à l'Université Cheikh Anta Diop de Dakar est nommé Aline Sitoe Diatta et le stade de Ziguinchor porte également son nom.

Yacine Boubou, la reine qui s'est sacrifiée afin que son fils puisse hériter du trône et devenir *Damel* (ou roi) était une des quatre épouses du roi Madior, toutes jeunes et belles. Lorsque le roi rêva que l'une d'entre elle devait être sacrifiée pour perpétuer son règne, les trois premières ont toutes refusées, mais Yacine Boubou n'a pas hésité à payer le prix ultime ; elle à renoncé à sa propre vie pour que son fils puisse succéder à son père.

Dans sa chanson « Nelson Mandela », Youssou compare le sort des victimes de l'apartheid en Afrique du Sud à celui d'un groupe d'héroïques sénégalaises du Walo qui, lorsqu'elles ont appris la capture de leurs maris par un roi Trarza, se sont regroupées dans une case et y ont mis le feu plutôt que d'être violées et faites captives. Il y dit qu'aucune de ces femmes n'a crié ou prononcé un mot, malgré la douleur atroce.

La vie d'artiste

Le répertoire de Youssou s'inspire de sujets qui concernent tous les sénégalais ; la mort et l'au-delà, la paix et la non violence, le mariage et les femmes. À ce propos, Youssou n'a jamais parlé ouvertement de la polygamie mais en 2006, la superstar qui a été un modèle pour ses fans, a surpris beaucoup d'entre eux lorsqu'il a pris une deuxième épouse, Aïda

39. Le chanteur sénégalais Carlou D © Adama Doucouré.

Coulibaly. Malheureusement, il n'a pas pu sauver son mariage avec sa première femme, Manocoro « Mami » Camara, qui s'est terminé par un divorce.

La polygamie a été un problème pour d'autres musiciens tel Thione Seck ou Carlou D, ancien rappeur du groupe Positive Black Soul, qui, aujourd'hui, poursuit sa propre carrière. Carlou D chante « **Namenala** » (Tu me manques), une tendre et touchante lamentation pour sa mère qui est morte lorsqu'il avait 20 ans. Sur la pochette de l'album *Muzikr* il écrit :

40. Le chanteur sénégalais Ndiaga Mbaye. © Jenny Cathcart.

« La chose que j'aimais le plus en elle, c'est qu'elle était complètement et follement amoureuse de mon père qu'elle a épousé alors qu'elle avait quatorze ans. Un jour, mon père a décidé de prendre une deuxième épouse et si nous avons tous vécu comme si nous étions heureux ensemble pendant un certain temps, ce n'était pas vrai ; il y avait l'esprit *sen regal*. Puis, un jour, mon père et sa deuxième femme nous ont abandonnés et

41. Thione Balago Seck, le leader du groupe Raam Daan, l'un des artistes le plus populaire au Sénégal. © Syllart.

nous n'avons plus jamais entendu parler d'eux par la suite. Ma mère est tombée malade à cause du stress et, peu de temps après, elle est décédée. Elle me manque chaque jour ; elle a cru en moi et en ma musique quand personne d'autre ne le faisait ».[4]

Le chanteur Thione Seck (1955–2021) se souvient de la discorde qui régnait dans la maison de son père à la Gueule Tapée où quatre épouses et vingt enfants partageaient le même espace. Ayant grandi dans cette atmosphère animée, Thione a vécu sa vie avec une seule épouse, Kiné, avec qui il a eu six enfants, dont l'aîné, Wally Seck est actuellement une étoile montante de la musique sénégalaise.

Un homme qui semblait vivre en harmonie dans son ménage, même s'il a eu trois femmes, fut Ndiaga Mbaye (1948–2005), un chanteur qui était hautement respecté pour ses idées sur la vie. Il était très admiré par Youssou qui fut également son producteur. Croyant, il éduquait son audience (il présentait une émission à la radio) sur toutes les vertus de la vie. Ses maximes étaient : la patience mène à la tolérance ; la politesse paie – prenez soin de cultiver la gentillesse, la franchise, la modestie, la simplicité et la compréhension...etc.

---

4   Carlou D, Notes de pochette, *Muzikr*, World Village, CD450013, 2010.

Chapitre 8

Rois, griots, chanteurs, animateurs et gardiens de l'histoire

Quand on écoute le griot moderne, conteur et historien, Babacar Ndaak Mbaye, expliquer les structures sociales en Afrique de l'Ouest pendant les grands empires, on peut comprendre pourquoi l'intérêt que porte Youssou à la démocratie et à la justice fait partie de son patrimoine aussi bien que le chant et la musique. Car Mbaye a souligné l'importance du mot dans la société, le *Penc* traditionnel est l'endroit où la population se rassemblait pour écouter le roi, par l'intermédiaire de son porte-parole le *griot*, et pour voter dans le *Wariyu*, assemblée composée de toutes les classes sociales. Ainsi, le peuple avait son mot à dire dans toutes les décisions, l'ancienne démocratie africaine à l'œuvre. Le soir, des séances de lutte avaient lieu dans le Penc et des chanteurs et musiciens venaient pour révéler leurs talents. Il y avait un Penc dans chaque village et à un certain moment, il y en avait douze dans la région de Dakar qui existe toujours. Mbaye croit que la colonisation a détruit ces traditions ainsi que les structures sociales qui étaient différentes, mais à son avis, tout aussi efficaces que la démocratie occidentale moderne.

De nos jours, il n'y a plus de rois, mais il y a des griots dans la République du Sénégal. Des familles de griots de père en fils, et de mère en fille, y compris les Diabaté, Kouyaté, Seck, Mbaye, Samb, sont appelés pour participer aux baptêmes, mariages, cérémonies de circoncision (*kassaks*), ou séances de lutte, qui ressemblent plutôt à des tournois romains ou grecs d'antan. Ils récitent la généalogie des familles lors des mariages. Les griots, avec leur don inné de la parole, sont à l'aise aujourd'hui dans le domaine de la radio, la télévision, et plus récemment, de la politique. Comme nous le verrons, Youssou s'est tellement préoccupé de l'état de la démocratie dans son pays que lui aussi s'est impliqué dans la politique lors des élections présidentielles en 2012.

Même si les chansons modernes de Youssou N'Dour sont inspirées par l'histoire et les légendes wolof, elles sont d'actualité, évoquant souvent les vertus des personnalités publiques qu'il connaît personnellement. Dans son hommage à « Ndiadiane Ndiaye », le premier empereur du Djolof,[1] Youssou fait l'éloge de Lamine Nar Diop, un ami qui l'a aidé au début de sa carrière, en amenant des membres influents du gouvernement à ses concerts.

Ndiadiane Ndiaye, est né au XIIIème siècle, fils d'un saint berbère. **Ndiadiane** vertueux, et peu de temps après la mort de son père, des signes mystiques et des dons spirituels se manifestèrent en lui. Lorsque le roi du Sine entendit parler de ces mystères, il fut étonné et exclama « *Ah Ndiadiano* », ce qui signifie « n'est-ce pas étonnant! » Ndiadiane Ndiaye fonda le premier royaume wolof où des nobles wolofs et sérères le servirent jusqu'au moment où l'empire s'est effondré à la mort de Fouli Fack Ndiaye, tué par Amary Ngoné pour former d'autres royaumes indépendants. Il a donc donné une structure à l'empire Djolof en fédérant ces royaumes et créa une capitale à Tcheng avec le wolof comme lingua franca. Les descendants de Ndiadiane Ndiaye régnèrent jusqu'à **Alboury Ndiaye,** le dernier roi wolof. Il est dit qu'Alboury, qui a épousé douze femmes, avait des yeux jaunes citron qui devenaient rouges quand il allait sur le champ de bataille. Homme au cœur de lion, il avait dit qu'il préférait mourir que de vivre dans l'ignominie, Alboury fut tué par une flèche empoisonnée à l'âge de 30 ans.

Youssou chanta « Alboury » dès le début de sa carrière lorsqu'il était au Miami Club. Une version revisitée de la chanson, enregistrée en 1990, fait l'éloge de l'homme d'affaires milliardaire Serigne Ndiaye Bouna, petit-fils d'Alboury Ndiaye, cousin de l'ex-Président du Sénégal, Abdou Diouf. Au début, Serigne Ndiaye Bouna a gagné de l'argent en vendant des *feugue diay* (friperie) dans les grands marchés de rue comme celui de Colobane. Puis, en 1976, il a créé la société SPCA Thubet qui vend des voitures importées au Sénégal, se spécialisant en Honda et Brizat. Il était propriétaire de la boutique duty-free de l'ancien aéroport de Dakar-Yoff et aujourd'hui il importe de hydrocarbures de l'Arabie Saoudite et d'autres pays arabes. Lorsque le Président libyen, Mouammar Kadhafi

---

1 Le Djolof est un empire composé du Tekrour, du Waalo, du Bambouck, du Saloum, du Sine, du Cayor, du Niani et du Baol.

s'est rendu à Dakar pour assister à la fête de l'Indépendance en avril 2006, il a logé chez Serigne Ndiaye Bouna, dans sa villa aux Almadies. La nature épique du morceau de Youssou est soulignée par une grande intro semblable à la fanfare qui accueille les toréadors espagnols dans l'arène de la corrida.

Dans sa chanson, « Birima », l'une des plus impressionnantes de son répertoire complet, Youssou évoque la mémoire d'un autre roi célèbre mais en même temps, il rend le morceau actuel en chantant son ami Aziz Mbaye, frère du guitariste Jimi Mbaye. En outre, l'épouse d'Aziz Mbaye s'appelle Birima. Au Sénégal, on donne le nom Birima aux garçons aussi bien qu'aux filles dans une histoire particulière ou spéciale. L'histoire de Birima remonte au début du XIIIème siècle lorsqu'une élite de familles créa les rois. Le fils d'un roi qui était réputé comme ayant les qualités requises, pouvait être élu roi, mais en fin de compte, c'était celui qui était jugé le plus digne qui montait sur le trône. Cela entraînait parfois une rivalité parmi les prétendants.

Au Cayor, où les rois étaient issus de la famille Fall, Birima Ngoné Latyr était le fils charismatique d'"une *linguère*, la princesse, Ngoné Latyr Fall. Il était le neveu d'Amary Ngoné, roi de Bardial, et petit-fils de Birima Maissai Tend Dior qui régna sur la province de 1855 à 1859. Lorsque Birima se brouille avec son cousin, son oncle Thieyacine Amary Birima Ngoné est intervenu mais Birima a estimé que son oncle n'était pas impartial et a décidé de quitter le Cayor. Il est allé au Sine, d'où, avec l'aide du Bour de Sine, il a organisé des incursions et brûlé les récoltes dans les terres de Djolof et Baol. Il bat son oncle dans une bataille à Ndiop et c'est ainsi qu'il monte sur le trône du Djolof. En tant que roi, Birima parlait à son peuple une fois par an à l'occasion d'un grand jour de fête célébré avec du vin, de la viande. Il sortait de sa maison pour faire son discours, puis il rentrait immédiatement. À cause de cela, il était connu par la suite comme « *Birima mathia bene batba* » (Birima qui prononce qu'un seul message). En administrateur efficace, il se distinguait par sa dignité, son courage et sa discrétion. En tant qu'aristocrate ceddo, il a représenté les valeurs et l'honneur des soldats ceddo.[2] Il a refusé de collaborer avec les colonisateurs français et mourut en 1860, empoisonné, a-t-on dit, sur les ordres de Faidherbe, gouverneur du Sénégal.

81

---

2 Les Ceddos étaient animistes qui croyaient aux pouvoirs surnaturels qui organisent l'univers.

Lors de l'enregistrement de la chanson « Birima », un tour de force vocal, Youssou est entré dans la cabine du studio et a livré une démonstration complète de toutes ses capacités musicales, étendant sa voix jusqu'au sommet de sa gamme de quatre octaves. Après toutes ses années de chant, ayant confiance en chaque aspect de son instrument vocal, il a fermé les yeux et imaginé qu'il était un chanteur traditionnel dans le Penc du village d'antan. Les musiciens et les ingénieurs de son, qui l'écoutaient depuis la cabine de commande étaient visiblement émus par sa performance.

Quand Youssou a chanté « Birima » en avril 1997 au stade Léopold Sédar Senghor, devant 100.000 jeunes fans fous de joie et en présence du président du Sénégal, Abdou Diouf, l'artiste semblait plus populaire que le chef de l'État et son morceau fétiche était devenu un véritable hymne national.[3]

La chanson populaire, « Kocc Barma », parle de Kothie Barma Fall, un philosophe sénégalais bien connu et maître de proverbes. Né en 1585, dans le village de Ndiongué Fall, il était si doué qu'il a obtenu les surnoms 'Kocc' qui signifie habile et 'Barma', une autre forme de Birima. Il aimait jouer aux dames avec le roi, un adversaire sérieux. Un jour, Kocc apparut avec sa tête rasée sauf quatre curieuses touffes, chaque touffe représentant un proverbe.

Jigeen soppal te bul woolu: Vous pouvez aimer une femme, mais pas lui faire confiance.

Buur du mbokk: Un dirigeant peut trahir quiconque, même sa propre famille.

Doomi Jittle du doom: Un enfant adopté n'est pas un vrai fils.

Mag matnaa ba cim reew: Les anciens sont les plus sages dans la communauté.

Le Roi est intrigué, mais Kocc joue pour gagner du temps avant de révéler le secret de sa coiffure. Impatient, le roi soudoie la jeune femme de Kocc avec un coffret en or afin qu'elle lui révèle ses secrets. Lorsque son épouse le trahit, le premier proverbe s'est réalisé. Kocc était, en fait, un demi-frère du roi de sorte que quand le roi l'a arrêté et condamné à mort, le second proverbe s'est concrétisé. Au moment où on amenait Kocc à l'échafaud, son jeune beau-fils s'est présenté devant le roi dans

---

3 Youssou a chanté « Birima » devant le président Macron, le président Macky Sall, la vedette américaine Rihanna et les délégués de la conférence Global Partnership in Education (GPE) qui a eu lieu à Dakar en février 2018.

42. Youssou en costume Kocc Barma © Miyoko Akiyama.

l'espoir de l'attendrir, mais en vain. Puis l'enfant, pensant à ses propres intérêts, demande au roi de lui donner les habits de Kocc, donnant raison au troisième proverbe. Quand un vieil homme arrive pour plaider la libération de Kocc et que cette libération a été accordée, le proverbe final s'est réalisé. Kocc Barma mourut en 1665 à l'âge de 80 ans. On peut visiter son mausolée aujourd'hui au village de Ndiongué. Quand Youssou chantait « Kocc Barma » sur scène, il portrait une veste en patchwork et un képi et il exécutait une de ses danses la plus convaincante, tournoyant et rabattant son képi en arrière en hommage au sage Kocc.

Un autre roi d'antan qui est mentionné dans de nombreux morceaux de Youssou est **Lat Dior,** roi du Cayor, qui est né en 1841. En octobre 1886, à Dekheulé, Lat Dior Ngoné Latyr Diop, qui s'était opposé à la construction de la ligne de chemin de fer entre Dakar et Saint-Louis, s'engage à se battre contre les colonisateurs français sachant qu'il mourrait certainement. Selon Babacar Ndaak, Lat Dior a déclaré : « Je préfère que les gens parlent de ma mort. Je préfère ce destin que de vivre dans un Cayor dominé par des étrangers … sur les plaines de Dekheulé je laisserai quelque chose dont les gens se rappelleront, c'est à dire mon nom, et le nom de ma ville, Niani. » Après avoir prononcé ces paroles, il a enlevé ses gris-gris protecteurs et il est entré sur le champ de bataille.[4] Par sa mort, il est devenu un héros de la résistance et, de nos jours, l'hymne de la jeunesse du Sénégal est intitulé « Niani bagne na » (Niani dit non).

Les rois et princes Wolof régnaient en grande pompe sur une société hiérarchisée, complexe et fascinante avec un code moral solide qui veillait à ce que chaque groupe social soit sensible à l'intérêt des autres. Tout le monde adhérait à de règles strictes de conduite fondées sur la dignité, le sang-froid et le stoïcisme, attributs qu'encore aujourd'hui, on appelle le *mougne*. Leur code d'honneur prescrivait le respect des ancêtres, l'amour des parents, l'honnêteté, l'humilité, la discrétion, l'hospitalité, la générosité, la courtoisie, la sociabilité, des salutations formelles et l'interdiction de certains aliments, en particulier l'animal-totem du clan.

Les aristocrates de la cour, les *Garmi* avaient des soldats, des esclaves, des femmes et d'autres personnes de rang soi-disant inférieur en leur pouvoir. Parmi les nobles (*geer*), les personnes non-castées, il y avait des chefs (*laman*) qui supervisaient les terres et l'extraction des minéraux. On appelait la bourgeoisie ou la classe moyenne *Jaambur* et les paysans *Badolo*. Des castes d'artisans, y compris les forgerons et les orfèvres *teug*, les cordonniers *wuude*, les charpentiers *lawbe*, les tonneliers *sen*, les tisserands *rabb*, connus collectivement sous le nom de *nenyo*, habitaient la partie du village qui leur était réservée. Quant aux griots, qui ont joué un rôle central dans la société de cour, ils reconnaissaient, même au sein de leurs propres rangs, une hiérarchie dont l'élite était les gardiens de l'histoire et les conteurs. Certains griots qui accompagnaient leur souverain sur les champs de bataille en ont conservé des récits oraux. Ce sont eux qui exhortaient les indécis à agir courageusement et les braves à agir comme des héros et quand ils revenaient du combat, ils racontaient des histoires épiques, tragiques et parfois comiques.

De temps en temps, les griots participaient régulièrement à un salut royal pour le roi et ses courtisans, chantant les louanges de la famille royale et récitant leur généalogie. Lorsqu'un griot récitait moins de sept générations, il n'était pas récompensé. Lors d'un mariage au palais royal, les griots servaient les invités selon des règles de bienséance et en fonction de leurs rangs sociaux avec les morceaux de viande indiqués;

<hr>

4 Comme raconté à l'auteur par Babacar Ndaak Mbaye, Dakar, juin 2006.

ils se partageaient la viande et les abats et en retour recevaient des biens, des aliments, ou un *boubou* (habit sénégalais).

Le tambour-major des griots nommé *Dundun Fara* (le *dundun* était le tambour de guerre), vivait dans la capitale où il gardait les tambours royaux. Deux griots battaient le réveil du roi, le matin en chantant ses louanges. On faisait appel aux griots chaque fois que le roi recevait de la galante compagnie. Ils chantaient et jouaient pour la reine, la *lin-guère*, lorsqu'elle invitait ses courtisanes et femmes nobles aux parties de danse. La reine avait ses propres tambours (*Ganben*) et des rythmes qui lui étaient propres (*N'Diagabare*). Les griots étaient proches de la Linguère et du roi. Des griottes allaitaient des princes, c'est ainsi qu'elles gagnaient de l'influence et cela renforçait l'association entre les griots et les rois; un roi sans griots forts n'était pas tenu en haute estime. Ainsi, les griots étaient puissants à la cour : ils pouvaient manipuler l'opinion publique et utiliser leurs connaissances de secrets politiques pour attiser les rumeurs et la rivalité entre les vassaux.

Dans les traditions griot, des chansons d'amour étaient plutôt rares et, même si elles sont éparses dans le répertoire de Youssou, « Djino » décrit la puissance de l'amour personnifiée par le Capitaine Borom qui déclare : « Si j'avais un avion, je te le donnerais et, ensuite, je le piloterais pour toi. Nous irions là où tu souhaiterais aller… » La ligne de basse est vibrante, la guitare en solo de Jimi Mbaye résonne passionnément à serrer les cœurs, et les claviers batifolent légèrement. Dans la coda, les cuivres sonnent une note de résignation avant que le dernier crescendo frénétique des sabars souligne la répétition de la phrase d'un Youssou envoûté, « que puis-je faire d'autre pour te plaire ? »

Youssou, qui a toujours voulu préserver sa vie privée, a sûrement connu les joies et les vicissitudes de l'amour. Son attachement à celle qu'il a nommé Ami dans sa chanson « Hey You », fut particulièrement émouvant. Les parents nobles de cette jeune fille n'étaient pas disposés à cautionner un mariage avec une personne qu'ils considéraient comme 'castée'. La première fois qu'elle a vu Youssou, Ami était encore écolière ; elle rentrait de classe avec une amie quand elles sont passées devant la discothèque du Sahel, et là, debout dans l'embrasure de la porte, se tenait Youssou. Leurs regards se croisèrent et elle continua son chemin mais quand elle s'est retourné, elle a vu qu'il la suivait du regard. C'est ain-si que leur malheureuse histoire d'amour contrarié commence. Quand Youssou chante « Salimata », il décrit une histoire d'amour malheureux : une femme dit non à son amoureux.

43. *So*, Peter Gabriel photographe Trevor Key © Peter Gabriel Ltd.

44. Enregistrement de 'In Your Eyes' au studio de Peter Gabriel, Ashcombe House, RU.

Chapitre 9

Le monde entier est une scène

Au cours de l'été 1985, alors que Youssou était en tournée au Royaume-Uni, Peter Gabriel l'a invité à enregistrer des lignes vocales pour un morceau de son album *So* produit par Daniel Lanois. Le jour venu, j'ai accompagné Youssou au studio de Peter dans le comté de Wiltshire. L'enregistrement de sa voix pour « In Your Eyes » a été achevé en quelques heures, juste à temps pour prendre le thé et faire une partie de croquet sur la pelouse. Le soir, nous sommes retournés à Londres où Peter et Daniel se sont joints à nous pour une somptueuse soirée dans une maison de Glebe Place à Chelsea, qui appartient à Martin Summers, collectionneur d'art, et son épouse, Nona. Youssou et ses musiciens ont animé la soirée et sa prestation a été organisée par James Fox, auteur de *White Mischief*,[1] l'histoire d'un meurtre dans la communauté britannique du Kenya colonial. L'année suivante, Youssou et le Super Étoile de Dakar ont fait la première partie de la tournée nord-américaine de Peter Gabriel, et je les ai accompagnés en tant que traductrice. C'était l'hiver et la première chose qu'a faite leur manager Verna Gillis lorsque les musiciens sont arrivés à New York fut d'acheter des sous-vêtements thermiques pour chacun d'eux. Chaque jour, la tournée nous amenait dans une autre ville, à Boston, Philadelphie, Cleveland où, passant dans des avenues de maisons en bois, couvertes de neige, nous sommes arrivés au Coliseum.

Youssou et les musiciens étaient tout le temps en train de se taquiner, en racontant des histoires et des blagues. La bonne humeur régnait dans le bus de la tournée où des fous rires fusaient. Ils jouaient aux cartes en écoutant de la musique, en particulier « The Way It Is » de Bruce Hornsby et The Range, un nouveau favori. Après chaque spectacle en

---

1   James Fox, *White Mischief*, Jonathan Cape, 1982, Vintage 1998.

45. Youssou participe à une partie de croquet chez Peter Gabriel, 1985. © Jenny Cathcart.

46. Youssou et son groupe en concert à Glebe Place, Chelsea, Londres, 1985. © Jenny Cathcart.

prenant la route, les gars écoutaient et réécoutaient l'enregistrement de la prestation qu'ils venaient de donner en cherchant des défauts, en discutant des améliorations possibles avant de se retirer dans leurs lits superposés pour quelques heures de sommeil. Même le jour où le bus est tombé en panne et que la température est descendue en-dessous de zéro, le moral était toujours au plus beau fixe.

La prestation de Peter Gabriel était puissante et très bien rodée, une véritable pièce de théâtre finement chorégraphiée. Chaque soir, il étonnait l'auditorium en faisant un tour dans le public, se laissant envelopper par la foule comme une parcelle. « In Your Eyes » a vraiment pris son envol sur scène à cette occasion avec Peter Gabriel. Le journaliste du *Melody Maker* a décrit comment le duo exaltant de Gabriel et Youssou a démontré que deux cultures peuvent facilement se rencontrer et produire un son inspiré, et a ajouté,

> « *Nelson Mandela*, l'hommage de Youssou N'Dour au héros anti-apartheid de l'Afrique du Sud, avait une mélodie pop-jazz frappante et séduisante et flottait sur un ouragan de percussions. N'Dour a tout chanté en Wolof, mais il y avait une lueur universelle dans sa voix claire et vibrante qui rappelait l'expression d'un Michael Jackson sous un brillant soleil africain. N'Dour a aussi lancé sa vision de la musique africaine en Occident »[2].

Dans les coulisses, pendant le concert au Madison Square Garden à New York, j'ai photographié Youssou dans une pose symbolique en compagnie des glorieux rois du rock et de la pop, Elvis Presley et Michael Jackson. Pendant une journée d'été ensoleillée de 1987, je suis allée avec Youssou jusqu'au village de Highgate, dans le nord de Londres pour déjeuner dans la villa élégante de Sting et de son épouse, Trudi Styler. Nous avons mangé dans la cuisine et nous avons bavardé avec Sting dans un salon en lambris de chêne où le grand piano occupait une place de choix. Bien qu'enthousiaste pour la musique africaine, Sting a néanmoins refusé de la classer dans la musique ethnique. Il était clair qu'il voulait voir toutes les barrières musicales se fondre dans une musique sans frontières, un mélange naturel de styles, de traditions et de rythmes. Il a raconté son enfance à Newcastle. C'est là qu'il avait trouvé sa voix : comme vendeur ambulant, il criait dans la rue pour vendre le lait le matin et les journaux le soir. Il a plus tard écrit la musique d'un album et spectacle de scène *The Last Ship*, inspiré par sa ville natale , mais

---

2 *Melody Maker*, le 13 décembre 1986.

au moment de notre visite, il préparait l'album *Nothing Like the Sun*. Sting a invité Youssou à participer avec lui à l'émission de télévision française *Taratata* où ils ont joué « Ob-la-di ob-la-da » de John Lennon et Paul McCartney.

En mars 1987, le London Palladium accueillait le troisième Secret Policeman's Ball, un événement organisé par Amnesty International pour sensibiliser le public aux questions de droits humains. Des comédiens et des musiciens ont été filmés pour la télévision et enregistrés pour un album produit par Virgin Records. Jackson Browne et Paul Brady (un de mes musiciens irlandais préférés) ont interprété le morceau « El Salvador » de Browne, tandis que Mark Knopfler et Chet Atkins offraient une version sensible et sympathique de « Imagine » de John Lennon. Lou Reed a chanté « Voice of Freedom » avec Peter Gabriel au piano et Youssou N'Dour aux chœurs.

La soirée s'est terminée avec la chanson de protestation de Gabriel, « Biko », sur la mort de Stephen Biko en garde à vue dans l'Afrique du

47. Youssou backstage à Madison Square Garden, New York, 1985. © Jenny Cathcart.

Sud de l'aparteid. Peter a été rejoint sur scène par Youssou, Pape Oumar Ngom (guitare rythmique) et Habib Faye à la basse, mais Youssou a été contrarié quand son micro n'a pas fonctionné lors du dernier refrain. Ce que le public ne voyait pas, c'était le chaos informel en coulisses, car l'absence de vestiaires obligeait les artistes à attendre dans les coulisses avant de monter sur scène; Bob Geldof et son épouse, Paula Yates, se sont installés sur le sol du couloir. Peter Gabriel a cherché un endroit privé pour enfiler son costume de scène, alors que Ruby Wax, qui présentait l'émission de télévision, se précipitait avec une équipe de tournage.

Le 2 septembre 1988, Youssou a rejoint Bruce Springsteen, Sting, Peter Gabriel et Tracy Chapman au stade Wembley de Londres pour une séance de photos et une conférence de presse annonçant la tournée *Human Rights Now!* d'Amnesty International. Après le concert d'ouverture à Londres, la caravane de 200 musiciens et les équipes se sont rendues en France, en Italie, en Espagne, en Bulgarie, aux USA, en Hongrie, au Zimbabwe, en Côte d'Ivoire, au Japon et en Inde, terminant à Buenos Aires à la mi-octobre. Dans chaque concert, Amnesty a distribué des brochures décrivant les trente articles de la Déclaration universelle des droits de l'homme développée par les Nations Unies et signée à Paris en 1948. Pour Youssou et le Super Étoile, le seul groupe non occidental à y participer, la tournée a été une occasion unique de comprendre le message d'Amnesty International et de réaliser leur sensibilité humanitaire dans les différents pays qu'ils ont visités. La tournée a également servi à élargir leurs horizons musicaux et leur a permis de partager leur musique avec un nouveau public. Quant à la superstar américaine Bruce Springsteen, le concert au stade d'Abidjan en Côte d'Ivoire a été la première fois que lui et son groupe, le E Street Band, jouaient devant un public de noirs. Néanmoins, ce fut pour lui, « la plus grande célébration de découverte mutuelle jamais éprouvée".[3] Youssou définit ainsi l'importance des collaborations musicales : « Lorsque je rencontre un musicien ou un style musical, cela m'amène ailleurs, et m'aide à développer ma carrière. Certaines périodes ont produit une foule d'idées nées de rencontres extraordinaires au Sénégal ou ailleurs, de moments marquants en tournée ou même de chocs culturels, et lorsque j'ai quelque chose à exprimer, je ne me retiens pas. Je pense que la collaboration est très importante pour les musiciens en général, des musiciens africains en particulier, pour moi-même et d'autres artistes et même pour l'humanité ».

---

3   Bruce Springsteen, *Born to Run*, Simon & Schuster, 2016, p.353.

En 1983, il s'est éloigné à un moment du Super Étoile et de Dakar afin d'enregistrer l'album, *Diongoma* au Studio de la Nouvelle Marche à Lomé, parrainé par le gouvernement togolais. Gerald Theus, le producteur, était un afro-américain qui avait collaboré avec Motown et créé le label Mandingo. Il a enregistré des albums avec de grands artistes d'Afrique : Mory Kanté, Aïcha Koné, Mamadou Doumbia et Youssou N'Dour. Son partenaire dans cette initiative était le sénégalais Ablaye Soumaré, ingénieur du son, qui travaillait à l'époque avec Stevie Wonder. Les producteurs ont choisi un sénégalais, Doudou Doucouré comme arrangeur et directeur artistique, et un groupe des musiciens africains, du Ghana, du Cameroun et du Togo, ont accompagné tous les chanteurs. Cette équipe a produit la première version de « Yé ké Yé ké » par Mory Kanté, qui fut ensuite réenregistrée en France où elle est devenue le grand succès international.

Les répétitions d'une semaine prévues à cet effet furent annulées à cause des aléas du voyage. *Diongoma* fut enregistré en une journée et mixé le lendemain. Dans ces circonstances, étant donné le nouveau style de chant que les producteurs avaient exigé de Youssou, les résultats furent étonnants. Il y avait un esprit panafricain dans cet album, une structure occidentale et une certaine universalité qui présageait de la musique que Youssou ferait plus tard avec Peter Gabriel, Ryuichi Sakamoto, Deep Forest et d'autres grandes stars internationales. Les morceaux importants sont « Massamba », « Safati Saf » et « Mba », la chanson qui a lancé la carrière de Youssou.

Par ailleurs, cette année 1983 est celle où Youssou N'Dour a effectué sa première visite à Paris. Il avait été invité par l'Association des chauffeurs de taxi sénégalais dont les membres s'étaient cotisés pour de le faire venir en France. Youssou et le Super Etoile de Dakar ont joué au Phil One, un club à la Défense. Lorsque les français ont perdu leurs colonies, ils ont encouragé leurs anciens colonisés à venir dans la métropole pour nettoyer les rues, travailler dans les usines, chemins de fers etc. De nombreux immigrants qui vivaient dans des foyers à Montreuil, Belleville ou vers Mantes-la-Jolie et aux Mureaux étaient employés dans les usines Citroën et Renault. D'autres travaillaient comme vendeurs de rue car les Sénégalais ont un talent naturel pour le commerce. Plus il a voyagé, mieux Youssou a compris que beaucoup d'africains avaient quitté leur pays pour l'Europe ou l'Amérique en imaginant qu'ils y trouveraient la terre promise. En réalité, ils étaient souvent très isolés et leur vie était parfois extrêmement difficile.

L'année d'après, sur invitation de Youssou, un réalisateur de la BBC, Peter Bate et moi-même, nous sommes rendu un dimanche soir au Sahel, la boîte de nuit où il se produisait avec le Super Étoile. Il est arrivé après minuit très endimanché, en blazer crème rayé, fleur blanche à la boutonnière et il a traversé la piste pour nous accueillir d'une poignée de main chaleureuse. Au milieu de la soirée, l'orchestre démarra « Immigrés » et Peter me dit tout de suite : « C'est ça, le bon morceau! ». Trente ans plus tard, une version du morceau filmée en live en 1987 à Athènes pendant la tournée « So » de Peter Gabriel est sorti en vidéo et en CD sous le label Realworld dans une collection intitulée *Fatteliku Live*.

L'année 1984 fut une période-charnière dans la carrière de Youssou. En mai, il fut invité par Mamadou Konté, fondateur et directeur de l'agence Africa Fête, à faire la première partie du concert d'Osibisa, le célèbre groupe ghanéen, au Pavillon Baltard de Nogent-sur-Marne, dans la banlieue parisienne. Youssou a accepté à condition de jouer en dernier, une décision qu'il a regretté lorsqu'il entendit l'éblouissant Osibisa. Peter Gabriel était dans le public. Fan d'Osibisa, il fut tellement séduit par la voix de Youssou, qu'il le compara à de « l'argent liquide » et, il décida de le rencontrer. Plus tard la même année, Gabriel est arrivé à Dakar en compagnie du producteur sénégalais, George Acogny, pour sceller ce qui allait devenir une grande amitié (chacun est le parrain du fils de l'autre) et créer les bases des collaborations futures.

Entre-temps, Youssou et ses musiciens du Super Étoile continuèrent leur mini-tournée européenne avec des concerts en Suisse, en Norvège et en Suède où il rencontra la jeune Neneh Cherry, fille d'Amadu Jah, un musicien sierra-léonais et d'une artiste suédoise, Monika Karlsson, qui, plus tard s'est mariée avec le jazzman américain Don Cherry. Agée alors de 12 ans, elle s'émerveilla de la voix de Youssou et lui dit, avec conviction et perspicacité, qu'elle aimerait chanter un jour avec lui. À Londres, Youssou a fait une apparence au Venue dans le cadre d'une série de concerts intitulés « African Nights » ; le merveilleux Pierre Akendengue du Gabon était aussi au programme. Youssou se produisit ensuite au plus grand festival de France, la Fête de l'Humanité.

Le 31 décembre 1984, une rencontre providentielle eut lieu à Dakar lorsque Jacques Higelin, l'une des rock stars les plus célèbres de France, qui était en tournée en Afrique, a assisté au Bal des Sapeurs-Pompiers (Nuit du feu) qu'animait Youssou. Higelin fut impressionné non seulement par la magnificence de la musique de Youssou, mais aussi par le style et la grâce des fêtards sénégalais. L'année suivante, quand Youssou et le Super Étoile ont participé avec Higelin à une série de spectacles au stade Palais Omnisport de Bercy, il remarqua chez Youssou ses qualités humaines (chaleur, énergie, humour) et fut étonné par sa capacité à savoir exactement ce qu'il voulait et ne voulait pas.

Youssou N'Dour et ses contemporains comme Salif Keita, Angélique Kidjo, Khaled, Papa Wemba et Thomas Mapfumo, qu'on peut appeler la génération de l'indépendance, ont modernisé la musique traditionnelle de leurs pays et sont devenus les plus éminents artistes africains sur la scène internationale pendant plus de trente ans. Ils ont eu la chance d'être choisis par les maisons de disques occidentales qui ont investi dans leurs carrières, ont soutenu des tournées de promotion et les ont présentés à de nouveaux publics partout dans le monde.

Tout au long de sa carrière, Youssou a engagé une série de managers, dont Verna Gillis et Thomas Rome aux États-Unis, Michelle Lahana en France et Dudu Sarr au Royaume-Uni. En 1997, il m'a demandé de rencontrer Rob Hallett de l'agence londonienne Marshall Arts, qu'il avait rencontré brièvement lorsque Rob accompagnait Herbie Hancock au festival de jazz de Saint-Louis du Sénégal, et qui était désireux de devenir l'agent de Youssou. Nous avons déjeuné dans un restaurant près de son bureau au nord de Londres et il est vite devenu clair que Rob et son agence, qui ont représenté des vedettes comme Paul McCartney et Lionel Ritchie, pouvaient, en effet, offrir de nouvelles scènes et de nouveaux auditoires à Youssou, et le faire connaître par les passionnés de jazz et de pop. C'est ainsi que Youssou a commencé à travailler avec une équipe de tournées hautement professionnelle et il a joué dans les plus grandes salles de spectacle en Europe. Lorsque Hallett a rejoint la société de divertissement, AEG Live (UK) Ltd., le planning de Youssou incluait le centre O2 à Londres.

Youssou et le Super Étoile de Dakar sont passés en Australie à WOMADelaide, organisée par le festival pionnier WOMAD fondé par Peter Gabriel. Ils étaient populaires au Japon et quand ils ont joué au Kani Hoken Hall à Tokyo, ils ont rencontré Miyoko Akiyama, l'amie de Youssou qui l'a photographié si souvent qu'elle possède une collection de plus de deux mille clichés. Après chaque spectacle, ils mangeaient dans un restaurant différent dans le paysage nocturne éclairé au néon de Shinjuku. Ils logeaient au Prince Hôtel dans le district de Rappongi, près de petits cafés avec des jardins miniatures adossés aux studios d'artistes où on vendait de la céramique et de la poterie. Après le dernier spectacle, alors que les musiciens saluaient, les filles venaient devant la

48. Stevie Wonder et l'auteure, backstage, House of Blues, Los Angeles, 1994.

scène jeter des fleurs et offrir à Youssou des cadeaux emballés de façon exquise, criant « J'aime Youssou ».

L'agence basée à New York, Concerted Efforts, réservaient des concerts pour Youssou aux États-Unis. En 1994, Don Snowden du *Los Angeles Times* a assisté à leur concert au House of Blues où une invitée-surprise a provoqué tout un émoi.

« La performance de deux heures de Youssou N'Dour, a écrit Snowden, fut un ensemble total, tout simplement sans failles à tous les niveaux, visuellement, musicalement et sur le plan théâtral. Les dix musiciens du Super Étoile de Dakar étaient une machine bien huilée qui dégageait beaucoup d'aisance. **Stevie Wonder** a échangé des lignes vocales plaintives arabes et coraniques avec Youssou N'Dour dans un morceau traditionnel sénégalais tandis que les musiciens vêtus de robes blanches étaient assis sur la scène. Mais N'Dour avait déjà subjugué la salle bondée avec des séquences astucieuses qui demandaient à l'auditoire de participer, ce qu'il a fait de bon cœur[4] ».

---

4 Don Snowden, 'Youssou N'Dour Pulls It All Together', *Los Angeles Times*, 5 juillet 1994.

Par la suite, dans la « Green Room », qui était plutôt rose et luxueusement décorée avec des tissus indiens brillants, Stevie buvait un cocktail de champagne et de jus d'ananas, sa boisson préférée, et posait pour des photos avec Youssou et ses musiciens. Le lendemain matin, le 4 juillet, le bus est parti de bonne heure, mais j'ai passé la journée, le jour de l'indépendance américaine, avec Stevie et sa petite amie d'alors, l'actrice Akosua Busia. Akosua et moi avons assisté à la messe dominicale à l'église pentecôtiste West Angeles Church of God in Christ, où des stars d'Hollywood comme Denzel Washington et Samuel L Jackson viennent prier. Par la suite, Stevie m'a demandé ce que je pensais de la chorale et de la musique, j'ai répondu: « Maintenant, je sais d'où vient le Rock 'n' Roll ». Stevie Wonder est un artiste si emblématique que son suprême talent efface son handicap mais en sa présence on ne peut pas ignorer sa cécité ou les contraintes que sa renommée lui impose. Akosua a décrit l'énorme plaisir qu'il a éprouvé à marcher pieds nus le long du littoral quand elle a organisé son premier voyage à la plage. Le plus frappant est son humour irrésistible et contagieux. Au cours d'une promenade en voiture avec eux, j'ai eu un aperçu de la chanson « Rain Down Your Love », de l'album « Conversation Peace », dont plusieurs chansons furent inspirées par une visite de Stevie au Ghana.

7 Seconds

En 1994, Verna Gillis, le manager de Youssou, qui a toujours défini son travail comme imaginatrice, sa force étant de travailler avec des musiciens issus de milieux traditionnels s'exprimant dans un idiome pop, a proposé une collaboration entre Youssou et Neneh Cherry. L'accord descendant fourni par le mari de Cherry, le producteur Cameron McVey introduit la belle mélodie qui est devenue '7 Seconds'. Soudain, la voix de Youssou se faisait entendre à la radio occidentale, chantant en wolof, ce qui a complètement changé sa carrière.

Sorti en single, la chanson a atteint le top 10 des palmarès dans plusieurs pays, notamment l'Autriche, l'Allemagne, la Finlande, l'Islande, l'Italie, la Suède, la Suisse et la France où il est resté no.1 pendant un record de seize semaines consécutives. Il s'est vendu à plus de 2 millions d'exemplaires dans le monde entier, a obtenu sept disques d'or, et a été sacré Chanson européenne de l'année 1995 aux World Music Awards à Monaco. Ce morceau, qui a présenté Youssou à un nouveau public pop, est sorti dans son album, *The Guide,* ainsi que dans l'album *Man* de

Neneh Cherry qui est sorti en 1996. Youssou affirme que le succès de « 7 Seconds » le rendait fier d'être Sénégalais et ce fut un honneur pour son pays. Ce qui distingue le succès de Youssou avec « 7 Seconds », est que contrairement à ses prédécesseurs, comme Miriam Makeba et Hugh Masekela, Manu Dibango ou Mory Kante, qui ont réussi aux États-Unis ou à Paris, il a obtenu son succès tout en résidant comme il l'a toujours fait, sur le sol natal au Sénégal.

Elimane N'Dour, le père de Youssou, m'a confiée que sa plus grande fierté fut le jour Youssou est arrivé à l'aéroport de Dakar avec son premier disque d'or. Des milliers de fans et un groupe de photographes et cameramen bordaient la route de l'aéroport. Elimane et son épouse, Ndèye Sokhna, ont conduit Youssou jusque dans les rues de la Médina dans la Mercedes jaune qu'il avait achetée pour eux. Ils sont enfin arrivés à la maison de la grand-mère de Youssou, Marie Sène. « Ce fut tout simplement le meilleur jour » s'enthousiasma Élimane, « mais les célébrations ont continué pendant des semaines ».

En décembre 2007, à Ellis Park à Cape Town, Youssou et Annie Lennox ont chanté une version fougueuse de « 7 Seconds » lors d'un concert retransmis au profit de la Fondation 46664 de Nelson Mandela (le numéro de la cellule de Mandela à Robben Island) créée pour lutter contre le sida.

En 1997 Youssou a rejoint Massimo Di Cataldo, la star de la chanson italienne et enregistré le tube « Animé ». Il a également enregistré « Diabaram » avec Ryuichi Sakamoto, « Undecided » avec Deep Forest, « A United Earth » avec Alan Stivell et « How Come » avec Wyclef Jean. Il a chanté avec Alicia Keys à New York lors d'un concert pour l'association de bienfaisance Keep a Child Alive. Ces prestations renforcèrent sans aucun doute la réputation de Youssou comme vedette internationale.

Jololi Revue

Au cours de l'été 1996, quand David Jones de l'agence londonienne Serious a proposé une tournée semblable aux Revues de Motown, j'ai organisé la première tournée Jololi Revue en Europe avec Youssou N'Dour, Cheikh Lô et **Yandé Codou Sène**.

Née en 1932 à Somb Taax dans une famille de chanteurs traditionnels Sérère, Yandé Codou Sène a rejoint la chorale de sa mère pour chanter dans le style polyphonique qui est typique de la musique Sérère.

Elles chantaient des éloges à l'occasion de cérémonies, en récitant la généalogie des familles et en rappelant des événements historiques. Le premier président sénégalais, Léopold Sédar Senghor, est, comme Yandé Codou, Sérère et chrétien, et elle se souvenait de sa première rencontre avec lui :

« Après les présentations, le président Senghor m'a demandée de lui servir à boire. À partir de ce jour là, chaque fois qu'il organisait une réunion politique, il me demandait d'être présente et avant qu'il ne prononce son discours, il me demandait de chanter les louanges de ses ancêtres Sérères. Puis, je me mettais à distraire la foule, chantant avec ma chorale et mes batteurs. Au cours de sa présidence, Monsieur Senghor m'a accordé une audience chaque année ».

La voix inimitable de Yandé Codou Sène et sa forte personnalité ont beaucoup impressionné Youssou N'Dour, dont l'ultime hommage a été d'enregistrer un album avec elle. *Gaindé* est sorti en 1995 par World Network, une maison de disque allemande. En octobre 1996, Youssou et Yandé Codou étaient les vedettes d'un concert célébrant le 90ème anniversaire de l'ancien président Léopold Senghor, organisé dans sa ville natale de Joal. Yandé Codou Sène est décédée en 2010.

Au cours de cette tournée de Jololi Revue, Youssou, comme il en avait l'habitude, utilisait ses journées libres pour enregistrer de nouvelles chansons avec ses musiciens. Les guitares acoustiques de Pape Oumar Ngom, Jimi Mbaye et Habib Faye et la contribution significative de Jean-Philippe Rykiel aux claviers, ont créés le concept semi-acoustique qui définit l'album *Lii*. Lorsque, le 8 novembre 1996, la Revue Jololi est arrivée au Royal Festival Hall de Londres, le journaliste Nigel Williamson a écrit dans *The Times* : « La plupart du public est venue écouter les tubes pop de Youssou comme « 7 Seconds » mais il a tourné son attention sur le personnage maigre, qui se distinguait par ses dreadlocks, Cheikh Lo. Personne n'a été déçu car nous avons assisté aux débuts britanniques d'un rare talent destiné à devenir l'une des grandes stars de la World Music. »[5]

Kirikou

En 1998, Youssou a composé et enregistré la musique du film d'animation pour enfants, *Kirikou et la Sorcière* de Michel Ocelot, qui évoque

---

5 Nigel Williamson, 'First Days of a New African Star', *The Times*, le 13 novembre 1996.

49. Poster pour Jololi Revue, une série de concerts organisés par l'agence britannique Serious, afin de mettre en valeur des artistes sénégalais signés par le label de Youssou, Jololi.

50. L'artiste mauritanienne Dimi Mint Abba. © Jenny Cathcart.

51. L'artiste guinéen Doura Barry. © Jenny Cathcart.

52. Le guitariste Oumar Sow et l'ingénieur de son Philippe Brun pendant l'enregistrement de la bande son pour *Kirikou et la Sorceresse*. © Jenny Cathcart.

53. Bande originale du film *Black Mic Mac* de Thomas Gilou (1986).

l'univers magique des savanes et forêts africaines. La véritable découverte fut la belle voix du jeune Boubacar Mendy accompagné à la guitare par Oumar Sow. L'ingénieur de son, Philip Brun, a travaillé avec Youssou sur nombre de ses enregistrements.

Amazing Grace

Le célèbre hymne, « Amazing Grace », est chanté sur une musique adaptée d'une chanson folklorique américaine aux influences écossaises sur un texte écrit par John Newton, un ancien négrier. Le commerce transatlantique des esclaves représenta quelques 36.000 voyages d'Afrique au Nouveau Monde durant lesquels on estime que 12,5 millions d'esclaves furent transportés, 10,7 millions arrivèrent à destination et le reste mourut pendant le voyage dans des conditions effroyables. En 1748, Newton, qui avait fait le commerce des esclaves à partir de la Sierra-Leone, retournait en Angleterre à bord de son navire négrier, le Greyhound, lorsqu'il fut pris dans une tempête au large de la côte nord-ouest de l'Irlande ; le bateau commença à prendre l'eau et à couler. À la cathédrale de Londonderry, Newton pria Dieu pour lui avoir sauvé la vie et lui rendit grâce par la suite en écrivant l'hymne, « Amazing Grace ». L'hymne a été interprété comme un gospel spirituel par Mahalia Jackson et Aretha Franklin. En 2017, le président Barack Obama l'a repris pendant l'éloge au révérend Clementa Pinckey, tué lors d'une fusillade à l'église méthodiste épiscopale africaine Emanuel de Charleston, en Caroline du Sud.

Le 25 mars 2007 marquait le 200ème anniversaire de la loi contre l'esclavage, votée par le Parlement britannique après une campagne acharnée de William Wilberforce, Thomas Clarkson et d'autres pendant plus de vingt-cinq ans pour abolir la traite des esclaves. Le film *Amazing Grace*, réalisé par Michael Apted, raconte l'histoire de Wilberforce et du mouvement anti-esclavagiste. Albert Finney y joue le rôle de John Newton, Ioan Gruffudd, celui de Wilberforce, et Youssou N'Dour a fait ses débuts dans le rôle d'Equiano Oluado, un esclave africain qui acheta sa liberté et s'installa à Londres où il publia un mémoire, avant de se joindre à la campagne de Wilberforce pour la fin à l'esclavage.

Le Grand bal

Depuis 1999, les événements organisés par Youssou et son équipe de production à Dakar pour un public largement sénégalais dans la diaspora sont devenus de plus en plus ambitieux. Parmi ceux-ci, le Grand bal à Bercy, le stade désormais nommé Accor, à Paris, et le Great African Ball au Hammerstein Ballroom à Manhattan, des soirées de grande affluence qui commencent à 22 heures et se terminent à l'aube. L'un des plus mémorable fut le Grand bal de Bercy en 2008.[6] Suspendu à un harnais, volant et chantant «Pitche Mi» (L'oiseau), Youssou est descendu sur scène comme un dieu olympien. Avec les musiciens du Super Étoile derrière lui, il était jovial, exubérant et chaleureux. Dans l'assemblée, des invités spéciaux dont Thione Seck et Carlou D étaient présents. Toute la nuit a

---

6 Zycopolis TV, 'Youssou N'Dour – Bercy Paris – Live HD', téléchargé le 24 juin 2014, https://www.youtube.com/watch?v=qOdim5d61a4, visionné le 1er mars 2019.

54. Youssou N'Dour au Grand bal. Photo par Patrick Tucker. © Youssou N'Dour.

été une joyeuse célébration de la chanson et de la danse sénégalaises, de l'amitié et de la fierté nationale.

104

Chapitre 10

On ne peut pas plaire à tout le temps à tout le monde

Le succès mondial de Youssou N'Dour est une énigme musicale. Est-ce que la musique mbalax peut s'exporter avec succès ? Est-ce que ses polyrythmes complexes la rendent trop difficile à danser pour ceux qui ne sont pas sénégalais ? Youssou lui-même soutiendrait que le mbalax contient du reggae et du jazz et tous les genres de musique, ou peut-être que tous contiennent du mbalax ! Habib Faye prétendait que le style sénégalais est compatible avec toutes les musiques, que ce soit la musique japonaise ou celles d'Amérique latine. Il insista, « dans tous les cas, les musiciens du Super Étoile peuvent transformer n'importe quel style musical en mbalax ! »

Au fil des années, Youssou a signé des contrats avec les grandes maisons de disques dont Virgin et Sony Columbia au Royaume-Uni, 40 Acres and a Mule Music Works et Nonesuch aux États-Unis, mais les fans sénégalais ont souvent critiqué le fait qu'il ait simplifié à outrance sa musique pour le marché international. Ils ont été irrités quand une chanson qui fut un immense succès dans le pays a été modifiée pour une version internationale (« Gainde », « Set », « Birima » et « Ligeey ») étant souvent cités en exemple.

L'avocat Bara Diokhané prétend que, lorsque des artistes africains sont suffisamment « chanceux » pour que des sociétés multinationales leur offrent un contrat et que celles-ci délèguent des producteurs qui ne comprennent rien à la musique africaine, mais sont quand même censés savoir ce qui se vendra en Occident, il y a alors un problème, car en général ils déforment la musique. Pour Diokhané, la chanson « Set » en fut un exemple. La cassette originale, qui a été lancée à Dakar au Aldo Club en 1989 en même temps que le mouvement social appelé *Set Setal*, était l'un des plus grands succès de Youssou au Sénégal. Selon Diokhané, cette première version de « Set », un fabuleux morceau qui a enchanté tout le monde, a établi un lien entre le public traditionnel de Youssou et ses nouveaux fans, des jeunes, des intellectuels, des hommes aussi bien que des femmes. Diokhané estime que la version produite par Michael Brook pour l'album international « Set » (Virgin) a détruit la chanson. Malgré la vente de plus de 60.000 exemplaires et des critiques élogieuses, Rick Glanvill, pour qui le choix de Brook comme producteur était génial, a décrit « Set » comme « un bijou à l'état brut qui se rapproche du génie »,[1] Virgin a perdu confiance dans le projet et a libéré Youssou de son contrat. Dans un article perspicace paru dans le *New York Times*, Jon Pareles a noté comment une musique éclectique et complexe peut être noyée dans un album produit par un producteur nerveux, et il a offert sa propre solution au problème : écoutez la musique en live.[2] Il est vrai que les maisons de disques occidentales ont parfois essayé de dompter les rythmes mbalax et d'adapter les chansons de Youssou à un marché pop. Il n'y a pas, par exemple, un soupçon de sabar sénégalais dans « 7 Seconds », Doudou Doucouré aurait dit que « 7 Seconds » n'avait rien à voir avec la musique africaine, et pourtant ce titre s'est vendu à plus de deux millions d'exemplaires.

106   D'autre part, l'album ***Alsaama Day,*** entièrement produit au Sénégal par Youssou, a présenté aux fans une sélection de morceaux qu'ils ont beaucoup appréciés. Toutefois, la prépondérance de sabars frénétiques, des harmonies inhabituelles et quelques paroles banales en anglais dans *Del Sol Dal* étaient franchement étranges pour les oreilles non-sénégalaises.

Youssou a dédié ***Joko : From Village to Town*** (Sony Columbia 2000) à Amadou Diallo, un fils du Sénégal résidant à New York qui, le 4 février 1999, a été tué par des officiers de la police newyorkaise. Bien que *Joko* soit probablement le plus occidentalisé des albums de Youssou, il a reçu, la plupart du temps, des critiques acerbes dont une qui réprouvait les « grooves fades, les ballades et les apparitions laborieuses de Sting, Peter Gabriel et Wyclef Jean ».[3] L'album s'est avéré un fiasco

---

1   Rick Glanvill, 'Get set go', *World Beat*, décembre 1990.

2   Jon Pareles, 'Making African Pop Safe for Western Ears', *New York Times*, le 5 juillet 1998. Disponible à https://www.nytimes.com/1998/07/05/arts/pop-jazz-making-african-pop-safe-for-western-ears.html, consulté le 1er mars 2019.

3   Matt Pascarella, 'A voice from Senegal: Youssou N'Dour', *The Progressive*, 26 février 2010. Voir aussi https://progressive.org/dispatches/voice-senegal-youssou-n-dour, consulté le 1er mars 2019.

55. Le poster pour l'album de Youssou *Alsaama Day.*

commercial et Sony a abandonné Youssou. Et pourtant, il contient ce que je considère comme un morceau « crossover » quasi-parfait, « She Doesn't Need to Fall », produit par Pierre Bianchi, arrangé par Jérôme Lemonnier et coécrit par Youssou N'Dour, Prince Charles Alexander et Boubacar N'Dour. La voix de Youssou tombe en cascade à travers des rythmes groovy magiquement interprétés par le batteur Manu Katché et les claviers de Lemonnier. Youssou a exprimé ses propres réserves au sujet de ses relations avec les maisons multinationales de disques lorsqu'il a dit à Mark Hudson :

> « Les compagnies de disques en Occident n'ont pas traité les musiciens africains de la meilleure manière. Leur donner beaucoup d'argent et leur dire qu'ils seront plus connus que Phil Collins est une mauvaise façon de faire ! Même s'ils ne vous disent pas quels morceaux à jouer, vous êtes conscients que c'est leur argent et vous sentez une pression pour produire un certain type de son. Je ne dirais pas que j'ai été déçu par *Joko*, mais cette expérience m'a fait réaliser que je voulais trouver une nouvelle manière de travailler. »[4]

Il devait bientôt signer un accord avec Nonesuch à New York, qui lui a donné une plus grande liberté artistique et lui a permis d'enregistrer dans son propre studio à Dakar. Ce label a sorti l'album *Egypt* en 2004, et c'est avec cet album que Youssou a remporté son premier Grammy Award en 2005.

Egypt

Le célèbre scientifique et philosophe sénégalais, Cheikh Anta Diop (1923–1986), estimait que les Wolof sont un peuple du Nil qui traversèrent l'Afrique du nord vers l'ouest pour arriver au Sénégal et que leur dialecte est proche du Kopt antique. La région qui s'étend le long du fleuve Sénégal, là où se trouvent les villes de Saint-Louis, Podor et Dagana, est réputée pour être le lieu d'origine de la civilisation Wolof, riche en traditions, influencée par l'Égypte et les cours des pharaons.

Inspiré par Oum Khalsoum, la grande diva égyptienne, qu'il a entendu étant enfant, car son père en était fan, et sachant que la culture Wolof a des liens avec la vallée du Nil, Youssou a voulu créer une fusion entre la musique de l'Égypte et celle du Sénégal. Dans *Egypt*, il décrit la manière dont l'Islam est pratiqué dans son pays ; à cet égard, il a été aidé par Kabou Guèye qui, grâce à ses relations familiales, a des liens avec les deux principales confréries du Sénégal. Sa mère, Fat Thioune Khoudja Yade, était une célèbre griotte qui animait des cérémonies de *Fanal* à Saint-Louis tandis que son père, Saliou Guèye, était un imam. Kabou est mouride, mais du côté de sa mère, il est Tidjane, car son grand-père

108

---

4   Mark Hudson, 'Supernatural superstar', *Telegraph*, le 12 decembre 2002. Disponible à htttps://www.telegraph.co.uk/culture/music/rockandjazzmusic/3587019/Supernatural-superstar.html, consulté le 1er mars 2019.

maternel était proche d'El Hadj Malick Sy, le fondateur de la confrérie Tidjani au Sénégal.

Après plusieurs années de tentative, Youssou a enfin rencontré le musicien égyptien Fathy Salama et son orchestre pour enregistrer l'album. Ils ont rassemblé un ensemble inhabituel d'instruments (sept violons, deux violoncelles, deux contrebasses, des sabars, un oud, un balafon et une kora). Ils ont terminé l'album en 2001, l'année où les tours jumelles de New York ont été détruites par des terroristes Al Qaeda. Youssou a estimé alors qu'il était inapproprié de le sortir à ce moment là. En accord avec les idées pacifistes de Cheikh Ahmadou Bamba, Youssou a dit qu'il ne devrait pas être nécessaire de tuer même une personne pour la cause de l'Islam et il a exprimé ses soucis sur la perception générale de l'Islam. « Ma religion a besoin d'être mieux appréciée pour ce qu'elle propose de positif. Il se passe beaucoup de choses dans le monde qui donnent une mauvaise image de l'Islam, mais la question-clé est comment changer cela. »

L'album a reçu un accueil mitigé des fans sénégalais, et a été même critiqué par des confréries musulmanes qui s'opposaient à ce qu'elles considéraient comme la commercialisation d'Ahmadou Bamba, Youssou croyait sincèrement que cette musique pourrait illuminer le message pacifique de l'Islam.

Dakar–Kingston

Même si le label Nonesuch avait accepté de distribuer *Egypt*, ils ont refusé de sortir *Dakar–Kingston*, probablement parce qu'ils ne l'ont pas apprécié, et il a finalement été mis en vente par Universal France.

En 1990, le magazine *Rolling Stone* a prédit que s'il y avait un interprète du Tiers-Monde capable de gagner la popularité universelle de Bob Marley, ce serait Youssou N'Dour, un chanteur à la voix tellement extraordinaire que l'histoire de l'Afrique semble verrouillée à l'intérieur. Youssou serait d'accord d'admettre que Bob Marley était un artiste accompli et unique. Son reggae était effectivement universel et il a été bien appuyé et promu par Chris Blackwell et Island Records. Toutefois en ce qui concerne son propre projet de reggae, *Dakar–Kingston*, Youssou a en quelque sorte raté sa cible. L'idée initiale était de montrer que, à sa source, le mbalax utilise la grosse caisse pour souligner le temps fort de la même façon que le reggae. Mais l'album de Youssou ayant été enregistré essentiellement en Jamaïque avec d'anciens membres des Wailers, il

56. Tiken Jah Fakoly, chanteur de reggae ivoirien © Wirestock Creators/Shutterstock.

110 n'y avait rien de spécialement sénégalais dans ce reggae. Youssou n'a pas su créer du reggae africain comme Alpha Blondy ou Tiken Jah Fakoly de la Côte d'Ivoire, le sud africain Lucky Dube ou même le groupe sénégalais pionnier, Touré Kunda. Les journalistes Sylvie Clerfeuille et Nago Seck confirment l'universalité du reggae de Blondy :

> « Les langues qu'il utilise contribuent beaucoup à son succès : il s'exprime en dioula mais également en français et en anglais. Il est, comme tous les *reggae men*, porteur du message rasta qui s'adapte au public africain par le biais de proverbes. Son reggae, aux sonorités nouvelles, atteint une dimension internationale. »[5]

Toutefois, Harry Belafonte, qui est né à Trinité, et a fait une brillante carrière en promouvant la musique calypso, a flirté avec l'idée de faire un album reggae, mais il admet que Bob Marley est inimitable : « Je n'ai vu aucun moyen d'apporter mon propre cachet à ce qu'il a fait. Soit vous faites le reggae à la façon de Marley, soit vous n'en faites pas du tout ».[6]

---

5 Sylvie Clerfeuille et E NagoSeck, *L'Afrique et toutes les musiques*, Paris, p.79. Copie envoyé à l'auteur avant publication.

6 Harry Belafonte avec Michael Schnayerson, *My Song, a Memoir of Art, Race and Defiance*, Canongate, 2012, p.408.

Africa Rekk

Avec l'album *Africa Rekk* (Voici l'Afrique), sorti en novembre 2016, Youssou N'Dour a surpris ses fans. On avait le sentiment qu'il s'était enfin libéré de toute entrave et contradiction musicale. Il avait enfin trouvé enfin la recette pour infuser son mbalax sénégalais avec la musique du continent et du monde et s'est engagé avec aisance dans le calypso, la rumba, le blues, le reggae et la soul music. *Africa Rekk* est un Youssou N'Dour bon cru. Son expérience, sa musicalité et son éclectisme brillent à travers chaque morceau. Il revient en force pour se donner à fond comme compositeur, producteur, lead vocal, et souvent choriste. Depuis le blues envoûtant de l'harmonica dans le premier morceau, jusqu'au calypso afro-cubain du dernier, ce mélange éclectique de mbalax, de rumba, de highlife, de reggae, de rock et de hip-hop met en valeur le dynamisme et l'énergie de la pop musique, non seulement au Sénégal, mais à travers le continent africain et la diaspora.

Youssou propose aux jeunes de rester en Afrique afin de construire un meilleur avenir pour le continent (« Exodus »). Il leur rappelle que l'argent n'est pas tout. De manière ironique, « Money Money » reprend son tube de l'année 1979 avec le groupe Étoile de Dakar. « Xalis » vantait les attraits de l'argent (« *Xalis nekhna*, l'argent est bon », a-t-il chanté) mais cette nouvelle version dénonce ceux qui ont pour seul but d'en gagner. La vie familiale compte plus, surtout quand on se souvient de la séparation cruelle des hommes et des femmes dans la Maison des esclaves de « Gorée » pendant les années de traite négrière. Comme un père, il conseille aux jeunes femmes de faire attention (« Be Careful »). « Serin Fallu » souligne la bonne réputation du Sénégal pour la tolérance. Le guide spirituel en question, le deuxième fils de Cheikh Ahmadou Bamba, fondateur de la confrérie Mouride, était un ami intime du premier président du Sénégal, Léopold Sédar Senghor, un chrétien. « Oumar Foutiyou Tall » fut un illustre ancêtre qui a résisté au colonialisme français. Sur une note personnelle, Youssou tente de se réconcilier avec ses pairs et son public : il regrette ses erreurs et demande à Dieu de le pardonner (« Jeegel Nu »).

History

L'album *History*, sorti en 2019 quand Youssou était au seuil de ses 60 ans, semble marquer un moment de réflexion sur ses réalisations et ses amitiés. Il chante son ami intime Habib Faye, son talent, exceptionnel, son courage, son amour pour sa famille et pour la musique, parti trop tôt à l'âge de 52 en avril 2018. En compagnie de la jeune génération d'artistes, Youssou considère l'avenir. Promoteur de longue date du panafricanisme, on pense à son morceau « Africa », une méditation impressionniste sur le sort du continent, jadis uni, découpé par le colonialisme, puis libre mais divisé ; et « New Africa », qui appelle l'élimination des frontières, l'autonomie, le partage d'idées, des leaders responsables, et du respect pour des africains exceptionnels tels Kwame Nkrumah, Cheikh Anta Diop, Steve Biko ou Nelson Mandela. Aujourd'hui, Youssou reconnaît que le continent arrive à un moment-charnière de son développement. C'est aussi le moment où de jeunes musiciens, inspirés et influencés par sa voix, sa carrière et son succès viennent vers lui. Voici Seinabo Sey et Spotless, Mike BGRZ et Mohombi Moupondo, qui arrivent dans le *Penc,* ce lieu historique de rassemblement. Et ils partagent leurs idées, et ils demandent son avis, et ensemble ils créent de la musique.

57. Suwer de Mor Guèye de l'exil de Cheikh Ahmadou Bamba.

Chapitre 11

Il n'y a qu'un seul Dieu

« Je n'ai jamais eu de plan », m'avait dit Youssou. « Je ne peux même pas expliquer comment la plupart des choses me sont arrivées. J'ai rencontré les bonnes personnes en étant au bon endroit au bon moment. Je crois en Dieu et j'ai suivi mon destin ».

Fier d'être membre de la confrérie musulmane mouride, Youssou est un disciple du guide religieux **Cheikh Ahmadou Bamba**, dont les vertus comprenaient l'intégrité et la tolérance, et qui sans aucun doute, a contribué à la réputation de son pays, le Sénégal, comme l'un des plus ouverts, démocratiques et tolérants d'Afrique. Se référant à toutes les confréries du Sénégal, Tidjaniyya, Mouridiyya, Qadiriyya et Layènne, Youssou a dit : « Dieu le Tout-Puissant nous a gratifiés d'une grande richesse avec nos guides religieux qui œuvrent pour la paix et la solidarité dans notre pays ».

Sur le plan personnel, l'exemple de Cheikh Ahmadou Bamba, un saint homme qui a défendu l'Islam contre les colons français, qui a fondé la ville sainte de Touba, et qui a passé toute sa vie à promouvoir la paix, est devenu un puissant facteur de motivation dans la vie de Youssou N'Dour. Sa foi en Dieu, son éthique de travail, son sens de la communauté et même sa foi en ses propres capacités sont sûrement liés au Mouridisme. En outre, Ahmadou Bamba lui-même, sa philosophie et son héritage ont inspiré maintes chansons dans le répertoire de Youssou N'Dour.

Ahmadou Bamba Khadim Rassoul (1853–1927) est né Muhammed Ibn Habiballah dans le village de Mbacké, fils de Mame Mor Anta Saly et Mame Diarra Bousso (Djaratoullah), tous deux musulmans pieux. En 1883, il rompt définitivement avec la Qadiriyya pour former la confrérie mouride. Mouride est la forme française du terme arabe *murid* qui signifie disciple ou novice, celui qui aspire au paradis. En 1886,

Bamba a épousé la fille de Lat Dior et ils ont eu cinq fils et une fille. De petite stature, il se distinguait par son allure déterminée et la rapidité de ses pas. Il était toujours vêtu simplement et menait la vie humble d'un ascète ; il passait son temps à marcher seul, à prier, à écrire et à méditer. Il donnait ses cours religieux en plein air, illustrant ses leçons avec des signes tracés dans le sable. Il mangeait peu mais aimait boire du thé, et surtout du café sucré. L'homme dont le nom en arabe signifie « celui qui protège » a ranimé la religion musulmane que les colonisateurs français tentaient de supprimer. Par sa foi inébranlable et les miracles qu'il a effectués, il a donné à l'Islam l'âme fervente de l'Afrique et il a validé les croyances des noirs africains, souvent méprisés par leurs voisins à peau claire arabisants du nord du continent.

Bamba, qui exhortait ses disciples à manifester pacifiquement contre les Français, maintenait que l'homme n'ayant pas créé la vie, ne devrait donc pas la prendre, même pas celle d'un ver. Il croyait que dans la guerre, il n'y a jamais de gagnants et il a prouvé, par sa résistance aux efforts des Français pour réduire l'Islam, qu'il pouvait obtenir ce qu'il voulait sans verser de sang. L'adversité n'a servi qu'à approfondir sa foi

58. Le portrait du guide religieux Cheikh Ahmadou Bamba, par le peintre des suwers sénégalais, Alexis Ngom.

et à le rapprocher de Dieu. Grâce à ses dévotions, sa foi et sa vision, Cheikh Ahmadou Bamba est maintenant considéré comme un saint. Ses paroles reflètent sa propre croyance dans les pouvoirs que Dieu lui a donnés : « Tous les saints savent que je suis un miracle de Dieu…. Je n'ai aucun doute que je suis très proche du créateur de l'univers, quel magnifique état d'être ! »

Arrêté en 1895 par les autorités françaises, qui craignaient son influence, Bamba a été amené au bureau du Gouverneur à Saint-Louis, exilé dans un camp militaire français à Mayombe au Gabon. Puisqu'il n'était pas autorisé à prier sur le bateau qui l'amenait là-bas, la légende dit qu'il accomplit un miracle ; il posa son tapis de prière sur la mer et récita ses prières et quand il retourna sur le bateau, la femme du gouverneur, qui était présente, s'est émerveillée du sable qu'elle a vu sur son front. Cette scène et d'autres de la vie de Bamba sont souvent représentées dans les graffitis et peintures sous verre, les *suwers* sénégalais.

Au Gabon, afin de résister à sa solitude, Bamba s'est concentré sur ses dévotions pour se purifier et se rapprocher de plus en plus de Dieu. Selon la narration populaire, il a été sauvé de l'exécution sur la plage de Mayombe, car les soldats se sont désistés, affirmant qu'ils avaient eu la vision d'anges montés sur des chevaux qui les ont effrayés. En

115

59. La mosquée de la cité sainte de Touba, Sénégal © Adama Doucouré.

1902, après sept ans d'exil, Bamba a été ramené au Sénégal. Comme il avait jusqu'alors anéanti tous leurs efforts pour ruiner sa réputation, les Français décidèrent de l'expulser vers la Mauritanie en espérant qu'il serait méprisé et tué par les Maures. Cet exil a duré de 1903 à 1907. Lorsque Bamba est finalement retourné dans son village, Mbacké Baol, il a été placé résidence surveillée. Mais il était déterminé à fonder une ville sainte appelé Touba (*tuba* en arabe signifie le bonheur), quelque part dans le Baol où il affirmait avoir vu une apparition du prophète Mahomet.

Bamba demanda à ses disciples de commémorer son retour d'exil par une célébration (Magal) qui, au fil des années, s'est transformée en pèlerinage annuel ou *Grand Magal* à Touba, pour prier, lire le Coran et réciter les *Khassayid* (poèmes à Dieu et au Prophète) qu'il a écrit. Les pèlerins doivent offrir et échanger de la nourriture, des cadeaux et l'hospitalité avec les personnes présentes. Depuis 1928, année du premier Magal, les pèlerins ont pris l'habitude de toucher en passant les bords du tombeau de leur saint, d'y jeter des pièces ou des billets en faisant des vœux, car nombreux sont ceux qui croient que toutes les vœux faits à Touba se réalisent.

116 Un des petit-fils de Cheikh Ahmadou Bamba, Serigne Moustapha Bassirou Mbacké, une grande et éminente personnalité, qui se distinguait par le pouvoir et le privilège et qui avait un certain charme lié à quelque chose d'indubitablement mystique, a été chargé d'organiser le pèlerinage du Magal en 1984. Je me suis entretenue avec lui afin d'avoir l'autorisation pour notre équipe de la BBC de filmer les évènements à Touba. En attendant de le voir, j'ai vu les disciples ou *talibés* qui se mettaient en rang dans l'attente d'être bénis ; les mamans portaient leurs nourrissons malades en espérant qu'ils seraient guéris par les projections de salive du saint marabout.

Le jour même du Grand Magal, un train spécial a quitté Dakar rempli de pèlerins avec de jeunes hommes qui se tenaient debout ou accroupis sur le toit. Lorsque certains d'entre eux nous ont vus filmer le train pendant qu'il traversait un nœud ferroviaire à Thiès, ils ont commencé à nous jeter des pierres. Soudain une voix a prononcé ces mots salutaires à mon oreille : « Il y a deux choses que vous, les blancs, devez comprendre. Beaucoup de nos ancêtres africains ont été emmenés de force en esclavage et nos fantassins, les *tirailleurs,* ont été enrôlés par les alliés européens pour servir de chair à canon dans les deux guerres mondiales ». Avant que je puisse voir son visage, l'homme avait disparu et les pierres pleuvaient toujours du haut du train. L'incident en disait long sur les perceptions d'un peuple qui s'était senti exploité par l'esclavage et la domination coloniale.

En disciple mouride, Youssou gardait un portrait grandeur nature de Serigne Mourtarda Mbacké, le plus jeune fils de Cheikh Amadou Bamba, dans son bureau. Le Serigne, décédé en 2004, était pour Youssou un véritable guide qui priait pour lui et avec qui il pouvait discuter de tout.

« L'Islam et son influence ont toujours été présents dans ma musique, confirme Youssou. Au Sénégal, nous avons la chance d'avoir ce qu'on peut appeler un Islam éclairé et modéré. La population sénégalaise est à 85 pour cent musulmane, notre premier président, Léopold Sédar Senghor, était chrétien, donc nous avons prouvé que l'Islam peut être ouvert et tolérant et cela fait partie des raisons pour lesquelles notre Islam est différent. Si je portais un turban, on pourrait penser que je suis un intégriste mais j'ai montré ouvertement qui je suis ; je ne suis pas un intégriste mais un musulman, fils de musulman. Je suis pour la tolérance, la compréhension d'autrui et la paix parce que je suis comme cela. Notre pays est laïc ; les groupes religieux pratiquent librement et c'est ce que j'essaie de décrire dans mes chansons. Nous pouvons chanter le fondateur de notre confrérie Mouride Ahmadou Bamba dans une boîte de nuit et regarder des filles danser et le lendemain aller à la mosquée. C'est ce que Bamba a fait pour nous et c'est positif, car cela nous permet d'exprimer nos sentiments, et cela freine le fanatisme ».

« **Jamm** » (Peace), l'une des chansons les plus emblématiques du répertoire de Youssou, parle de la paix telle qu'elle se résume dans la salutation islamique « Salaam Alaikum » (la paix soit avec vous). C'est le titre principal d'un album dans lequel chaque chanson glorifie majestueusement cette paix. La plus notable est « Ale Samba » sur lequel Youssou a fait un duo avec son oncle Ouzin Ndiaye, leurs voix soutenues par les riffs sympathiques du saxophone de Thierno Koité. Puis, il y a la chanson harmonieuse « Yonent » (The Prophet), semblable à un hymne, remarquable par l'interaction des lignes de guitare subtiles d'Oumar Sow et la batterie persistante et omniprésente de Pape Dieng.

Enregistré en direct au Club Thiossane par l'unité mobile d'El Hadj Ndiaye, « Yonent » commence : « Des millions et des millions de personnes croient en lui, Mohammed Rassoul Allah, Mohammed le messager de Dieu ». Mongoné Touré, écrivain perspicace et talentueux, a aidé Youssou à réviser les textes.

Quand le professeur Donal Cruise O'Brien, a écrit une thèse de doctorat sur la confrérie mouride au Sénégal, il a comparé leur éthique du travail à celle des européens et surtout celle des protestants d'Irlande du Nord. En tant que vrai Mouride, Youssou N'Dour n'a jamais répugné à travailler dur. Au contraire, le travail, combiné à son immense talent, a été un élément essentiel de son succès, comme il l'explique dans sa chanson « Ligeey » (le travail):

Le dur labeur est la seule voie vers le succès

Peu importe comment ce travail peut être routinier

Je le chéris plus que toute autre chose

Laissez-nous travailler pour le bénéfice de nos familles

Comme nous travaillons, nous renforçons notre foi

Le travail est le devoir de chaque personne

Le monde dans lequel nous vivons nous oblige à travailler.

La fête musulmane qui a lieu environ 70 jours après la fin du mois saint du Ramadan est généralement connue comme Eid al-Adha, mais au Sénégal on l'appelle Tabaski. Les origines de la fête viennent de l'Ancien Testament et c'est l'histoire d'Abraham et de son fils Isaac que les musulmans appellent Ismaël. Dieu a testé Abraham en lui demandant de sacrifier Isaac. Comme Abraham avait une foi inébranlable en Dieu, il a fait tous les préparatifs nécessaires et il était sur le point de tuer son fils dans un endroit appelé Moriah, quand un ange messager est venu l'arrêter. Voyant un bélier à proximité, Abraham l'immola à la place de son fils. Le matin de la Tabaski, la coutume veut qu'un bélier soit rituellement abattu dans chaque famille sénégalaise. Puisque la population du Sénégal est essentiellement musulmane, on peut y compter d'innombrables animaux, mais il est dit que chaque mouton aspire à être sacrifié ce jour-là afin de monter directement au ciel. Une fois bénie, la viande est partagée et offerte comme un signe de paix et de pardon, même aux voisins chrétiens. Le message d'accueil, *Deweneti* (bonne année), est prononcé par tous ceux qui espèrent que la prochaine année sera au moins aussi heureuse, prospère et réussie que l'année qui vient de s'écouler. Quand les temps sont durs, de telles célébrations peuvent sembler un fardeau plutôt qu'une bénédiction pour les plus pauvres qui luttent pour sauver les apparences. Dans sa chanson, « Tabaski » Youssou définit l'esprit essentiel de la fête.

Le jour de Tabaski

Nous tuons les moutons

Nous nous souhaitons les uns les autres bonne chance

Ce jour-là, si quelqu'un nous a blessé

Nous devons lui pardonner.

Pour les musulmans, l'Islam offre un chemin parfait vers le bonheur et la paix à travers la soumission à Dieu. Ceux qui sont reconnaissants sont satisfaits et capables de vivre dans le présent; ayant fait de leur mieux, ils sont purifiés et libérés de leur passé; ils n'ont pas non plus de craintes, de désirs ou d'espérances pour demain. Basé sur « Akhirou Zamane », un poème de Cheikh Amadou Bamba, le message de Youssou dans son morceau *« Deugë »* (la vérité) est : « Vivez dans l'instant et vivez-le pleinement car il pourrait être le dernier ».

Il décrit également les inquiétudes du Prophète sur cette période entre sa mort et la fin du monde où les hommes pourraient perdre leur foi. Mais, comme dit la chanson, le cycle de l'enseignement religieux, à partir de l'Ancien Testament des juifs, le Nouveau Testament des chrétiens, le Coran du monde musulman, s'est accompli avec la mort de Mahomet. Depuis lors, les hommes et les femmes ont toutes les connaissances nécessaires pour trouver leur chemin vers Dieu. Ils doivent simplement lire les Saintes Écritures, écouter les personnes éclairées, et devenir pieux dans le vrai sens du terme, lié à Dieu.

« *Deugë* » montre le chemin de la recherche de la vérité et de la réalité derrière toute chose vivante, derrière les éléments eux-mêmes, la mer, le ciel et la terre. Dans son texte, Youssou explique que grâce à cette prise de conscience, les gens peuvent ressentir, intensément, l'esprit de Dieu à chaque seconde de leur vie quotidienne, et c'est là que réside le secret de la vie sur terre:

Dieu est toujours en train de recréer son monde, du plus simple

Brin d'herbe au plus grand des éléments dans la nature.

Regardez le ciel et les nuages. Recherchez la lune en haut,

Regardez vers le bas vers la mer, regardez jusque dans les profondeurs,

Regardez la forêt derrière. Dieu est la vérité.

Trouver la vérité en tout.

Deugë

Tout comme les Mourides, les autres grandes confréries islamiques au Sénégal, les Layennes (les disciples de Seydina Mouhammadou Limaamu Laye, 1843–1909) et les Tidjanes (la Tidjaniyya fut fondé au Maghreb, en Algérie actuel, par Cheikh Ahmed Tijani, 1735–1815) sont dirigés par une hiérarchie de chefs religieux ou marabouts. Dans

60. Portrait d'un marabout par Babacar Lô © Binette Cissé.

« Djamil », Youssou chante les éloges du guide religieux, Moustapha Sy Djamil, connu aussi sous le nom de Seydi Djamil, un marabout Tidjane qui vivait dans le quartier de Fass à Dakar. Dans la chanson, Youssou rend hommage également à son père, Serigne Babacar Sy, à son grand-père, ElHadj Malick Sy, et à leur famille proche pour leur religiosité.

En septembre 1997, le peuple sénégalais a pleuré la mort de Serigne Abdoul Aziz Sy Dabakh, le plus jeune fils du fondateur d'une des confréries Tidjane du Sénégal. La nature semblait aussi le pleurer. J'étais sur la

61. Portrait de Kocc Barma, philosophe et maître de proverbes sénégalais.

plage de Ngor ce jour-là et j'en ai vu les signes moi-même : le brouillard poussiéreux qui couvrait l'ensemble du pays, le soleil blanc, pâle et blême qui ressemblait à la lune qui avait cachée le soleil lors d'une éclipse la semaine précédente. Le patron du groupe de presse *Wal Fadjri,* Sidy Lamine Niasse, nous a expliqué dans son journal que ces signes avaient été prédits dans des livres sacrés *Al Asrar* et les prophéties d'Abderrahmane Ashami Al Maghrebi.

« Lorsqu'un des quatre pôles ou l'une des quatre clefs des trésors divins disparaît, les anges descendent en masse des cieux pour assister aux funérailles et présenter leurs condoléances. C'est cette affluence des anges qui transforme la couleur du soleil en cette blancheur qui le fait ressembler à la lune ».[1]

---

1 Sidi Lamine Niasse, 'Dabakh pleuré par la nature', *Wal Fadjiri,* le 16 septembre 1997.

62.   Portrait iconique de Youssou par Iain McKell © Iain McKell

Chapitre 12

Modèle et icône

Le portrait éloquent en noir et blanc, réalisé par Iain McKell, reflète parfaitement l'héritage musical de Youssou ainsi que l'essence de sa musique pop moderne. Le grand photographe de célébrités comme Brad Pitt, will.i.am, Gilbert & George, Grayson Perry et Vivian Westwood, a pris cette photo publicitaire au milieu des années 1980 lors d'une séance photo dans un petit studio du nord de Londres. Après plusieurs changements de tenues et de nombreuses poses différentes, McKell a tout de suite su que cette photo lui donnait l'image qu'il recherchait.

Un jour, à la fin des années 1980, Youssou m'a présentée à un homme qu'il décrivait comme son premier fan. Issa Samb (1945–2017), alias Joe Ouakam, artiste, philosophe, critique d'art, dont la famille lébou était autrefois propriétaire de larges bandes de terres autour du village de Ouakam. Il se promenait avec son chien le long du front de mer près de la maison de Youssou lorsqu'il s'arrêta pour nous parler. Depuis lors, j'ai rencontré Issa à maintes reprises dans son atelier « Laboratoire agit l'art » dans la rue Jules Ferry au plateau à Dakar. Il décrit ainsi la place de Youssou N'Dour dans la vie artistique sénégalaise d'aujourd'hui :

« Youssou parle pour au moins trois générations. Il vient de la Médina, un endroit à part avec sa propre histoire et ses propres habitudes, un lieu estampillé de la marque de l'indépendance, où les garçons remontent le col de leur vestes et se promènent d'une manière provocante et fière. Youssou est un innovateur qui nous a toujours étonnés et continuera de nous surprendre. Il est capable de travailler avec n'importe quel musicien de la planète. Cette profonde émotion, cette sensibilité, cette humanité, ce pragmatisme qui n'est jamais arrogant ne peut venir que d'un être exceptionnel, une personne que nous appelons un génie. Il semble continuellement renouveler son inspiration et a fait d'énormes efforts pour propulser sa musique au-delà de sa propre langue et culture Wolof jusque sur la scène internationale ».[1]

L'architecte sénégalais Nicholas Cissé estime qu'il y a une étrange fatalité dans le succès de Youssou N'Dour et qu'elle est liée à son patrimoine griot :

« Il n'existe pas de griot mineur….Les griots ont hérité et sont bercés dans un monde de dons pour chanter, jouer d'un instrument ou parler. Leur mémoire est remarquable ; le pouvoir génial de leurs paroles, leurs proverbes sonnent comme des couplets shakespeariens. Chaque génération chante, parle, joue et les mots s'accumulent jusqu'au jour où un magma de mots tombe sur un griot qui reçoit le don ultime et devient la mégastar, Youssou N'Dour ».[2]

Souleymane Diakhaté, linguiste et traducteur retraité, estime que Youssou a été choisi par Dieu, pour montrer aux autres musiciens sénégalais qu'il est possible de réussir et même de devenir une super star. Une belle apparence, un charisme et une réserve naturelle contribuaient au mythe qui entourait Youssou N'Dour, tout particulièrement au début de sa carrière. Une notoriété croissante l'a contraint à s'interdire les déplacements normaux de la vie quotidienne afin d'éviter d'être assailli par des foules. Ironiquement, il se sentait plus libre de vivre une « vie normale » au cours de ses visites à Londres, New York ou Paris.

En 1992, une tentative d'assassinat contre Youssou N'Dour nous a fait penser à celle de Bob Marley en Jamaïque en 1976, ou à la mort cruelle de John Lennon à New York en décembre 1980. Puisque Youssou était en tournée en Allemagne, il l'a échappé belle, mais la presse mondiale a noté l'incident. Un homme qui avait l'intention de poignarder la pop star sénégalaise Youssou N'Dour s'est précipité dans le bureau du chanteur à Dakar ce week-end et a grièvement blessé un de ses amis, un jeune homme surnommé You 2 en raison de sa ressemblance vocale avec Youssou N'Dour. L'homme s'est livré à la police en disant : « Je viens de tuer Youssou N'Dour ».[3] Le blessé était un jeune homme appelé Mamadou Habib Ndiaye qui est malheureusement décédé plus tard suite à cette attaque.

Grâce à son éthique de travail, sa patience, son pragmatisme, sa capacité à reconnaître une opportunité, Youssou a compris ce qu'il fallait

---

1   Conversation avec l'auteure, Dakar, 2006.
2   Ibid.
3   Reuters News Agency.

63. Le philosophe, dramaturge, artiste et critique d'art Joe Ouakam © Antje Majewski.

pour obtenir sa place sur la scène musicale internationale : des tournées de promotion qui demandaient des trajets en avion ou en train ; des nuits dans des chambres d'hôtel suivies par des heures et des heures d'interview et des séances photos. Progressivement, Youssou N'Dour est devenu, de par son image sérieuse, qui a brisé le moule, un modèle pour une nouvelle génération d'artistes sénégalais, et il a rendu la profession musicale, autrefois perçue comme pleine d'ivrognes et des coureurs de jupon, respectable.

Comme de nombreux artistes interprètes, lorsque Youssou est sur scène, l'endroit où il se sent vraiment libre, il transcende sa timidité naturelle et la réponse instantanée de son public lui donne un pouvoir extraordinaire. Il est clair qu'il a ce don indéfinissable qu'on appelle « star quality » et le qualificatif de « star » l'a suivi dès le début de sa carrière : Star Band, Étoile de Dakar et enfin Super Étoile de Dakar, avec des musiciens qui ont composé son groupe et qui sont restés fidèles pendant plus de trente ans.

L'énigme Youssou N'Dour

Youssou est notoirement insondable. « Je dois l'avoir rencontré au moins dix fois », a noté l'écrivain britannique Mark Hudson en 2004, « et même s'il est toujours aimable, voire jovial, il tend, de façon exaspérante, à être discret et diplomate. Parfois, je sentais que je commençais à comprendre ce qui le motive ; à d'autres moments, je me demandais si j'avais déjà enregistré une seule phrase qui révélait qui il était vraiment.[4] Hudson a également suggéré que Youssou devait savoir dès le début qu'il n'était pas une personne ordinaire. Il est vrai qu'au début de sa carrière, ses fans sénégalais avaient l'habitude de dire « *You doo Nit* ! », vous êtes plus qu'un être humain.

Le journaliste sénégalais Massamba Mbaye offre cette description perspicace de Youssou : « Malgré une lecture au premier degré de toutes les initiatives de cet artiste hors pair, il y a chez lui quelque chose de profondément insondable. Cherchez dans son regard. You ne regarde pas le présent, il est dans le futur. Mais le miroir qui reflète ses visions a été poli à travers les siècles. Il est de la famille des inventeurs. Ceux qui savent si délicatement tourner les pages du temps. Car chaque feuille est si précieuse. »

Le journaliste Khalil Guèye, m'a fait cette observation brève mais pertinente : « Personne n'est parfait, surtout un artiste qui crée un art parfait ». Le célèbre sculpteur, Ousmane Sow a noté, « Youssou perdure parce qu'il est astucieux. Il gère habilement chaque projet en gardant toujours les pieds sur terre. Il ne se surcharge jamais et ne permet pas à sa renommée de lui monter à la tête car il est exactement la même personne qu'il a toujours été et ceci est une marque de son intelligence ».

Interviewé par le journal *Le Quotidien*, Youssou a admis que la personne qui le connaît le mieux est sa mère :

« Entre ma mère et moi, il y a une grand sensibilité », a-t-il dit. « Comme toutes les mères, elle ne vit que pour moi. Elle me connaît très bien, elle sait de quoi je suis capable et ce que je n'ose pas faire. Elle est aussi une partenaire. Bref, ma mère, c'est mon rempart. Quant à mon père, c'est un homme très rigoureux et très droit et j'ai peur de lui jusqu'à présent ».

Interrogé par le même journaliste qui a demandé « qui est Youssou N'Dour? », il a répondu ceci :

« J'ai vraiment des problèmes pour me définir, mais chaque personne à une mission dans la vie. Ma mission est de montrer qu'il est possible de réussir, ça j'y crois sincèrement que l'on soit né à New York, à Singapour ou à Dakar, il est possible de réussir, de donner de l'espoir. Je pense que chacun de nous a pour mission de dire et de montrer aux autres que c'est possible de réussir, de s'épanouir, d'avoir des principes. J'ai du mal à

---

4   Mark Hudson, 'A song and a prayer', *Observer Music Magazine*, Londres, mai 2004, p.31. Disponible à https://www.theguardian.com/music/2004/may/23/worldmusic.islam, consulté le 1 mars 2019.

parler de moi parce que j'oublie, et ça, c'est génial. Mon père a l'habitude de dire que pour progresser dans la vie, il ne faut pas se focaliser sur ce qui s'est déjà passé, donc j'avance. J'ai la chance de gagner ma vie avec ma passion, la musique ».[5]

Il va sans dire que j'ai énormément d'admiration pour Youssou, chanteur et musicien. Quant à sa personne, il est d'un tempérament très équilibré, ce qui est plutôt rare chez les artistes; je ne l'ai vu se fâcher qu'une fois quand un manager de tournée s'est trompé sur quelque chose d'important. Sinon, étant quelqu'un de très discret, il montre rarement ses émotions, quoiqu'il soit très tendre avec ses enfants. À la manière des griots, il lit et appréhende bien les gens. En ce qui concerne les affaires, en négociateur astucieux, il aime donner et recevoir, c'est à dire qu'il faut donner quand vous êtes sûr de recevoir quelque chose en retour. Son attachement à son pays, ses espoirs pour l'avenir du Sénégal et de l'Afrique en général sont réels et reflètent ses propres aspirations.

Un milliardaire qui s'est fait tout seul

Il est vite devenu clair que Youssou N'Dour l'artiste avait aussi une tête d'homme d'affaires, combinaison assez rare. Latyr Diouf, son ancien manager à Dakar, dit qu'il a toujours été impressionné que Youssou croit en lui-même et qu'il ait une capacité à beaucoup travailler. À son avis, chaque année à partir de 1981, au moment où Youssou a lancé sa carrière avec le Super Étoile de Dakar, fut une épopée pour de multiples raisons, et chaque année fut plus glorieuse que la précédente.

Un homme aux idées et un innovateur, Youssou a construit un studio d'enregistrement à Dakar pour ensuite créer le label Jololi et une compagnie de promotion de musique, Xippi Inc. Dans le cadre de ses diverses entreprises – Le Thiossane, les journaux, *l'Observateur*, la chaîne radio RFM et les chaînes de télévision TFM, la Fondation Youssou N'Dour – il employait plus de 800 personnes.

Lorsqu'il a lancé le programme Joko, qui signifie lien ou connexion en wolof, afin de fournir l'accès à internet dans tous les villages du Sénégal, il était optimiste et pensait que l'internet pourrait aider les économies africaines à passer la période d'industrialisation et aspirer à des relations plus équitables avec les économies mondiales. En février 2008, grâce au soutien de la société italienne, Benetton, Youssou a lancé un

---

5 *Le Quotidien*, Dakar, le 19 août 2004.

128

64. Youssou N'Dour © L'artiste.

programme de microcrédit nommé Birima pour soutenir les petites entreprises au Sénégal. Il a déclaré alors, « L'Afrique ne demande pas la charité mais peut largement bénéficier de prêts. »[6]

A l'automne 2009, à la veille de son 50ème anniversaire, quand j'ai rencontré Youssou dans les coulisses de la salle Indigo O2 à Londres, je lui ai demandé quel serait son cadeau d'anniversaire idéal. D'abord, il évoqua la soirée à laquelle il avait assisté en Suisse à l'occasion du 50ème anniversaire de Phil Collins. Les invités se sont réunis et tout d'un coup un rideau s'est ouvert pour faire entrer Peter Gabriel et les autres membres du groupe légendaire Genesis assis devant leurs instruments, attendant que Phil se joigne à eux. Puis, sans hésitation, Youssou m'a affirmé que son meilleur cadeau d'anniversaire serait d'inaugurer sa chaîne de télévision à Dakar.

Avec une promesse d'une licence du gouvernement pour une chaîne de télévision indépendante, Youssou a acheté de l'équipement mais, subitement, la licence a été refusée, apparemment sans explication. Ainsi, il a réuni 10.000 signatures provenant principalement de sa base de fans pour soutenir sa proposition et une licence lui a finalement été accordée pour la Télévision Futurs Médias et la chaîne TFM fut inaugurée en mai 2010.

Certaines personnes ont décrit Youssou comme étant impitoyable en affaires, mais Souleymane Diakhaté prétend qu'il a besoin d'être rigoureux afin de réussir dans une économie informelle et non structurée. Il a également été accusé de népotisme. La tradition sénégalaise exige que le fils aîné ou *taaw* soit un bon exemple afin que le reste de la famille puisse réussir. Étant le *taaw* de sa propre famille, il a pris au sérieux la tâche de s'occuper de ses parents et de ses frères et sœurs et il ne voyait pas pourquoi il ne devrait pas faire usage de leurs talents pour soutenir ses intérêts en affaires. Au contraire, il est fier que ses frères et sœurs et maintenant son fils Birane travaillent dans ses entreprises de musique et médias. Ngoné Ndour qui a étudié l'ingénierie du son à Londres est devenue directrice générale de Xippi Inc., avec son frère Bouba N'Dour comme directeur artistique et sa sœur Marie, leur représentante en France. Avec ses frères Prince Ndiaga N'Dour et Ibrahima N'Dour, elle a créé Prince Arts, une société de production événementielle et audiovisuelle afin de promouvoir des artistes locaux. Prince

---

6 'Africa works', Benetton press release, non daté. Disponible à https://www.benettongroup.com/media-press/press-releases-and-statements/Africa-works/, consulté le 1 mars 2019.

65. Quelques frères et soeurs de Youssou à la jeunesse.

Ndiaga N'Dour est aussi technicien en chef à Télé Futurs Médias, où Birane N'Dour, fils de Youssou, est le directeur-général. En 2016, Ngoné a été nommée PCA de la Société du droit d'auteur et des droits voisins (Sodav). Ibrahima N'Dour a joué aux claviers dans l'album de Youssou *Rokku mi Rokka*, et il a montré ses dons d'arrangeur dans l'album *Africa Rekk*. Il m'a dit,

« J'écoute beaucoup la musique d'ailleurs. Par exemple, j'ai une prédilection pour un style qui ressemble au mbalax mais qui est plus simple et cadencé ; c'est le *batchata* de Puerto Rico et vous pouvez sentir l'influence de ce rythme, parmi d'autres, dans *Africa Rekk*. Par ailleurs, j'aime découvrir de nouveaux talents : Fally Ipupa, Femi Leye, Spotless ou Suadu Diaw qui ont joué dans l'album. La sœur de Youssou, Aby N'Dour, qui est chanteuse elle aussi, a créé sa propre maison de couture à Dakar. En 2018, elle a sorti un nouveau single intitulé « Ni Lay Sante » ».

Pourtant, malgré son ascension fulgurante au statut de super star, Youssou N'Dour a été heureux d'accompagner la carrière de chanteurs et musiciens émergents, surtout au Sénégal où Cheikh Lo, Viviane, Pape & Cheikh, Carlou D et Daara J ont fait partie de ses protégés.

Lorsque j'ai quitté la BBC en 1996, Youssou N'Dour m'a tout de suite invitée à travailler avec lui au Sénégal, une invitation que j'ai été ravie d'accepter. Je suis donc partie à Dakar pour un séjour prolongé. Les avions volant vers le sud longent les côtes sénégalaises, offraient aux passagers une vue à vol d'oiseau des villages de pêcheurs et du célèbre Lac Rose, ses eaux minérales teintées de rose clairement visible du ciel. Avant l'arrivée à Dakar, l'avion faisait un virage et descendait au-dessus de l'île de Gorée pour glisser sur les toits de Mermoz et Ouakam avant d'atterrir à l'aéroport Léopold Sédar Senghor.

Le titre de mon poste était Gestionnaire et directrice de liaison internationale pour Youssou, son label Jololi, et son studio d'enregistrement commercial. J'avais une chambre en haut de la maison à trois étages aux Almadies, qui a été conçue par l'architecte Nicolas Cissé pour ressembler à une kora ouest-africaine et mon bureau était au deuxième étage. Youssou vivait dans le même bâtiment avec sa famille, et il était lui-même étroitement impliqué dans la gestion quotidienne de l'entreprise musicale. Lorsqu'en haute saison, il y avait de fréquentes coupures d'électricité, nous nous asseyions dehors dans la cour pour prendre l'air et Manacoro 'Mami' Camara, la femme de Youssou à cette époque, avec un sens de l'humour aiguisé, nous divertissait tous avec des histoires amusantes du temps où elle travaillait dans une banque. Certains amis proches de Youssou nous ont éblouis avec des récits de leur jeunesse. À ces occasions, l'atmosphère agréable me rappelait tant le ceili irlandais (une partie de maison), que je me sentais chez moi.

Aujourd'hui, Youssou ne vit plus dans cette maison aux Almadies qui est devenu le siège de Télévision Futurs Médias (TFM), grouillant de jeunes journalistes enthousiastes, de techniciens et de présentateurs de télévision.

Youssou N'Dour, le Ministre

Lorsque le président Macky Sall a annoncé la nomination de vingt-cinq nouveaux ministres, la moitié du nombre qui avait servi dans le gouvernement précédent, Youssou N'Dour a été nommé Ministre de la Culture et du Tourisme le 4 avril 2012. Encore une fois, les sceptiques se sont demandé s'il pourrait réussir dans un poste pour lequel il n'avait aucune formation officielle. Je me suis souvenue de ce qu'avait dit Pape Dieng, ancien batteur du Super Étoile, « Youssou a toujours une idée et il a toujours aimé les défis ». Mais des questions demeuraient, telles que : est-ce que son intelligence, son pragmatisme, ses contacts et ses expériences lui permettront d'initier et de mener à bien des idées ? Même s'il n'est pas un bureaucrate, est-ce que ses talents d'entrepreneur et son flair pourraient l'aider à développer le ministère, encourager la collaboration avec le secteur privé et mobiliser les talents des gens ?

Dans un de ses premiers discours, le nouveau ministre de la Culture et du tourisme a défini les enjeux de sa mission, confirmant que même si le Sénégal n'a pas les ressources minières ou le pétrole, le pays a des richesses culturelles et intellectuelles.

Puis, début 2013, Youssou N'Dour a été remplacé comme Ministre de la Culture par son ami Abdoul Aziz Mbaye, mais il a conservé le portefeuille du Tourisme et des loisirs. Il a affirmé que sa réputation mondiale serait utile dans ce nouveau rôle, mais un éditorial dans le journal, *Le Pays au Quotidien,* a commenté d'un ton ironique :

« Suffit-il d'avoir été à la table de Bono pour que la perception que le monde a du Sénégal change? Suffit-il d'avoir été au G8 comme porte-parole de l'Afrique pour que tout ce qu'on touche soit de l'or? Le tourisme ne vit pas de l'aura de l'homme chargé de le réanimer. C'est un secteur éminemment économique… Les tour operators peuvent adorer You, l'artiste. Seulement, il faut que You-le-ministre trouve les moyens de les convaincre que la destination Sénégal n'est pas seulement attractive, mais est aussi compétitive ».

Le même journaliste s'est demandé si Youssou se sentait à l'aise dans le rôle de ministre et sous-entendait que Youssou, le politicien était la cible de beaucoup plus de critiques que l'homme d'affaires ou le musicien. Il continue :

« Si la politique *Yonou Youkkouté* (la voie de la prospérité) à laquelle Youssou s'est associé change pour le mieux la vie des Sénégalais, l'odyssée politique de Youssou pourra être considérée comme glorieuse. Dans

66. Youssou avec président Barack Obama, et président Macky Sall © Seneweb.

le cas contraire, il pourra être considéré comme un politicien peu glorieux impliqué dans un accident qui a interrompu sa carrière légendaire. Il pourra alors prendre du bon temps en écoutant à nouveau son catalogue rétrospectif ! Les légendes ne meurent pas, mais elles peuvent perdre leur voie ».[7]

Retour à la musique

En février 2013, Youssou N'Dour a demandé et reçu l'autorisation du Président et du Premier ministre de reprendre ses activités musicales tout en conservant un poste comme conseiller spécial du Président. Il explique comment cela se passe : « J'alerte, je fais des missions, je participe à la stratégie, je suggère des idées, je conseille le président sur toutes les questions. Ce travail nécessite moins de temps, ce qui me permet de revenir à la musique. Ma vie politique demeure cependant, importante, même si je suis retourné à la musique ».[8]

En tournée en Europe, il a révélé une certaine désillusion sur les processus du gouvernement quand il a dit à Mark Hudson, « lorsque

---

7   *Le pays au Quotidien*, Dakar, 2013.
8   www.lapress.ca, le 10 novembre 2015.

vous êtes en dehors de la politique, il est très facile de dire, "Pourquoi n'ont-ils pas pensé à cela ?" ou "Pourquoi sont-ils si lents ?" Mais quand vous êtes dedans, vous vous rendez compte à quel point le processus est compliqué ».[9]

Pour bien comprendre l'impact de l'engagement politique de Youssou dans le gouvernement au Sénégal et les perceptions de ses fans et ses détracteurs, il faut comprendre le contexte du pays. Un ministre ou un conseiller du président est doté de certaines avantages et rémunérations que la majorité des critiques du gouvernement trouve excessif pour un pays en voie de développement. La situation financière personnelle de Youssou ne convainc guère ces critiques. Certes, la descente sur le terrain politique influence la perception sénégalaise de Youssou aujourd'hui.

Entretemps, le fossé qui s'était développé entre Youssou et ses collaborateurs de longue date, Habib Faye et Jimi Mbaye, qui étaient consternés par la manière dont Youssou avait lâché son orchestre pour poursuivre ses objectifs politiques, était devenu un trou béant. À la place de Jimi, Youssou a choisi le jeune guitariste Moustapha Gaye, tandis que le bassiste camerounais Christian Edjo Obam'o, a remplacé Habib Faye.

Le matin du onzième Grand Bal à Bercy, Youssou était l'invité de Catherine Ceylac sur son plateau de télévision *Thé ou Café* sur France 2.[10] L'émission proposait les grands moments de la carrière de Youssou avant de montrer des extraits des répétitions récentes au Palais des Beaux-arts de Bruxelles, un lieu célèbre de musique classique qui est aussi familier à Youssou que le Royal Albert Hall de Londres ou l'Opéra Garnier de Paris. En dépit de l'absence de Jimi et Habib, Youssou a rassuré son interlocuteur, « J'ai toutes les ressources humaines dont j'ai besoin ». Puis il a fait ce qui semblait être une allusion cachée à ses anciens collaborateurs, affirmant ne pas aimer les musiciens qui prennent trop de place parce que lui le permet. Compte tenu de la contribution inestimable des musiciens du Super Étoile qui ont participé pendant trente ans à l'enregistrement de disques et aux spectacles de Youssou, ce commentaire a sonné comme un désaveu. De toute évidence, la rupture a été dou-

---

9 Mark Hudson, 'Womad 2014: Youssou N'Dour – Senegal's minister of sound', *Daily Telegraph*, le 24 juillet 2014. Disponible à https://www.telegraph.co.uk/culture/music/worldfolkandjazz/10986092/Womad-2014-Youssou-NDour-Senegals-minister-of-sound,html, consulté le 1 mars 2019.

10 *Thé ou Café*, France 2, 12 octobre 2012.

loureuse pour tout le monde, comme toute séparation de personnes qui ont été très proches pendant très longtemps. En acceptant être salarié et employé avec une rémunération stable dans un contexte économique parfois très difficile pour les artistes, la contribution énorme de Youssou est devenue de également significative.

Néanmoins, l'histoire s'est bien terminé car en novembre 2017, tous les musiciens du Super Étoile de Dakar, y compris Habib Faye et Jimi Mbaye étaient présents sur scène lors du Grand Bal à Bercy.

Toujours soucieux de projeter une image positive de l'Afrique, Youssou a invité Madame Ceylac à se rendre au Sénégal afin de découvrir l'accueil de la légendaire *téranga*, les couleurs vives, la créativité et l'exubérance. Rejoint par Julia Sarr, Youssou a terminé l'émission live en chantant « Africa Dream Again ». « Wake up, Stand up Africa … dream again … smile again ».

En juillet 2014, lors d'un discours au sommet africain à Washington, le président Barack Obama a porté un toast à la nouvelle Afrique, inspiré, a-t-il dit, par les paroles d'une chanson entendue pour la première fois au Sénégal. C'était bien entendu *« Africa Dream Again »*.

Ambassadeur culturel

À l'aube du nouveau millénaire, Youssou N'Dour a été nommé artiste du siècle par le magazine de musique britannique, *Roots*. En 2007, *Time Magazine* l'a cité parmi les cents personnes les plus influentes du monde. Il a été ambassadeur pour l'UNICEF et l'Organisation mondiale de l'alimentation (FAO), et il a lancé des projets musicaux pour la Croix-Rouge et les Nations unies. Grâce à son amitié avec Bono et d'autres vedettes très connues, il a rejoint les rangs des musiciens qui travaillent pour le bien de l'humanité. Lorsque Bob Geldof a organisé le concert de charité Live Aid à Londres en juillet 1985, Youssou était sur la scène du Stade de Wembley avec Salif Keita et Sly et Robbie.

Youssou a plus tard rejoint Bob Geldof et Bono pour faire la pression sur les leaders mondiaux pour l'annulation des dettes des pays en développement. Selon Geldof, à la suite des résolutions intitulées *Make Poverty History* adoptées lors du Sommet G8 de Gleneagles en 2005 (y compris l'annulation de la dette et le doublement de l'aide à l'Afrique), a annoncé que sept des dix économies à plus forte croissance dans le

67. Couverture de l'album *So Why?* 1997.

136 monde sont actuellement africaines.[11] Sur la scène au Hyde Park de Londres, pendant le concert Live 8, Youssou a fait cet appel : « L'annulation de la dette est OK. L'aide est OK, mais veuillez donc ouvrir vos marchés aux produits africains ».

So Why, un album co-écrit et produit par Wally Badarou pour le Comité international de la Croix-Rouge, contient des messages de protestation contre le nettoyage ethnique et la guerre en Afrique. Sur le titre de « Chimes of Freedom » de Bob Dylan, Youssou N'Dour a chanté la rébellion dans la belle province de Casamance, au sud du Sénégal. Papa Wemba (RDC), Lourdes Van Dunem (Angola), Lagbaja (Nigeria), Jabu Khanyile et Lucky Dube (Afrique du Sud) y ont apporté des contributions tout aussi importantes.

En 2000, des artistes réfugiés venant de différents pays ont donné un concert à Genève pour célébrer le 50ème anniversaire de l'Agence des Nations unies pour les réfugiés (UNHCR). L'année suivante, dans son rôle de directeur artistique de l'événement, Youssou a invité onze

---

11 Geldof a dit cela dans une interview pour le Channel 4 au Royaume-Uni le 8 mai 2004. Disponible à https://www.channel4.com/news/bob-geldof-nigeria-africa-progress-panel-video, consulté le 1mars 2019.

musiciens réfugiés dont Peter Cole, le Libérien installé au Sénégal et Chartwell Dutiro, le Zimbabwéen réfugié en Grande-Bretagne, pour enregistrer l'album *Building Bridges* dans son studio à Dakar. Lorsque l'album est sorti, Youssou a dit : « J'aimerais que cette musique puisse tendre la main à tout le monde. J'aimerais qu'ils se rendent compte que l'exil pourrait également leur arriver et qu'ils se motivent pour mieux aider les réfugiés ».

Au cours de la même année, Youssou a organisé un concert à Dakar pour soutenir la campagne contre la malaria, un fléau qui tue plus d'un million d'africains chaque année. *Roll Back Malaria* a enregistré la participation de Youssou, Angélique Kidjo, Salif Keita, Baaba Maal, Corneille, l'Orchestra Baobab, Oumou Sangaré et Tiken Jah Fakoly. Le concert a été filmé pour la télévision par le producteur britannique Mick Csaky. La styliste sénégalaise Oumou Sy a créé des hommes-moustiques sur échasses qui déambulaient dans la foule et dansaient avec l'auditoire.

Grâce à sa participation à la campagne contre malaria, il s'est retrouvé au bureau ovale de la Maison blanche à Washington à boire du café avec George W. Bush, l'homme dont la politique le dégoûtait. En 2003, Youssou a annulé une tournée qui devait durer trente-huit semaines aux États-Unis pour protester contre l'invasion américaine en Irak car il pensait que l'Amérique avait bouleversé le monde entier en menant cette guerre sans l'appui de l'ONU. Cependant, Bush s'est avéré sensible à la cause et l'Amérique a doublé son soutien pour la lutte contre une maladie qui, d'après le journaliste Martin Fletcher, a tué plus d'êtres humains que toutes les guerres, famines, fléaux ou catastrophes naturelles réunis.[12] En novembre 2010, en compagnie d'autres artistes, comme Goldie Hawn, Youssou a également fait une apparition à un concert de charité intitulé *Malaria No More* à l'IAC Building à New York.

Youssou était heureux de l'élection de Barack Obama, non pas parce qu'il est noir, mais parce qu'il était le meilleur candidat.

« Obama, a t-il remarqué, est en train de rétablir les relations brisées entre les États-Unis et le reste du monde; cela donne un effet calmant comme la pluie tropicale après une période de chaleur intense. Il comprend que l'avenir de l'Afrique est entre les mains des africains. Nous demanderons à Obama de nous aider à faire du commerce librement afin que nous percevions le juste prix pour nos produits ».

---

12 Martin Fletcher, 'Mutant mosquitoes: Can gene editing kill off malaria?', *Telegraph Magazine*, le 11 août 2018. Disponible à https://www.telegraph.co.uk/news/O/mutant-mosquitoes-can-gene-editing-kill-malaria/, consulté le 1 mars 2019.

Avec l'artiste franco-malienne Rokia Traoré, Youssou a été la figure de proue de l'Association professionnelle des musiciens africains (LPCA). À Paris, en février 2007, ils ont tous les deux participé au Forum *Afrique Avenir* afin de défendre les intérêts des musiciens professionnels et de promouvoir l'investissement dans de bonnes causes.

Lorsque Yoko Ono a offert les droits et redevances d'édition musicale pour certaines chansons de John Lennon à Amnesty International afin d'encourager une nouvelle génération à la défense des droits de l'homme, Youssou a choisi d'interpréter « Jealous Guy ». Sa version est accompagnée de contributions de U2, REM, Snow Patrol, Corinne Bailey Rae, Jackson Browne et Christina Aguilera dans un double album de 34 chansons intitulé « Instant Karma, Save Darfur ».

Renommée internationale

« L'art de Youssou N'Dour est harmonieux, mélodieux, euphonique, eurythmique et constitue un exemple unique dans la musique sénégalaise. Le nom du chanteur se trouve désormais gravé au panthéon universel des grands artistes qui ont réussi à imposer à l'humanité leur esthétique particulière… Sa reconnaissance internationale témoigne éloquemment de son universalisme » – Oumar Sankharé, auteur du livre *Youssou Ndour le poète*.[13]

Des journalistes internationaux ont fait les éloges de Youssou N'Dour. Giles Hattersley le décrit comme « Le colosse à la gorge dorée du Sénégal ». Richard Scott a écrit que « La pop étincelante de Youssou N'Dour est, en tous les cas, phénoménale ». Pour Jon Pareles, c'est « un musicien qui agit globalement et écoute localement ».[14] Robert Christgau dans *The Village Voice* dit « Youssou est le seul africain qui avance inexorablement vers la fusion world-pop que théorisent tous les autres ». Un journaliste du magazine *Spina* a déclaré avec enthousiasme que « Youssou N'Dour a plus de talent dans l'ongle de son pouce que la plupart des prétendues pop stars dans leur être tout entier », tandis que *Rolling Stone* le définit comme « un chanteur qui a une voix tellement extraordinaire que l'histoire de l'Afrique semble verrouillée dedans ».

---

13 Omar Sankharé, *Youssou Ndour le Poète*, NEAS, Dakar, 1997.

14 Jon Pareles, 'Review/Pop, a singer from Senegal by way of the world', *New York Times*, le 9 novembre 1992. Disponible a https://www.nytimes.com/1992/11/09/arts/review-pop-a-singer-from-senegal-by-way-of-the-world.html, consulté le 1 mars 2019.

Dans la biographie, *Youssou N'Dour, le griot planétaire*, publiée en 2008, Gérald Arnaud apprécie l'album de Youssou, *Eyes Open* de 1992 comme « un trésor de la soul music comparable aux plus beaux des disques de Marvin Gaye, Al Green ou Curtis Mayfield ».[15]

En mai 2001, trente ans après son premier voyage en dehors du Sénégal, Youssou N'Dour a reçu un doctorat honoris causa de l'université de Yale qui était accompagné de cette citation :

> « Chanteur et auteur-compositeur, votre musique allie les rythmes africains avec les traditions allant de la samba au hip-hop, du jazz à la soul. Vous avez créé l'orchestre le plus connu d'Afrique, collaboré avec de grands artistes du monde entier, chanté la tolérance et agi avec conviction, tout en restant fidèle à votre propre religion et culture. Ayant compris le pouvoir de la musique pour libérer, guérir et unir, vous avez organisé et participé à des concerts qui attirent l'attention sur l'injustice, la pauvreté et les maladies. Avec votre son extraordinaire, vous exprimez l'espoir ainsi que notre humanité commune. Nous vous saluons maintenant comme docteur en musique ».[16]

Le prestigieux Polar Prize, d'une valeur de 145.000 couronnes suédoises pour chaque bénéficiaire, a été fondé en 1991 par Stig « Stikkan » Anderson, entrepreneur et ancien manager du groupe ABBA. Ray Charles, Bob Dylan, Peter Gabriel, Gilberto Gil, Quincy Jones, Paul McCartney et Miriam Makeba font partie des anciens lauréats. En 2013, le prix, attribué conjointement au compositeur finlandais Kaija Saariaho et à Youssou N'Dour, a été présenté par le roi Carl Gustaf XVI de Suède lors d'une cérémonie de gala à la salle de concert de Stockholm. La citation de Youssou N'Dour a été lue par le footballeur suédois Henrik Larsson :

> « Un griot en Afrique de l'Ouest n'est pas seulement un chanteur mais un conteur, poète, chanteur de louanges, artiste et historien oral. Youssou N'Dour maintient la tradition des griots tout en montrant qu'elle peut également être modifiée pour offrir un récit au monde entier. Avec son ensemble exubérant et exceptionnel, le Super Étoile de Dakar et ses albums solos qui sont musicalement révolutionnaires et politiques, Youssou N'Dour a travaillé à réduire les animosités entre sa propre

---

15 Gérald Arnaud, *Youssou N'Dour, le griot planétaire,* Collection Voix du Monde, Éditions Demi-Lune, 2008, p.113.

16 Citations pour récipients des diplômes honorifiques à l'université de Yale, 2011, Yale University. Disponible à https://news.yale.edu/citations-recipients-honorary degree-yale-university-2011, consulté le 1 mars 2019.

religion, l'Islam et les autres. Sa voix englobe l'histoire et l'avenir du continent, sang et amour, rêves et pouvoir ».[17]

Youssou a assisté comme invité d'honneur à la cérémonie télévisée mais ne s'est pas produit ; il a plutôt apprécié la chance de voir Neneh Cherry, Carlou D et d'autres artistes interpréter sa musique.

En septembre 2017, Youssou a reçu le prix international Praemium Imperiale, d'une valeur de 136.000 dollars, pour ses contributions exceptionnelles au développement, à la promotion et au progrès des arts. Après une cérémonie à New York où il a reçu une médaille d'or et une lettre de témoignage de Son Altesse Impériale le Prince Hitachi du Japon, Youssou a dédié le prix à toute l'Afrique avec un message aux jeunes Africains pour qu'ils croient en eux et au continent. Il s'est également engagé à partager une partie du prix, quelques 75 millions de FCFA avec ses collègues musiciens sénégalais.

Et les prix continuent. Le 10 octobre 2020, Youssou a annoncé avoir encore été honoré à Stockholm : « C'est avec un grand plaisir et une grande humilité que j'apprends mon élection à la prestigieuse Royal Swedish Academy of Music. C'est une fierté, un pas de plus pour l'Afrique, mais surtout une motivation supplémentaire pour notre travail. »

Comme le journaliste britannique, Rick Glanvill l'a si bien noté, « le Sénégal a façonné un homme unique ».[18]

---

17 Le site web du Polar Prize a une page dédiée à ceux qui ont déjà gagné le prix.
18 Rick Glanvill, Worldbeat, 'Get Set Go', décembre 1990.

III

Les racines musicales de Youssou N'Dour

68. Folon, Salif Keita © Maison de disque Syllart.

69. *Soro*, Salif Keita © Island Records.

Chapitre 13

La source

Toujours conscient de la source d'inspiration qui fut à sa disposition à travers ses ancêtres griots, musiciens, artistes, conseillers, historiens dans les cours des rois et empereurs d'Afrique de l'Ouest, Youssou N'Dour se décrit souvent comme un griot moderne. On doit aussi noter que le grand succès de sa musique ainsi que celle d'autres musiciens du Sénégal, du Mali, de la Guinée et de la Mauritanie pendant la période de la World Music est lié directement à ce riche filon de musiques qui provient directement des cours royales du XIIIème siècle.

Salif Keita

Soundiata Keïta (c.1190–1255), le plus grand mécène des griots d'Afrique de l'Ouest, fut le premier empereur de l'empire mandingue, souvent appelé l'Empire du Mali, une fédération de peuples Mandé qui a duré de 1230 à 1600. Le territoire de l'empire s'étendait des côtes de l'Atlantique aux remparts de Tombouctou et couvrait le Mali, le Sénégal et la Gambie, ainsi que certaines parties de la Mauritanie, de la Guinée, de la Guinée Bissau et le nord de l'actuelle Côte d'Ivoire. À la cour de Soundiata, la monarchie atteignait son niveau le plus élevé car l'empereur était tout-puissant. Quand il éternuait, toute l'assistance devait se battre la poitrine pour exprimer sa sympathie. Si on portait des sandales en présence de l'empereur, la sentence était la mort et les sujets étaient obligés de couvrir leurs têtes de terres en marque d'humilité. Seul l'empereur portait un chapeau et la richesse de ses vêtements royaux était le reflet de son statut. Cependant, il n'a jamais élevé la voix. Au cours du règne de Soundiata, sont élaborées les mœurs et traditions courtoises qui ont permis aux griots de jouer un rôle vital en tant qu'historiens et animateurs.

La famille noble de Salif Keita fait remonter sa lignée à Soundiata Keïta. Comme son illustre ancêtre qui n'a pas marché avant l'âge de sept ans, Salif est sorti d'une enfance peu prometteuse pour devenir l'une des grandes et émouvantes voix de l'Afrique de l'Ouest. Né en 1949 dans le village de Djoliba à 60 kilomètres de la capitale Bamako, il est albinos et doit affronter toutes les superstitions et les préjugés habituellement associés à son physique en Afrique. La naissance d'un fils albinos, qui selon la superstition, porte malheur pour sept générations, a beaucoup choqué le père de Salif. Il a banni sa femme et son bébé de la maison. Il a changé d'avis par la suite. Lors de la cérémonie de baptême de Salif, ses cheveux furent rasés, et les femmes du village se sont battues afin de les ramasser et les répandre dans les champs pour fertiliser les cultures.

En raison de sa propre condition (il se décrit comme un homme noir à la peau blanche), Salif Keita aspire à un monde de compréhension mutuelle et de multiculturalisme. Il a créé la Salif Keita Global Foundation pour le traitement équitable et l'intégration sociale des personnes atteintes d'albinisme.[1] Imaginez la grande fierté de Salif lorsque sa fille Nantenin Keita, albinos comme lui, dont la photo apparaît sur son album *Folon* (The Past) a représenté la France aux Jeux paralympiques de Rio de Janeiro en 2016 et remporté une médaille d'or aux 400 mètres.

Lorsqu'en 1988, je me suis rendue à Paris avec le journaliste Robin Denselow et le réalisateur James Marsh (créateur de *Man On Wire*, *The Theory of Everything* et *Mercy*), nous avons tourné un petit film sur la popularité croissante de la musique populaire d'Afrique à Paris. Le reggaeman africain, Alpha Blondy, a donné le ton avec son tube « I Love Paris » et nous avons interviewé le trio de musiciens sénégalais, les frères Touré Kunda qui ont été les premiers à connaître le succès dans la métropole où ils ont enregistré en tout sept disques, des LP vinyles dont un double album, et qui ont obtenu trois disques d'or. Filmés la nuit à côté de la tour Eiffel illuminée, ils avaient l'air de posséder la place. Cheb Khaled et Cheba Fadela ont représenté la musique de l'Afrique du nord, et nous avons parlé avec Salif qui habitait alors dans la banlieue parisienne à Montreuil (petit Bamako). C'est à Paris qu'il avait enregistré son album *Soro*, une fusion remarquable de styles occidentaux et africains, arrangé par François Bréant et Jean-Philippe Rykiel, et produit par le sénégalais Ibrahima Sylla. Robin Denselow a décrit *Soro* comme « un mélange de synthétiseurs, de rythmes subtiles, de cuivres et d'une

---

1 www.salifkeita.us.

70. *Mandjou*, Salif Keita © Celluloid Records.

chorale africaine, le tout couronné par une des plus grandes voix soul du monde entier ». Salif lui-même a défini l'importance de la musique africaine en reprenant l'image d'un arbre : « Les racines sont la musique africaine; le tronc c'est du jazz et les branches et les feuilles sont le funky, le reggae, le hip hop et d'autres styles modernes ».[2]

L'année suivante, j'ai rencontré Salif au Mali lorsque je travaillais avec une autre équipe de la BBC, menée par le réalisateur Chris Austin et le caméraman Chris Seager. Nous filmions des séquences pour un documentaire sur Salif qui nous a présentés sa maman et son papa dans le village de Djoliba.[3] L'apparente simplicité et l'harmonie de leur vie ne nous a donné aucun indice de l'angoisse et des préoccupations qu'ils ont dû partager jadis sur leur fils aîné.

2 *Review: Paris, Africa*, BBC TV, diffusé le 6 mai 1988.
3 *Arena*: *Destiny of a Noble Outcast*, BBC2, 1990.

71. L'artiste malien Salif Keita avec l'auteur © Mark Hudson.

146   Quand Salif était enfant, les *griots* venaient à la maison chanter les louanges de cette noble famille Keita. Il parait que Salif Keita était un élève brillant, mais sa vue défaillante l'a empêché de poursuivre une carrière d'enseignant. C'est ainsi qu'il a brisé toutes les règles du système des castes pour devenir chanteur comme les griots qui chantaient ses louanges. Plus tard, il se vanta que le chant était la plus noble des professions, mais ses premières expériences furent quand-même très difficiles. Il dormait au marché de Bamako; il chantait dans les bars en s'accompagnant de la guitare acoustique et parfois quelqu'un glissait une pièce de monnaie dans la rosace de sa guitare. Lorsque tout espoir semblait perdu, Salif Keita s'asseyait seul sur une colline qui surplombait la ville afin de bien réfléchir à la situation. Il a finalement rejoint le Rail Band au Buffet de la Gare et a commencé à trouver sa voie. Dans la cour de la gare, le Rail Band, dont les musiciens étaient payés comme des fonctionnaires, jouait pour les gens de Bamako ainsi que pour les passagers qui arrivaient vers deux ou trois heures du matin par les trains qui faisaient la navette entre le Sénégal et le Niger. Le Rail Band était si populaire que, parfois, les fans quittaient Dakar le vendredi soir pour venir danser au Buffet de la Gare. Au cours d'une brève absence, Salif Keita fut remplacé par un balafoniste, koriste et chanteur

du nom de Mory Kanté qui allait plus tard avoir une réputation internationale avec la chanson, « Yé ké Yé ké ». La réponse de Salif fut de partir et de rejoindre les Ambassadeurs au Motel, sa seule demande étant qu'ils lui achètent une mobylette. Les musiciens de ce groupe étaient originaires de la Guinée, du Sénégal, de la Côte d'Ivoire, du Burkina Faso, du Cameroun et du Ghana, ainsi que du Mali, d'où leur nom, les Ambassadeurs. Sous les lampes colorées de la scène au clair de lune, ils jouaient pour les diplomates et touristes en interprétant les derniers tubes de Charles Aznavour, Otis Redding ou James Brown; bref, ils jouaient tous les genres de musique sauf la musique africaine. Salif Keita voulait changer cela et moderniser la musique traditionnelle du Mali. En 1978, suite à une tentative de coup d'État au Mali, Salif Keita a quitté le pays en compagnie de Kanté Manfila, Ousmane Dia, Sambou Diakité, Ousmane Kouyaté et Alpha Traoré. Ils sont partis à Abidjan, capitale de la Côte d'Ivoire, qui était à l'époque le centre de l'action musicale. Peu de temps après ils ont composé leur plus célèbre chanson, « Mandjou », qui signifie *Touré* dans le dialecte Malinké, une chanson élogieuse dédiée au président guinéen, Sékou Touré.

Touré ne pleurez pas.

Touré ne soyez pas triste

car Dieu vous a donné

tous les dons qu'il a à donner,

y compris le don de faire la musique.

Nous avons filmé Salif Keita se promenant dans les champs aux alentours de Djoliba, projetant sa voix puissante comme il le faisait étant jeune homme pour renforcer ses cordes vocales. Nous l'avons filmé au marché de Bamako, au Buffet de la Gare, et puis à l'hôtel aujourd'hui abandonné, le Motel de Bamako.

De retour à Londres, quand le film est revenu des laboratoires, deux séquences-clés manquaient. La première comportait une danse rituelle des chasseurs du village à laquelle ont participé Salif et son père, Sina Keita, habillés comme les autres en costume de cérémonie et portant des fusils. La deuxième séquence avait été tournée dans les falaises de Bandiagara au pays Dogon, un lieu connu pour ses traditions spirituelles intenses. Les légendes Dogon racontent des visites des *nommos* extraterrestres, une race de tritons et de sirènes venant du système stellaire

72. Clairvoyante Tenin Traoré, belle mère de Salif Keita. © Jenny Cathcart.

Sirius.[4] Pendant que Salif chantait en s'accompagnant avec sa guitare, la silhouette solitaire d'un homme se présenta en haut de la falaise. Il avait l'air irrité par notre intrusion sur ce site sacré. Quelle que soit la raison, il semblait clair que nous n'avions pas respecté certaines règles locales. Le réalisateur et le cadreur sont donc retournés au Mali pour refaire les deux séquences, cette fois-ci avec les autorisations nécessaires.

En pays enclavé, le Mali me semblait être un lieu de mystère et de magie. Lors d'un tournage à Bamako, nous avons rencontré la belle-mère

---

4   Robert KG Temple *The Sirius Mystery*, St. Martin's Press 1976.

de Salif, Tenin Traoré, une célèbre voyante et guérisseuse qui consultait en lisant dans les cauris et pour qui Salif a écrit « Ténin » un morceau lumineux et dansant.

Non seulement, elle m'a offert une consultation, mais elle m'a régalée avec les histoires de sa famille exceptionnelle. Lorsque son arrière grand-père, un homme de foi et un véritable saint, est décédé alors qu'il s'agenouillait pour réciter ses prières de l'après-midi, le ciel s'ouvrit, le tonnerre et les éclairs se déchaînèrent et le puits dans l'enceinte de la maison se mit à gargouiller. D'après Tenin, son grand-père Adama lui a légué son précieux recueil de recettes médicinales et ses propres dons ont été confirmés quand, toujours enfant, elle rencontra Mamiwata, le légendaire esprit des eaux de l'ouest africain. Tenin avait des clients à Paris où elle est propriétaire d'un appartement dans la rue Ramey, proche de la basilique du Sacré-Cœur à Montmartre. Quand elle m'a rendu visite à Londres, j'ai fait l'expérience de ses pouvoirs. C'était la nuit de Qadri, la nuit du mois du Ramadan où il est dit que Dieu réalise les vœux des croyants. Tenin consulta ses cauris pour moi et me dit qu'elle y avait vu mon frère se teindre les cheveux qui étaient prématurément blancs. « Nous devons l'aider », a-t-elle dit. Je me suis couchée mais je n'arrivais pas à dormir. Soudain, j'ai senti une sensation de papillons dans mon estomac. Quelque chose me piquait subitement à la jambe gauche, puis une lourdeur s'est abattue sur mon corps comme si quelqu'un se couchait sur moi. J'avais tellement peur que je n'osais pas ouvrir les yeux jusqu'à ce que cette sensation s'apaise. Ensuite, j'ai entendu Tenin quitter sa chambre pour aller dans la salle de bain où elle a fait couler de l'eau. Le lendemain matin, quand je lui ai demandé ce qui s'était passé, elle m'a expliqué que les petites statuettes qu'elle utilise pour son travail étaient devenues très chaudes et qu'elle avait été obligée de les arroser avec de l'eau froide. Quand je lui ai décrit mes sensations, elle a dit qu'elle avait eu besoin de mon esprit pendant la nuit.

Bien que la plupart des Maliens soient musulmans, il y en a qui croient également à ce qu'ils appellent « les réalités de l'Afrique ». La chanteuse sud-africaine Miriam Makeba, dont la mère était une *isangoma* ou guérisseuse traditionnelle a ainsi défini ces réalités : « Les esprits de nos ancêtres sont toujours présents. Nous faisons des sacrifices pour eux et nous leur demandons des conseils. Ils nous répondent dans les rêves ou par le canal d'un médium que nous appelons *isangoma* ».[5] Le plus grand

---

5   Miriam Makeba et James Hall, *My Story*, Bloomsbury, 1987, p.2.

musicien du Zimbabwe, Thomas Mapfumo, qui est chrétien, pense que ceux qui meurent se rapprochent de Dieu. Dans une interview télévisée, il a voulu me décrire la nature spirituelle de sa musique *chimurenga* en exprimant ainsi son respect pour ses ancêtres: « Ils peuvent parler avec Dieu. Peut-être qu'ils vivent avec Lui. Donc, à travers un médium, nous devons consulter nos ancêtres et leur transmettre les messages que nous souhaitons qu'ils communiquent à Dieu ».[6]

Dans son livre *La musique d'Obama*, l'écrivaine Bonnie Greer qui est née à Chicago, souligne comment cette même spiritualité africaine fut transportée par les esclaves ainsi que leur musique jusqu'aux Amériques. Elle écrit :

« Le blues a cette qualité de 'l'autre monde', de cette grande triade africaine : la vie, la mort et l'enfant qui n'est pas encore né. Cette trinité existe dans son ensemble dans la conscience des africains et a été introduite au cours du passage Nord-Ouest. Le blues est le reflet de ces connaissances. En grandissant, nous avons respecté les morts parce qu'en effet, ils n'étaient pas partis ».[7] Ce sont peut-être ces connexions avec la terre et les esprits qui font que l'Afrique semble attirante pour des occidentaux comme moi ; une fois que nous nous sommes rendus sur le continent, nous nous sentons obligés d'y retourner souvent. Le voyageur et écrivain Ryszard Kapuscinski l'explique ainsi : « Depuis des siècles, le gens ont été attirés par une certaine aura mystérieuse qui règne sur le continent, un sentiment qu'il doit y avoir quelque chose d'unique, quelque chose de secret. Un point lumineux dans l'obscurité qui est difficile ou presque impossible à atteindre. »[8]

Mon souvenir de ce premier voyage au Mali a été le sentiment d'humilité et de respect que j'éprouvais en me retrouvant seule sous un ciel étoilé à regarder les plaines de la savane et cet immense territoire. Doris Lessing, qui a grandi dans le sud de la Rhodésie, l'actuel Zimbabwe, a exprimé ce même sentiment de grandeur lorsqu'elle a dit : « l'Afrique vous fait comprendre que l'homme est une petite créature parmi d'autres créatures dans un grand espace. »[9]

---

6 Interview par l'auteure pour l'émission 'Viva Zimbabwe', *Rhythms of the World*, BBC2, diffusé le 2 mars 1991.

7 Bonnie Greer, *Obama Music, Some Notes from a South Sider*, Bonnie Greer, Legend Press, 2009, p.83.

8 Ryszard Kapuscinski, *Travels with Herodotus*, Penquin, 2007, p.100 traduit par l'auteure.

9 Doris Lessing, *Collected African Stories, Vol. 2. The Sun Between Their Feet*, Michael Joseph Ltd., 1973 ; Triade Panther, 1979, note de couverture.

73. *Fanta Damba* © Celluloid Records.

Lors de sa première visite au Mali en 1983, Youssou N'Dour a été impressionné par l'accueil enthousiaste et généreux des maliens. En fait, la grande vedette malienne, Ali Farka Touré, a remarqué avec ironie que le taux de divorce avait visiblement augmenté après le concert de Youssou car nombreuses étaient les femmes maliennes qui avaient défié leur mari de les empêcher d'y assister ! Ce voyage avait une signification particulière pour Youssou parce que c'était la première fois qu'il jouait en dehors du Sénégal et, ayant reçu un accueil aussi chaleureux dans un pays où les normes musicales sont très remarquables, lui a donné une énorme confiance et l'assurance que sa musique pouvait voyager.

Fanta Damba

Il fut également ravi de rencontrer **Fanta Damba,** une chanteuse singulière et incomparable qu'il considérait comme la première dame de la musique malienne, et dont il allait reprendre la chanson, « Haye Hane » dans sa majestueuse composition, « Wareff ». Je me souviens avoir été avec Youssou qui conduisait sa voiture à Dakar et la musique de Fanta Damba passait dans le lecteur de cassettes et Youssou fredonnait la mélodie et remuait doucement ses épaules au rythme de cette musique sublime. Son morceau « Bamako » montre juste combien le Mali a envoûté Youssou. L'image d'une femme enveloppée dans son châle est mystérieuse et séduisante. Elle semble être une muse et on peut y deviner que Youssou a été inspiré par Fanta Damba. Des sentiments de mystère et de nostalgie envahissent la chanson qui évoque aussi les complaintes de troubadours français de l'époque médiévale composées en l'honneur d'une dame inaccessible. La voix de Youssou monte jusqu'à ses notes les plus aigües, plus hautes que les douces voix de la chorale de l'église Martyrs de l'Ouganda, et il finit par répéter plusieurs fois la phrase, « Duma fatte fatte fatte, Bamako » (je n'oublierai jamais Bamako).

Ali Farka Touré

Ali Farka Touré admirait la voix et l'esprit entreprenant de Youssou N'Dour et c'était réciproque. Youssou rend hommage à Ali Farka par le ton et le style de son album *Rokku Mi Rokka* (donner et prendre) qui date de 2007 et qui met en avant un joueur de *ngoni* très doué, Bassekou Kouyaté, dans grand nombre des morceaux teintés de blues. Avant qu'il ne devienne musicien à plein temps, le grand bluesman malien était cultivateur, ingénieur radio, chauffeur, guide du désert, et même passeur d'ambulance fluviale. Il aurait tout aussi bien pu être guérisseur, marabout, ou même roi, car il est issu d'une lignée noble de guerriers et de généraux songhaï et amarak.

Ali, seul enfant survivant de sa mère, était le plus jeune de dix enfants. Quand il eut deux ans son père mourut de blessures subies au combat aux côtés des Français. Pacifiste, enseignant, amoureux de la nature, et artiste, Ali a refusé la conscription le moment venu. Lorsqu'il jouait du violon traditionnel malien, le *n'jarka*, il évoquait les paysages désertiques, les lieux retirés et solitaires où il aimait chasser. Il m'a dit que c'était au bord d'un lac près de son village qu'il a pour la première fois rencontré les *Ghimbala*, les puissants esprits des eaux qui s'étaient emparé de sa petite guitare *djerkele*.

Sa grand-mère, Kounandi Samba, prêtresse de la *Ghimbala*, a transmis à Ali les secrets et les rites de sa religion traditionnelle mais quand il avait dix-huit ans, il a été « guéri » par un homme de Dieu et a renoncé à ces pratiques, faisant allégeance à l'Islam à la grande mosquée de la ville légendaire de Tombouctou. À partir de ce moment, Ali priait cinq fois par jour et, s'il ratait des prières, il compensait en récitant des prières jusqu'au petit matin. Il était capable de prier toute la nuit s'il avait un voyage spécial à faire. Ces rites étaient aussi importants à ses yeux que d'accorder sa guitare ou d'en contrôler le niveau sonore. Malgré tout, il n'a jamais voyagé sans son kit de protection (un bouquet d'herbes et de résines pour guérir tous les maux et douleurs et une collection de talismans dont chacun avait une signification spéciale) soigneusement attaché à son corps ou épinglé sur sa tenue de scène avant chaque concert. Étant extrêmement sensible aux regards maléfiques, il montrait son énervement et pouvait même fustiger son public s'il pensait qu'il n'écoutait ou n'appréciait pas comme il le devait ! Son amour-propre lui interdisait d'accepter tout comportement insuffisamment généreux envers lui ou sa musique.

Le *djerkele* et le *n'jarka* demeuraient ses principales sources d'inspiration, fournissant un fond de mélodies. Il a transféré la même technique qu'il utilisait pour jouer d'instruments simples à la guitare acoustique ou

74. L'artiste malien Ali Farka Touré avec l'auteure. © Jenny Cathcart

électrique, les accordant à sa manière, laissant perplexes d'autres musiciens formés avec des méthodes de réglage orthodoxes. Sa mémoire prodigieuse compensait le fait qu'il ne savait ni lire ni écrire ; il pouvait vous donner le jour et la date de tous les événements de sa propre vie, et ceux de son pays. Il dansait la rumba ou le be-bop avec une grande aisance et élégance, tout comme quand il exécutait de nombreuses danses traditionnelles maliennes.

Ray Charles, Stevie Wonder, Otis Redding, Jimmy Smith et James Brown étaient parmi les artistes préférés d'Ali Farka Touré. Lorsqu'il a entendu John Lee et Albert King pour la première fois, il a juré qu'ils étaient maliens, si proche était leur musique de la sienne. Néanmoins, il a beaucoup appris d'eux en termes de technique. « Si un jour j'avais la chance de rencontrer John Lee Hooker, je mourrais heureux », a-t-il dit. Pourtant, il ne refusait jamais la vraie source de sa propre inspiration : le blues naturel de ses chansons du désert, les rythmes des danses nomades, les mystérieux hommes bleus, la richesse de huit dialectes différents, compris le tamashek, le songhaï, le bambara et les modulations arabes qui trouvaient un écho dans ses lignes de guitare.

Ali était un homme aux multiples facettes qui, au fil des années, rapporta chez lui des récits de ses voyages en Russie, en Bulgarie et dans de nombreux pays d'Europe, et puisqu'il était un photographe passionné, il avait des albums pleins à craquer pour les illustrer. Il avait aussi dans ses bagages un nouveau complet ou un chapeau assorti, car il était très fier de son apparence. À Londres, il a acquis un smoking avec des chaussures noires et un nœud papillon. Mais comme il pouvait acheter des tissus moins chers dans les boutiques de Willesden Green ou le marché de New Street à Londres, son tailleur malien était vite occupé à façonner de longs boubous élégants avec des mètres de coton épais (bazin) de couleur bleu roi, brun rouge ou blanc pur.

Lorsque la première femme d'Ali est morte en couches, il a été accablé de douleur et a juré qu'il ne pourrait jamais se remarier, mais il l'a fait, bien sûr, et son fils de sa femme malienne, Vieux Farka Touré, est maintenant un musicien célèbre. Il s'est aussi marié avec Henriette Kuypers, une jeune hollandaise avec qui il a eu trois enfants. C'était touchant de la voir danser sur scène pendant le concert de Vieux Farka Touré à Amsterdam en 2011. Toujours extrêmement courtois à l'égard des femmes, Ali aimait galamment dire, « ce que femme veut, Dieu le veut ». Il était également très généreux. Des voisins jeunes ou âgés rentraient dans sa maison à

75. Le musicien Vieux Farka Touré, fils d'Ali Farka Touré © Richard Pierce.

Niafunké chaque matin pour recevoir les quelques pièces qui les aidaient pour la journée.

Ali parlait très affectueusement de sa ferme située sur les rives du fleuve Niger à Niafunké, près de Gao au nord du Mali où toute sa famille s'était engagée dans l'agriculture et l'élevage. En 2012 et 2013, la région, y compris les villes de Gao et Tombouctou furent occupés d'abord par les rebelles du MNLA (Mouvement national pour la libération de l'Azawad) qui voulaient établir un état touareg indépendant au nord du Mali. Ensuite sont venus les groupes islamistes comme Ansar Dine qui ont imposé la loi stricte de la Charia. La femme d'Ali et la plupart de sa famille sont partis à Bamako pendant quelque temps avant de retourner à Niafunké. Quand, fin 2015, on a demandé à Vieux Farka Touré ce que son père, ancien maire de la ville, aurait pensé de la violence, l'instabilité politique et la situation financière catastrophique, il a répondu : « Je ne saurais vous dire ; cela lui aurait fait mal, mais il n'aurait pas quitté Niafunké, c'est sûr. Il aurait fait tout son possible pour arrêter les dégâts car, croyez-moi, c'est la dévastation totale. »[10]

Ali a remporté son premier Grammy pour *Talking Tombouctou*, l'album qu'il a enregistré avec Ry Cooder, et un deuxième pour *In the Heart of the Moon*, en collaboration avec le koriste virtuose, Toumani Diabaté, qui retrace son ascendance à travers une lignée ininterrompue de soixante-et-onze générations de griots.

Lorsqu'on lui a diagnostiqué un cancer, Ali a fait face à la maladie avec un stoïcisme et un courage exemplaires. Il a beaucoup insisté pour laisser toutes ses affaires, y compris sa ferme à Niafunké, en bon ordre. J'ai assisté à son dernier concert au Barbican de Londres en juin 1995 et je lui ai parlé au téléphone à Paris peu avant sa disparition le 6 mars 1996, à l'âge de 67 ans.

Baaba Maal, yéla et reggae

Le fleuve Sénégal jaillit dans les montages du Fouta Djalon en Guinée, passe à travers le Mali, embrasse le Sénégal dans une grande courbe, puis longe la frontière entre le Sénégal et la Mauritanie avant de se jeter dans l'océan Atlantique à Saint-Louis. Le fleuve a joué un rôle crucial dans la traite négrière transatlantique, devenant une route pour le transport des esclaves depuis les territoires de l'intérieur jusqu'au port. Elle a été une source d'inspiration pour Baaba Maal qui est né en 1953 et a eu une enfance idyllique au bord du fleuve dans la ville de Podor où son père était pêcheur et imam et sa mère institutrice. C'est elle qui lui a enseigné les coutumes et le folklore de son peuple, les Toucouleur, leurs danses et leurs chansons. Il a passé de nombreuses années avec un groupe de musiciens traditionnels, le Lasli Fouta, voyageant le long du fleuve, acquérant des connaissances de la vie quotidienne dans la région, des hommes et des femmes qui travaillent dans les champs inondés du

---

10 Daniel Brown, 'Building Bridges', *Songlines* 114, janvier/février 2016.

Walo où le mil est cultivé entre les mois de novembre et de juin ainsi que dans le *Dyeri,* dans les champs plus élevés. Il a remarqué comment les filles du village se faisaient belles pour l'arrivée d'un parent ou d'un ami à bord du bateau, le *Bou El Mogdad,* qui fait la navette entre le port de Saint-Louis et la ville de Kayes au Mali. Au cours de leurs régates, les pêcheurs de la région appellent les esprits du fleuve avec la musique *pekane.* Les guerriers chantent leurs héros dans un style appelé *gumbala.* Les bouchers ont leur propre musique, le *sawali,* et les tisserands tressent leurs filets au rythme du *dilere.* Les Toucouleurs dansent le *ripo,* le *ndada- litiayo* ou l'*odiboyel.* La danse des vierges, le *wango,* est tellement difficile que seuls les célibataires sont censées être en mesure de sauter si haut.

En écoutant les chants de louange des griottes lors des mariages ou ceux des femmes qui pilaient le mil dans les maisons familiales, Baaba a découvert le *yela* qui allait devenir sa marque de fabrique, un rythme cadencé considéré par Jimmy Cliff comme le reggae original.[11] En effet, « reggae » dans le dialecte soninké signifie « danser ». Expliquant l'évolution de son propre style musical, il dit ceci :

> « Si vous écoutez les femmes du Bundu dans le sud du Sénégal quand elles chantent et dansent leur *yela,* vous remarquerez que la manière dont elles applaudissent ressemble au rythme de la guitare rythmique lorsque nous la jouons et que le battement de tambour alterné représente l'accompagnement joué sur un simple calebasse de cuisine. Lorsque les Africains modernisent leur musique, ils font ressortir ce qui est dans leurs propres traditions et il existe des similitudes évidentes entre cette musique et la musique des Noirs en Jamaïque ou en Amérique. »[12]

Comme c'était le cas avec beaucoup de rythmes africains, il est probable que le *yela* ait été amené aux Amériques par les esclaves où c'est finalement devenu le reggae, un beat universel qui a atteint une popularité mondiale grâce à la musique de Bob Marley.

Très intelligent, Baaba a étudié le droit à l'Université Cheikh Anta Diop de Dakar, puis il a poursuivi des études de musique à l'École des arts de Dakar et ensuite à l'École des beaux-arts de Paris. En 1985, Baaba a formé le groupe Dande Lenol, ce qui signifie *La voix de notre peuple,* afin de refléter le style de vie particulier des Toucouleurs et d'autres groupes ethniques de la région du fleuve qui parlent pular. Les

---

11 Janet H. Gritzner, *Senegal,* Infobase Publishing, 2005, p.97.
12 Interviewé par l'auteure pour l'émission 'Acoustic Sounds from Africa', *Rhythms of the World,* BBC2, le 25 février 1989.

76. Baaba Maal aux studios de Realworld. © Jenny Cathcart.

Peuls et les Toucouleurs sont pasteurs, bien que les Peuls aient gardé leur statut nomade plus longtemps que les Toucouleurs qui se sont mariés avec des groupes sédentaires Sérères pour s'installer dans le Fouta Tooro. Lorsque, en 1986, Baaba Maal et son groupe célèbrent leur premier anniversaire avec un concert au théâtre Daniel Sorano à Dakar, ils acquièrent rapidement une renommée nationale. Quand Baaba a signé un contrat d'enregistrement avec Island Records de Londres, Youssou N'Dour avait maintenant un sérieux rival localement et à l'étranger.

Avec Mansour Seck, un musicien aveugle griot, Baaba a trouvé un compagnon musical avec lequel il a écrit des chansons pour un merveilleux album acoustique, *Diam Leeli*. C'est cette musique profondément émouvante qui a d'abord séduit les auditoires internationaux, en

77. Baaba Maal avec l'auteure. © Jenny Cathcart.

particulier ceux du Royaume-Uni. Quand ils ont présenté l'album au Hackney Empire à Londres, le concert a été filmé pour la série musicale de la BBC TV *Rhythms of the World*.[13]

Au cours de son séjour à Londres, Peter Gabriel a invité Baaba Maal à venir dans son studio Realworld à Box dans le Wiltshire afin d'enregistrer les vocales pour la bande originale qu'il composait pour *La Dernière Tentation du Christ*, un film de Martin Scorsese. Mon amie Lucy Duran et moi l'avons accompagné au studio. Lucy a pris le volant, Mbassou Niang, le manager de Baaba était devant et je me suis assise derrière entre Baaba et son claviériste, Hilaire Chaby. Nous avons bavardé tout au long du chemin puis Baaba, qui parlait rarement de sa vie personnelle, a commencé à me parler de sa mère qu'il a beaucoup aimée, qui l'a soutenu dans son choix de carrière, et qui est décédée alors qu'il était étudiant à Paris. Décrivant sa chaleur, sa générosité et sa gentillesse, il a dit tendrement, « je pense à elle tous les jours. Ce qui m'a fait le plus mal, c'était que je n'ai pas pu rentrer de Paris à temps pour la voir avant qu'elle soit enterrée ». Alors qu'il parlait, il avait des larmes aux yeux, et son émotion m'a beaucoup touchée. Nous étions assis en silence côte à côte, et il a semblé être réconforté de partager une telle perte.

---

13 Le concert a été enregistré pour l'émission 'Acoustic Sounds from Africa'.

Comme pour désamorcer cette tristesse, Lucy a arrêté la voiture dans une aire de stationnement et nous sommes descendus pour admirer la belle vue du village de Box, plus bas dans Brook Valley.

Dans *Passion*, de Peter Gabriel, on peut entendre Youssou sur le morceau du titre où chantent aussi le grand virtuose du *qawwali* pakistanais, Nusrat Fateh Ali Khan et un soprano anglais, Julian Wilkins. Le morceau que chante Baaba, intitulé « A Call to Prayer », reflète sa propre nature spirituelle et apparaît sur un album-pair, *Passion-Sources*. Son accord avec Palm Pictures lui a donné la possibilité de collaborer avec les producteurs et artistes de la musique pop et de la musique électronique; collaborations qui se manifestent dans ses albums tels que *Firin' in Fouta, Missing You (Mi Yeewni), Nomad Soul,* et *Télévision*. En 2016, *The Traveller* a été produit par Johan Hugo Karlberg. En 2018, la belle voix de Baaba Maal est répercutée sur les sommets de Wakanda dans le film à succès *Black Panther*. Il semblerait que le compositeur suédois Ludwig Goransson ait passé un mois au Sénégal pour se familiariser avec la musique du pays et réaliser des enregistrements, notamment les contributions significatives de Baaba à la bande originale du film.

160   Omar Pène – Afro-Feeling

Un des acteurs principaux sur la scène musicale du Sénégal, Omar Pène a rivalisé avec Youssou N'Dour pour l'affection des mélomanes. Dotés de voix remarquables, les deux chanteurs ont établi leurs carrières avec le soutien de musiciens accomplis du Super Étoile de Dakar et du Super Diamono. Cette dernière formation fut établie en 1975 de la fusion du Kadd Orchestra et du Tropical Jazz par Baila Diagne, Bassirou Diagne, Baye Diagne, Adama Faye, Khalifa Fall et El Hadji Thiam. À la suite de recherches approfondis dans la musique des différentes régions du pays, les musiciens ont créé un style appelé Afro-Feeling, un mélange de rythmes locaux et de blues, de reggae, de jazz, et de cadences latino-américaines.

Né à Pikine, une banlieue populaire de Dakar en 1955, Omar Pène visait une carrière de footballeur mais c'était la musique qui est devenu sa véritable passion. « Philosophe de la vie et artiste engagé, Omar Pène ne fait pas de la musique pour avoir de l'argent. Cela ne l'intéresse pas » écrit Babacar Mbaye Diop dans sa biographie *Omar Pène, un destin en musique*,[14] cite le journaliste Aboubacar Demba Cissokho dans son

---

14 Babacar Mbaye Diop, *Omar Pène – Un destin en musique*, Fikira, 2016.

78. Omar Pène, couverture de l'album *Climat* © Mahfouz.

compte-rendu consacré au livre de Diop.[15] « Il ne cherche pas à avoir des milliards. Il fait de la musique par passion. Tout ce qu'il veut, c'est vivre normalement, ne devoir de l'argent à personne. » Les chansons d'Omar Pène racontent les réalités quotidiennes de son pays.

Au cours des quarante années, le groupe Super Diamono a intégré des musiciens de marque comme Lappa Diagne, Pape Dembel Diop, Lamine Faye, Doudou Konaré, Thio Mbaye, Bob Sène, Oumar Sow, et Ousmane Sow. Des chanteurs Ismaël Lô, Moussa Ngom et Mamadou Lamine Maiga ont fait partie du groupe à un moment ou l'autre, mais c'est Omar Pène qui perdure.

---

15 Aboubacar Demba Cissokho, « Omar Pène – Un destin en musique, l'itinéraire d'un artiste fécond et libre ». Disponible à https://legrenierdekibili.com/2020/07/17/omar-pene-un-destin-en-musique-itineraire-dun-artiste-fecond-et-libre/Fikira Consulté le 15 septembre 2021.

En avril 1996, Youssou N'Dour et Omar Pène ont collaboré dans un projet musical *Euleuk Sibir*, qui signifie demain, c'est-à-dire la protection des enfants de demain dans ce cas. Sous la direction musicale de Habib Faye et Ousmane Sow, les musiciens du Super Étoile et du Super Diamono avec Moustapha Fall (trombone), Ibou Konaté (trompette) et Sanou Diouf (saxophone), Lappa Diagne (batteur), Thio Mbaye (percussioniste), Fallou Galass Niang (batterie), Ibou Cissé (aux claviers), Assane Thiam (tama) et la direction technique de Phillipe Brun ont enregistré six titres dont « Warougar », « Silmaxa », « Indépendance » et « Euleuk Sibir » que Youssou et Omar Pène ont chanté en duo ; et en solo « Tongo » par Omar Pène et « Ndanane » par Youssou N'Dour, qui après a souligné l'enormité de l'expérience mémorable : «Au studio c'était énorme. Extraordinaire. L'album est devenu un Classique.»[16]

Omar Pène avait observé que la cassette a permis aux musiciens de communier : « L'union fait la force et nous voulons montrer que les musiciens se comprennent et forment la même famille »[17]

Le 1 juin 1996, le concert pour la promotion d'Euleuk Sibir a eu lieu au Stade Demba Diop de Dakar. Le journaliste Alassane Cissé a noté que c'était, en effet, trois concerts en un.[18] La soirée a débuté avec Youssou N'Dour et son groupe, puis ce fut le tour d'Omar Pène avec le sien avant de se terminer par les deux réunis pour le plateau final. Pour Modou Faye et Marie-Laure Isoard : «Il n'y a pas eu de déception : le concert Euleuk Sibir a ravi d'aise les fans de Youssou N'Dour et d'Omar Pène, qui s'en sont donné à cœur joie jusqu'à 2 heures du matin. Le répertoire des deux monstres sacrés de la musique sénégalaise y est passé, avant la prestation commune du Super Étoile et du Super Diamono dans le sillage de la cassette qui, jusqu'à présent ; fait danser les mélomanes.»[19]

Alpha Blondy

Je suis allée avec Youssou à Abidjan, la capitale de la Côte d'Ivoire, afin d'assister à des réunions de travail, et pendant notre séjour, nous avons déjeuné avec son ami Alpha Blondy, le chanteur le plus célèbre du pays,

---

16 Modou Mamoune Faye et Marie-Laure Isoard, « Ce sera le produit de l'année », *Le Soleil*, le 3-4 avril 1996, page 8.

17 Modou Mamoune Faye et Marie-Laure Isoard, « You et Pène explosent à Demba Diop » *Le Soleil*, le 3 juin 1996, page 9.

18 Alassane Cissé « Trois concerts en un seul » *Sud Quotidien*, le 4 juin 1996, page 6.

19 Op cit. Faye et Isoard, *Le Soleil*, le 3 juin 1996, page 1.

79. *Apartheid Is Nazism*, Alpha Blondy © Sterns Music.

rasta reggae man, la voix des pauvres, l'idole des gangs de Treichville. Blondy nous a emmenés dans sa Coccinelle bleu pâle à Cocody, la quartier au bord de la mer qui donne son nom à l'album *Cocody Rock*. Assis près de la plage en regardant la mer, bercés par le chuchotement des cocotiers, nous étions loin des endroits où Alpha Blondy a passé son enfance troublée, se déplaçant d'un village à l'autre, de Dimbokro à Odienné, et de Boundiali à Korhogo où il a été expulsé du lycée. Loin de ses aventures au Libéria où il a enseigné le karaté aux fils du futur président Samuel Doe et des expériences pénibles à New York où ses frustrations l'ont mené dans un hôpital psychiatrique. Pourtant, dans les pages de son joli bouquin, *Rockers d'Afrique*,[20] Hélène Lee, la journaliste française qui le connaissait très bien, constate, « il n'est pas fou, il appartient à un autre monde, celui des extra-terrestres ou simplement, celui de l'Afrique de demain ». En tous cas, ce fut à Central Park en 1975, lors d'un concert de Burning Spear qu'Alpha Blondy a découvert sa vraie vocation.

Né Seydou Traoré le 1er janvier 1953, il n'a pas connu son père car sa mère n'était pas mariée avec lui. Il fut donc élevé par sa grand-mère Nagnêlê. Quand, plus tard, sa maman a épousé un homme qu'il n'aimait

---

20 *Rockers d'Afrique*, Hélène Lee, Éditions Albin Michel, 1988, p.145.

pas et qu'il lui a donné un nouveau nom de famille, Seydou Koné, il a formé un groupe qu'il a appelé The Atomic Vibrations et s'est inventé un tout autre nom, celui d'Elvis Blondy. À l'âge de 20 ans, Blondy s'est rendu à Monrovia, au Libéria, où il a appris l'anglais et de là, il est parti a New York où le hasard a voulu que le producteur de Bob Marley le voit chanter le morceau *War* accompagné de musiciens jamaïcains dans une boîte de nuit de Greenwich Village. Clive Hunt a flashé sur l'idée d'un Africain qui chante du reggae et a proposé de travailler avec lui, mais a finalement abandonné. Désenchanté, Blondy est retourné en Côte d'Ivoire, et a tourné la page sur son passé et a pris un autre nom, celui qui est resté : Alpha. Il a travaillé à la télévision et a essayé d'obtenir une invitation dans l'émission *Première Chance* à la suite de laquelle le producteur, George Benson, lui a proposé d'enregistrer son album *Jah Glory*. Le morceau mythique « Brigadier Sabari » a été une onde de choc dans son pays et en Afrique de l'Ouest en 1983. Dix ans plus tard, sa chanson, « Apartheid Is Nazism » fut la première d'une série de morceaux qui parlaient de politique. En 1986, Blondy est allé à Kingston où il a enregistré l'album *Jerusalem* avec les Wailers, le groupe légendaire de Bob Marley avec le label Tuff Gong. Puis avec son propre groupe, le Solar System, il a sorti *Revolution* (1987), *The Prophets* (1989), *SOS Guerre Tribale* (1990). Tous ses textes dénoncent la dictature, la division, la répression et le tribalisme.

Quand on lui a demandé pourquoi il parlait de politique dans ses chansons, Blondy a répondu qu'il n'était qu'un Ivoirien ordinaire qui lit les journaux, regarde la télé et écoute la radio comme tout le monde. Il a dit qu'il avait du respect pour toutes les religions qui respectent Dieu mais « Dieu est contre la guerre, et ceux qui veulent mener la guerre à cause de leur religion se trompent. Ils vont en enfer car Dieu leur a interdit de tuer. ».[21] En 1998, son album *Yitzak Rabin* qui porte le nom de premier ministre d'Israël, qui fut assassiné, confirma sa fascination pour un pays où les juifs, les chrétiens et les musulmans aspirent d'habiter ensemble. Rita Marley et Marcia Griffiths chantent les chœurs et le producteur est Clive Hunt que Blondy a rencontré par hasard dans le hall d'un hôtel à Paris. Un des morceaux, « Guerre Civile », avertit des dangers de la guerre entre différentes ethnies d'Afrique, ce qui s'avère être pertinent pour la Côte d'Ivoire.

---

21 Chris Hawkins, 'Alpha Blondy, African reggae star', *Africa Beat* 8, L'été 1988.

Chapitre 14

Les grands orchestres ouest-africains

L'Orchestra Baobab

À l'aube du nouveau millénaire, un miracle s'est produit. Nick Gold, directeur de World Circuit Records à Londres, qui avait déjà acquis la licence de distribution pour l'album *Pirates Choice* de l'Orchestra Baobab, avait depuis quelque temps l'idée de réunir le groupe dissout en 1987. Lorsqu'on m'a demandé de proposer des musiciens sénégalais pour participer au festival Urban Vibes au Barbican Arts Centre de Londres, j'ai immédiatement suggéré l'Orchestra Baobab. À ce moment-là, je travaillais à Dakar comme directrice internationale de liaison pour Youssou, et il était entièrement favorable à l'idée de retrouvailles car l'Orchestra Baobab, ainsi que d'autres groupes sénégalais et ouest-africains légendaires comme le Xalam, le Bembeya Jazz de Guinée et les Super Eagles de Gambie, avaient eu une influence fondamentale au début de sa propre carrière.

J'ai téléphoné à Barthélémy Attisso au Togo pour le persuader de revenir à Dakar pour les répétitions. Balla Sidibé, Rudy Gomis et moi sommes partis à sa rencontre à l'aéroport de Dakar, et au cours d'un déjeuner au restaurant Terroubi où nous avons été rejoints par Issa Cissokho, Latfi Bengeloune et Thierno Kouyaté, nous avons scellé l'idée d'un retour sur scène. C'est ainsi que le légendaire Orchestra Baobab a refait surface, intact, mais sans la voix regrettée du défunt Laye Mboup qui, à la suggestion de Youssou, a été remplacé par un remarquable jeune chanteur appelé Assane Mboup (aucun lien de parenté). Le concert de Londres s'est bien passé, et a gagné la faveur des journaux avec des titres comme « Second Coming ». Robin Denselow décrit le concert comme « une réunion subtile, charmante et triomphante », même s'il pensait

80. Le photographe sénégalais Behan Touré en travail avec l'Orchestra Baobab à Dakar.

que les chemises à motifs floraux verts que portaient les musiciens les faisaient ressembler à un groupe de variété.[1] À l'origine, l'Orchestra Baobab a été formé à Dakar en 1970 par un groupe de personnalités sénégalaises dont Ousmane Diagne, Dame Dramé et un ministre du gouvernement, Adrien Senghor décidèrent de créer un club intime où ils pouvaient se rencontrer avec leurs amis. Ils ont pris comme siège un espace au sous sol du numéro 144, rue Jules Ferry, à deux pas de la place de l'Indépendance et du Palais présidentiel. Les murs et le plafond, moulés pour ressembler au tronc tordu et aux branches d'un baobab, ont été décorés avec des peaux de singe et des abat-jours en osier. Le Baobab-Club était tout simplement l'endroit le plus chic de la ville.

Baro Ndiaye (saxophone), le premier chef d'orchestre, et Sidathe Ly (guitare basse) ont choisi les autres membres de l'orchestre. Moussa Kane a joué aux congas et au tumba et Maguette Bitèye était le batteur. Le Togolais Barthélémy Attisso, qui était à l'époque étudiant en droit à l'Université de Dakar, est devenu le lead guitariste. Les chanteurs Balla Sidibé (qui a également joué les tumbas et les congas) et Rudy Gomis ont quitté le Star Band de Ibra Kassé et du Miami Club. Laye Mboup, la vedette charismatique de la troupe du Théâtre national Daniel Sorano, est

---

1   Robin Denselow, *The Guardian*, le 7 mai 2001.

venu avec son élégance, ses talents parfaits de chanteur *griot,* son oreille absolue et un riche répertoire de chansons en wolof.

À la fin des années 1950, le Sénégal et les pays voisins, notamment la Guinée et le Mali (alors le Soudan français) luttaient pour leur indépendance, et l'importance croissante de leurs liens avec Cuba a servi à populariser la musique cubaine. Mais ce fut le mélange intrigant de rythmes latino-américain la *pachanga,* la salsa, le cha-cha-cha et la musique africaine qui a défini le répertoire de l'Orchestra Baobab. Initialement, le groupe animait le Baobab Club le week-end, mais il a rapidement acquis tant de fans qu'il jouait tous les soirs et la piste de danse se remplissait avant 10 heures du soir. Puisque les musiciens étaient de nombreuses ethnies, ils connaissaient un vaste répertoire de chansons populaires et donc leur musique était sûre de plaire à beaucoup de monde. Balla Sidibé et Rudy Gomis et plus tard Charlie Ndiaye (guitare basse), qui sont nés dans la province de la Casamance au sud du Sénégal, ont contribué des chansons folkloriques Mandingues, Mandiago et Diola. Médoune Diallo représentait la musique Toucouleur du nord du Sénégal. Issa Cissokho (saxophone ténor) et ses cousins, Mountaga Koité (batterie) et Seydou Norou « Thierno » Koité (saxophone) puisaient leur inspiration dans le folklore Malinké du Mali. Latfi Bengeloune (guitare rythmique) est né à Saint-Louis de parents marocains, alors que Peter Udo (clarinette) était Nigérian. Barthélémy Attisso ajoutait des touches de musiques togolaises et congolaise ainsi que d'autres styles musicaux ouest-africains à ses arrangements. Les chanteurs Laye Mboup et Ndiouga Dieng qui représentaient le principal groupe ethnique du Sénégal, reflétaient les chants laudateurs typiquement wolof, mettaient la dernière touche sénégalaise sur la musique du groupe.

Pendant les années 1970, l'Orchestra Baobab était reconnu comme le meilleur groupe du Sénégal sinon d'Afrique, jouissant d'un statut semblable à celui du Bembeya Jazz National de la Guinée. Les membres-fondateurs étaient fidèles au groupe, mais ils n'hésitaient pas à inviter d'autres musiciens et chanteurs. Malgré son talent naturel, Laye Mboup n'était pas toujours fiable; il jonglait difficilement entre ses engagements personnels, ceux avec le Théâtre Sorano et l'Orchestra Baobab, de sorte que les musiciens du Baobab ont été obligés de se trouver un autre chanteur. Lors de son audition, le jeune et talentueux Thione Seck a chanté « Demb », en hommage à son oncle et mentor Laye Mboup, et a été accepté sur le champ avec son frère cadet, Mapenda Seck, également. En 1975, alors qu'il n'avait que vingt-sept ans, Laye

167

81. Nick Gold, CEO World Circuit Records, avec Barthélémy
Attisso, l'avocat et musicien togolais. © Jenny Cathcart.

Mboup a été tué dans un accident de voiture.[2] Des rumeurs de sort jeté
par un époux jaloux ont couru à ce moment là.

En dehors du Baobab Club, le groupe a été invité à animer des soirées
d'État comme la célébration de la nomination d'Abdou Diouf au poste
de Premier ministre. Ils ont été les vedettes lors de soirées dansantes
élégantes organisées au Mess des Officiers par l'armée ou la marine et
ils ont également joué pour le Lion's Club, le Club Zonta, et l'Association des Soroptimistes. Ils ont plusieurs fois animé le bal du réveillon
du Nouvel An dans la ville de Ziguinchor, organisé pour recueillir des

2   Selon certain, Thione Seck n'a pas joué vraiment avec Laye Mboup, mais il
    connaissait le repertoire de ce dernier, et habitait chez sa femme Yaya Sène, au
    HLM 5 à Dakar.

82. Hommage à Ndiouga Dieng, Orchestra Baobab © World Circuit Records.

fonds pour développer la ville. En 1978, ils ont joué lors de la réception de mariage organisé pour des amis par le styliste Pierre Cardin dans un lieu chic fréquenté par le beau monde près de l'Arc de Triomphe à Paris. Quatre ans plus tard, ils ont joué en concert pendant le voyage inaugural du Casamance Express, un bateau qui faisait la navette Dakar–Ziguinchor, qui les a ensuite amenés à Conakry en Guinée, où ils se sont produit au Palais du peuple. Les guinéens ont été séduits par les solos de guitare envoûtants de Barthélémy Attisso, et ils adoraient « On verra ça », ainsi que leur président Sékou Touré, qui utilisait souvent cette expression. Ce morceau est basé sur un style que les joueurs de kora en Casamance appelaient « Yeyengo » lorsqu'ils grattaient leur instrument très fort. Chantant en mandingue et en wolof, Balla Sidibé finissait en appelant tous les musiciens du groupe par leur nom et ceux de leurs épouses, Nanou Touré, Ndèye Sow, Pitche Diop, etc.

En 1979, le Club Baobab a fermé et l'orchestre a déménagé au Ngalam, une discothèque au Point E, à côté de la pâtisserie, Les Ambassades. Un lieu petit mais charmant, ses murs recouverts de miroirs reflétaient les

83. Youssou avec le chanteur cubain Ibrahim Ferrer du groupe Buena Vista Social Club. © Jenny Cathcart.

170 danseurs sur la piste intime. Ce fut ici, en 1981, que Moussa Diallo s'est déplacé de la ville de Thiès pour enregistrer une séance en direct avec un simple nagra à quatre pistes et les musiciens ont signé un contrat d'enregistrement avec Mbaye Guèye. Le propriétaire de la discothèque Jander (nommé plus tard Le Kilimandjaro), Wahab Diawo, a invité l'Orchestra Baobab chez lui. Madame Michelle, qui tenait Le Balafon, a invité le groupe à se présenter à son club qui se trouvait à l'immeuble Macodou Ndiaye. Au sommet de leur popularité, l'Orchestra Baobab demandait, selon Latfi Bengeloune, un cachet très respectable de 1.800.000 FCFA par nuit (environ 3.800 euros aujourd'hui). Il faut noter que les cachets ont été payés parfois par les autorités étatiques.

En 1982, quand le jeune Youssou N'Dour, qui avait alors vingt-trois ans, a formé son premier groupe et introduit une nouvelle forme de musique de danse populaire, mbalax, il a émergé comme un rival inattendu pour l'Orchestra Baobab et leurs danses plus nonchalantes et langoureuses. En 1985, dans ce qui s'est révélé être une vaine tentative de moderniser leur style, le groupe a introduit des sabars, mais en 1987, après une tournée difficile en France, l'Orchestra Baobab a commencé à se désintégrer. Un par un, les musiciens se sont dispersés et ont rejoint d'autres groupes. Issa Cissokho et Thierno Koité ont intégré le Super

Étoile de Dakar de Youssou N'Dour. Barthélémy Attisso a repris son métier d'avocat au Togo. Balla Sidibé a rejoint Pape Fall et son groupe, l'African Salsa, et Rudy Gomis est devenu enseignant. Ainsi se terminait le premier chapitre dans l'histoire de l'orchestre.

En 2001, lorsque l'Orchestra Baobab réuni a enregistré un nouvel album, *Specialist In All Styles* (le titre même montrait une nouvelle confiance en leur style de musique), au studio de World Circuit à Londres, Youssou N'Dour l'a coproduit et a chanté sur le morceau, « Hommage à Tonton Ferrer » en duo avec Ibrahim Ferrer du célèbre groupe cubain, Buena Vista Social Club. L'album est monté en flèche dans le World Music hit-parade et l'Orchestra Baobab a gagné le prix du meilleur groupe africain aux World Music Awards de la BBC Radio 3, ce qui assurait donc aux musiciens des dates de tournées internationales pendant quelques années. En mars 2003, ils furent invités à l'événement caritatif, *Le Bal de la Rose,* organisé annuellement à Monaco par la Princesse Caroline en faveur de la Fondation Princesse Grace. Pour cette soirée, les musiciens portaient des costumes de scène conçus par ma belle sœur, Fama Cama, chacun différent, chacun créé avec imagination dans un tissu choisi pour convenir à chaque individu. Les costumes ont sûrement attirés l'attention de Karl Lagerfeld qui faisait partie des invités au bal. La photographe hollandaise, Christian Jaspers, a pris d'excellentes photos du groupe en noir et blanc et en couleurs, et le photographe sénégalais Matar N'Dour les a pris posant autour d'un car rapide, un bus de transport en commun dakarois peint en jaune et bleu. Cependant, ce n'était pas chose facile de gérer douze machos qui m'ont dit un jour : « Si vous aviez été une femme sénégalaise, nous ne vous aurions jamais permis d'être manager ! »

En mars 2017, l'Orchestra Baobab a sorti un nouvel album dédié à Ndiouga Dieng, l'un des premiers chanteurs du groupe, décédé en novembre 2016. Dans les notes d'intention, Nigel Williamson a écrit : « Aussi durable que le puissant arbre africain qui donne son nom au groupe Baobab, le noyau fondateur de l'orchestre reste aussi solide et robuste que jamais ». Caressée par leurs morceaux de danse langoureuses et bien tempérées, apaisée par les voix chaleureuses et bienveillantes de Balla Sidibé, Cheikh Lô (« Magnokouto ») et Thione Seck (« Sey »), charmée par des lignes de guitare lyrique et des riffs glissando de la kora, ravie par l'exubérant sax tenor d'Issa Cissokho et les solos tendrement bluesy de Thierno Koité, j'ai compris une fois de plus pourquoi la musique sénégalaise m'avait tellement séduite lors de mon premier voyage au Sénégal.

Tout doucement, sur la pointe des pieds, Issa Cissokho a quitté la scène pour de bon, glissant dans son sommeil aux petites heures du dimanche matin, 25 mars 2019. Issa qui a égayé nos vies avec ses riffs exubérants, ses costumes de scène extravagants, sa répartie amusante, a apporté une immense contribution à la musique de son temps.

Par la suite, juste quand l'Orchestre s'apprêtait à fêter ces cinquante ans, le grand Balla Sidibé, chanteur aux tons de velours, timbaliste accompli et membre-fondateur du groupe a terminé la répétition et s'en est allé dans la nuit du 29 juillet 2020. Discret, le scintillement dans ses yeux dénotait un amour débonnaire de la vie qui défia ses 76 ans. Néanmoins, les dernières lignes d'un de ses morceaux fétiche, « Caravana » semblaient étrangement prémonitoires. « Le succès ne peut pas vous empêcher de mourir / Personne ne connaît son destin / La mort ne nous avertit pas ».

Le 29 août 2021, Attisso est décédé au Togo à l'age de 76 ans. Avocat à la cour, grand guitariste et membre fondateur de l'Orchestra Baobab. Ses solos lyriques et irremplaçables sont gravés pour toujours sur vinyle et dans la mémoire de ses fans dans le monde entier.

Le Xalam

Le groupe sénégalais Xalam, qui inspira Youssou à ouvrir sa propre musique à de nouvelles idées, a été à la hauteur de sa notoriété dans les années 1980, rivalisant avec Osibisa, Fela Kuti et Hugh Masekela. La fusion Afrojazz/rock avec laquelle ils sont devenus célèbres a peut-être été influencée par The Cream, Led Zeppelin, James Brown et Ray Charles, mais à vrai dire, ils ont initié une expérience vraiment novatrice, une fusion de styles traditionnels et modernes. Qui de leur fervents fans peut oublier « Adé » ou « Sidy Yella » ou « Djisalbero »?

Vers la fin de 2008, les musiciens, dont plusieurs vivaient en France se sont de nouveau retrouvés au Sénégal pour les répétitions au Quai des Arts à Saint-Louis, suivies de concerts dans cette belle ville et à Dakar. À l'invitation d'Henri Guillabert, j'ai été très heureuse de passer Noël et le Nouvel An en leur compagnie. Abdoulaye (Ablo) Zon, un jeune batteur exceptionnel du Burkina Faso qui avait un feeling et une technique semblables à ceux de Prosper Niang, avait rejoint le groupe. Jean-Philippe Rykiel (keyboards) est venu de Paris et le chanteur Ibrahima

Coundoul était là tout comme l'inimitable Souleymane Faye, un artiste original avec une voix singulière et l'un des meilleurs paroliers wolof. Lors de leur spectacle très attendu au Club Just4U à Dakar, qui se déroulait à guichets fermés, Souleymane a amené de l'humour piquant, des surprises vestimentaires et une valise sur la scène. Son costume avait été façonné, à sa demande, par un tailleur local dans dix mètres de taffetas vert lumineux; un boubou extérieur avec foulard assorti qu'il a enlevé plus tard pour révéler un pantalon évasé et un corsage avec une jupe style askari plissée. Pierre Hamet Ba, pour qui Faye est l'âme de ce groupe, se tenait dans le public. Il m'a dit :

« Les clichés de la vie quotidienne qu'évoque Faye dérivent d'une perspective du phénomène de l'existence humaine très simple. Il est très intense; il est très intellectuel même s'il n'a jamais fait d'études universitaires car la vie a été son école et c'est un artiste complet. D'autres travaillent leur art mais Faye est un génie naturel ».

En 2011, Youssou N'Dour a montré son respect et son affection pour Souleymane Faye et lui a offert un 4x4 pour remplacer sa vielle Mercedes.

L'histoire du Xalam a commencé sur une vague d'optimisme et de ferveur politique. Les années après l'indépendance du Sénégal, le 4 Avril 1960, ont été infusés de fierté d'être noir, du respect des coutumes locales et d'ouverture à toutes les influences qui pouvaient venir du monde extérieur. Dans les boîtes de nuit de la capitale, Aminata Fall chantait ses *moody blues*. Labah Sosseh, de la Gambie voisine, confirmait sa réputation de premier salsero de l'Afrique de l'Ouest. Dexter Johnson était résident au Miami Club d'Ibra Kassé. Les magasins de musique tels que Radio Africaine et Disco Star vendaient des disques vinyle importés d'Europe, de Cuba et des États-Unis. Une bourgeoisie naissante, installée dans les maisons de Sicap Amitié, Médina, Dieuppeul, HLM, Baobab, Liberté, Zone A, Zone B, Centenaire et la foultitude de bars-dancings qui existaient , allaient les samedis soir aux clubs de musique, partageant leur amour de la soul américaine, du R&B et du jazz. Le groupe révolutionnaire, qui a pris le nom du luth africain traditionnel, a été créé par le professeur Sakhir Thiam, un guitariste qui est devenu par la suite ministre dans un gouvernement sénégalais. Il faisait partie d'une génération qui a écouté l'émission *Jazz Hour* présentée par Willis Conover sur la Voix de l'Amérique (VOA), et qui diffusait la musique de Count Basie, Benny Goodman, Louis Armstrong, ou Duke Ellington. En 1970, la première formation Xalam comprenait Cheikh

Tidiane Tall à la guitare et Ayib Gaye à la basse, Bassirou Lô (flûte) et Diego Kouyaté (saxophone alto). Les chanteurs étaient Magaye Niang, Tidiane Thiam et Mbaye Fall. Ils composaient des chansons pour les danseurs de salsa, de paso doble, de chachacha et ils reprenaient des morceaux de James Brown, Otis Redding, Cream, Led Zeppelin et Jimi

84. Le musicien sénégalais Souleymane Faye sur scène avec Xalam au Club Just 4 You à Dakar, © Xalam II.

85. Xalam © Xalam II.

86. Le batteur du groupe Xalam, Prosper Niang © Xalam II.

87. Percussionistes du group Xalam, sur scène © Xalam II.

Hendrix. Ils ont également flirté avec le jazz. Vêtus de façon éclatante en chemises criardes et colorées des années soixante, des vestes style redingote et des pantalons à patte d'éléphant, le groupe a tourné pendant un an dans les pays africains voisins, le Mali, la Guinée, la Sierra Leone, le Libéria et la Côte d'Ivoire. L'imprésario sénégalais, Tanor Dieng, qui a organisé la tournée se souvenait : « J'étais leur médecin, leur psychologue, leur travailleur social et leur responsable ».

De retour à Dakar, tandis que l'Orchestra Baobab attirait la foule au Baobab Club et que le Star Band était encore la principale attraction au Miami, des musiciens célèbres d'Europe et des États-Unis jouaient régulièrement en concert dans la ville. Johnny Halliday, Max Roach et Stanley Cole sont parmi ceux qui sont venus voir le Xalam au Club Gamma, un lieu populaire situé au croisement de la rue Carnot et de la rue Wagane Diouf.

À la longue, les musiciens du Xalam ont été éclipsés par leurs propres protégés. Connu sous le nom de Xalam II, le nouveau groupe était géré par Dani Gandour, fils de cultivateur d'arachide de Casamance et d'origine libanaise. Prosper Niang jouait à la batterie, Henri Guillabert à la guitare et aux congas, et Ibrahima Coundoul et Khalifa Cissé à la percussion et au chant. L'arrivée de trois talentueux diplômés de l'École des arts – Yoro Guèye au trombone, Ansoumana Diatta au saxophone et le percussionniste Moustapha Cissé – a provoqué un changement radical dans leur direction musicale. La guitare de Samba Yigo Dieng était naturellement funky et rock alors que le phrasé expressif et unique d'Ansoumana contribuait de manière significative au son de l'ensemble. Le bassiste, Baye Babou, inspiré par James Brown et Ray Charles, s'est mis à déconstruire les partitions harmoniques des standards du jazz afin de mieux les comprendre. Le percussionniste Moustapha Cissé avait grandi dans le quartier Fass à Dakar où il a débuté aux sabars au cours des cérémonies de *Ndeup* chez Lébous et *Djina Fola* chez Mandingues. Puis, grâce à son travail au Théâtre national Daniel Sorano et avec l'école de danse moderne, et *Mudra Afrique* de Maurice Béjart, dirigé à Dakar par Germaine Acogny, il a réuni un répertoire de rythmes régionaux, en particulier de la Casamance. Ce qui le distinguait aussi des autres percussionnistes sénégalais, c'était sa connaissance du jazz car son père possédait une vaste collection de vinyles de jazz.

Xalam II a trouvé une maison dans le quartier de Liberté 6 qui était calme et spacieuse et où ils pouvaient vivre et travailler ensemble. C'est ici qu'ils ont invité Fanta Sakho, Lamine Konté et d'autres chanteurs traditionnels qui les ont aidés à comprendre le folklore – la langue, la musique et les traditions Socé, Sérère, Wolof, Toucouleur, Mandingue et Pulaar. Jeunes, beaux et talentueux, ils sont devenus le groupe résident au Jazz Club New Experience où ils ont vite acquis une base de fans importante. « Ils étaient nos Beatles », dit mon amie Clarice Mbodj. « Nous étions toutes amoureuses d'eux ».

En 1979, lorsque Hugh Masekela a invité le Xalam II à participer à un festival à Monrovia, la capitale libérienne, organisé par le Congrès National Africain (ANC) afin de récolter des fonds pour les exilés sud-africains, ils sont arrivés avec une nouvelle chanson, *Apartheid*. Fela Kuti était là avec Miriam Makeba et son mari, Stokeley Carmichael, l'activiste américain du mouvement pour les droits civiques et du mouvement Black Power, qui a, après le spectacle, ramené les musiciens du Xalam dans sa limousine.

La même année, Volker Krieger, un musicologue et guitariste de jazz-rock allemand, qui était en tournée en Afrique de l'Ouest, a demandé aux musiciens du Xalam de jouer la première partie de son spectacle à Dakar. Vêtus de chemises en satin rouge criard, le groupe a fait une entrée spectaculaire depuis l'arène du stade, soulevant une tempête de percussions et des rythmes africains alors qu'il s'approchait du podium. Ensuite, ils ont rejoint Krieger et ses musiciens pour une version big band de leur propre composition « Adé ». Krieger les a invités à prendre part à un festival à Berlin où Gilberto Gil, la vedette brésilienne était aussi à l'affiche. Pendant leur séjour, ils ont dépensé le cachet du concert dans l'enregistrement de leur premier album, « Ade, Festival Horizonte Berlin 79 », une carte de visite qui leur a permis de lancer leur carrière internationale.

Lors du Festival de Jazz organisé au Club Med, actuel Hôtel des Almadies, à Dakar entre octobre 1979 et avril 1980, ils se sont trouvés au bar-grill pour dîner avec Dexter Gordon, Dizzy Gillespie, Jimi Owens, Kenny Clarke et Stan Getz qui ont bien voulu faire un bœuf avec eux sur scène. Dizzy a adoré leur morceau « Kanu » à cause de son jazz swing.

Lorsqu'en 1982, le Xalam II a déménagé à Paris, Prosper Niang est devenu tout naturellement leur leader. Il recruta le claviériste Jean-Philippe Rykiel, fils de la styliste française Sonia Rykiel, qui disait avoir une passion pour Thelonious Monk et Frank Zappa, pour la musique électronique et classique aussi bien que pour la musique africaine, et dont le clavier répliquait les sons de la kora, du marimba et du balafon en samples. Prosper a amené de Dakar les chanteurs Souleymane Faye et Seydina Insa Wade et le guitariste Cheikh Tidiane Tall.

Le Xalam II a pris part à la première tournée d'Africa Fête organisée par Mamadou Konté, aux côtés de Manu Dibango (Cameroun), Ray Lema (Congo) et Ghetto Blaster du Nigéria formé par les anciens membres du Egypt '80. Ils ont joué à Londres et au Maroc et dans divers festivals européens. En Angleterre, au Ridge Farm dans le Surrey, ils ont enregistré « Gorée », leur premier album international. Ici, ils logeaient au manoir et jouaient au football sur la pelouse. L'ingénieur du son a remis une bande son de leur musique à Mick Jagger des Rolling Stones qui a tout de suite invité Coundoul et Moustapha Cissé pour enregistrer des lignes de percussion sur la chanson, « Under Cover of the Night ». Xalam a effectué des tournées au Japon et au Canada avec leur nouvel album « Xarit », produit par Jacob Desvarieux, lead guitariste avec le groupe mythique Kassav. Ils ont été invités au Festival de Nyons et au Festival de jazz à Montreux en Suisse. Ils ont rencontré Arturo Sandoval et Irakere en Guadeloupe et ont fait la première partie d'un concert de Crosby, Stills and Nash à l'Hippodrome de Paris.

Toutefois, en 1988, une tragédie a frappé le groupe. Prosper Niang est décédé d'un cancer à l'âge de 35 ans et le groupe s'est désintégré petit à petit bien que certains de ceux restés à Paris ont représenté le Xalam à Woodstock '94, un festival qui a marqué le 25ème anniversaire du légendaire premier festival.

En 2015, le Xalam II a sorti un nouvel album, « Waxati » avec, sur la pochette, une magnifique photo du groupe, par Matar N'Dour. Pour les fêtes de fin d'année 2015, ils se sont produit à l'hôtel King Fahd Palace à Dakar.

Le Super Eagles

Au début des années 1980, Youssou, Mbaye Dièye Faye, Ouzin Ndiaye et Marc Sambou Balfort, ont fait leur premier voyage au-delà des frontières du Sénégal, en Gambie où une nouvelle vague de musique populaire fleurissait. Ce qui les a attirés le plus à Banjul, c'était le succès du meilleur groupe du pays, Les Super Eagles, qui furent les pionniers du jazz afro-mandingue.

Au milieu des années 1960, pendant que les Beatles et les Rolling Stones déclenchaient une révolution musicale à Londres, qui était devenue la capitale de la culture pop et de la mode, les musiciens gambiens ont eux aussi enfilé leur bottes Chelsea et les fripes de l'Armée du Salut londonienne qu'ils ont apporté jusqu'à la rue Leman, dans le quartier Half-Die de Banjul, où Mamadou Diallo, alias Modou Peul, le tailleur le plus in de la ville, les avait transformés en costumes Sergeant Pepper aux épaulettes dernier cri cousues d'or. Vivant dans un pays où l'anglais est la langue officielle, les Gambiens avaient l'avantage de comprendre les paroles chansons pop britanniques et américaines. Par l'intermédiaire de la radio, des journaux et d'une industrie touristique en expansion, ils ont gardé un lien direct avec Londres, ce qui leur a permis de savoir tout ce qui se passait là-bas en matière de mode et de musique.

De jeunes gambiens comme Oko Drammeh ont acquis des exemplaires de la revue londonienne *FAB-208* qui contenait les paroles des tubes des Beatles, des Monkees, des Rolling Stones et d'autres groupes à succès et ils les ont revendues aux fans à un prix compétitif. En 1969, sous l'égide de leur manager Alieu Kah, les Super Eagles ont sorti leur album Viva Super Eagles, composé pour la plupart de reprises de musique pop occidentale chantées en anglais, avec un ou deux morceaux africains. Le claviériste, Francis Taylor, qui fut parmi les tout premiers Africains à maîtriser le synthétiseur, a également joué au cricket pour la Gambie. Le chanteur Pa Touray a, à l'époque, été idolâtré par Thione Seck et Youssou N'Dour, entre autres.

Le quartier gambien de Serekunda est devenu un lieu de rencontre populaire pour les musiciens de la Casamance (les frères Touré de Touré Kunda), de la Guinée (le Bembeya Jazz), de Dakar (Merry Makers et Psychédélique), du Mali (Salif Keita), de la Sierra Leone (Sabano Band) et de la Guinée-Bissau (Super Mama Jombo). Abreuvés de vin de palme nouvellement récolté, les artistes échangeaient leurs idées chaque dimanche après-midi lors de bœufs appelés *hawares*, organisés dans la discothèque Le Tropical, dans Clarkson Street à Banjul.

Les musiciens sénégalais Madiama Fall et Cheikh Tidjiane Tall ont invité les Super Eagles à Dakar où ils vivaient dans une grande maison à la Médina. Chaque jour, ils étaient rejoints par les frères Diagne et le jeune Omar Pène du groupe Diamono. Ils ont joué tous les soirs au club Adéane et à la fin de leur séjour, les Super Eagles ont enregistré un disque intitulé « Saraba », décrit sur la pochette comme 'musique authentique de la Gambie.'

En 1973, inspiré par l'exemple du Xalam, qui avait adopté un nom africain, les Super Eagles ont changé leur nom pour Ifang Bondi qui signifie en Mandinka « être soi-même ». Retournés en Gambie, les musiciens ont passé plus de temps dans les villages à écouter les musiciens traditionnels comme le grand Jali Nyama Suso et ils ont également commencé à expérimenter le jazz et différents rythmes africains.

Soudain, avec la tentative du coup d'État en juillet 1981, l'état d'urgence a été instauré en Gambie et les rassemblements publics et les boîtes de nuit ont été interdits. En conséquence, il n'y a pratiquement pas eu de concerts de musique pendant cinq ans et de nombreux musiciens sont partis à l'étranger. Le chanteur Moussa Ngom, comme

88. L'experte en musique africaine, Lucy Durán, dansant avec Balla Sidibé de l'Orchestra Baobab. © Jenny Cathcart.

Labah Sosseh avant lui, a déménagé à Dakar où il a rejoint le groupe Super Diamono alors que le koriste, Foday Moussa Susu, est parti aux États-Unis où il a travaillé avec Bill Laswell et Herbie Hancock. Oko Drammeh fut arrêté par Yahya Jammeh, le jeune lieutenant qui est devenu chef d'État après le coup d'État de 1994 et président en 1996 après le retour au gouvernement civil. L'ancien manager des Super Eagles/Ifang Bondi, Alieu Kah, a perdu la vie dans le coup.

En 1984, Ifang Bondi s'est rendu en Hollande pour enregistrer leur album précurseur *Mantra*, une référence nostalgique aux vibrations envoûtantes inspirées par le Maharishi des années soixante. C'était un nouveau son afro-mandingue avec des cuivres bluesy/jazzy, les percussions africaines et, cerise sur le gâteau, la voix inimitable de Pa Touray. « Mantra » demeure un album classique du genre.

Au cours de cette même année, lorsque je suis retournée à Londres, j'ai cherché partout quelqu'un qui partagerait mon nouvel enthousiasme pour la musique de Youssou N'Dour. J'ai découvert un seul article dans le magazine *Country Life* écrit par Lucy Durán qui travaillait au National Sound Archive. Nous avons déjeuné ensemble dans un restaurant près du Royal Albert Hall et rapidement nous sommes devenues de grandes amies et nous avons commencé à travailler toutes les deux à promouvoir la musique africaine. Lucy avait vécu en Gambie où elle avait appris à jouer de la kora avec Amadu Bansang Jobarteh et où elle avait épousé Amadu Sowe, avec qui elle a eu deux enfants, Amadu et Sira. Sa maison à Cantelowes Road au nord de Londres a été *open house* pour de nombreux musiciens en visite qui savouraient les délicieux plats africains qu'elle cuisinait ainsi que les parties de danse après le dîner. Lucy a écrit sa thèse de doctorat alors qu'elle travaillait à la School of Oriental Studies (SOAS), à Londres, où elle est devenue par la suite professeur de musique africaine. Elle a également présenté l'émission *World Routes* à la BBC Radio 3 et a inlassablement soutenu et produit la musique du Mali, en particulier le travail de Toumani Diabaté, dont la composition, « Cantelowes », montre la reconnaissance pour sa générosité et son amitié. En 2017, elle a co-produit l'album *Ladilikan* avec le Trio Da Kali et le Kronos Quartet.

Le Bembeya Jazz National

Sékou Touré est président de la Guinée en 1958, de l'indépendance jusqu'en 1984. Il a été le seul chef d'État d'Afrique de l'Ouest francophone à rejeter la proposition du général De Gaulle d'une indépendance en coopération avec la France. « Nous préférons la liberté à l'opulence dans l'esclavage », a-t-il dit, et son peuple a voté un « non » catégorique au référendum organisé par les Français.[3]

Pendant que le président ivoirien, Houphouët Boigny invitait les investisseurs étrangers dans son pays, et que le président du Sénégal, Léopold Senghor, défendait sa thèse d'*enrancinement et ouverture,* Sékou Touré commençait une révolution culturelle. Il a interdit la musique étrangère à la radio nationale ; il a dissout les orchestres qui jouaient de la variété française et occidentale et il les a remplacés par une trentaine de nouveaux groupes dont les Amazones de Guinée, qui étaient aussi des femmes policiers, et le Bembeya Jazz dont les membres travaillaient dans la journée comme charpentiers, chauffeurs, enseignants, ou tailleurs et la nuit comme musiciens. La chanson du Bembeya, « Regard sur le passé », sortie en 1966, durait 37 minutes et a rempli les deux côtés d'un LP. Elle est considérée comme la synthèse parfaite de la musique guinéenne traditionnelle et moderne. Son sujet était le héros national, Almamy Samori Touré, également grand-père du Président Ahmed Sékou Touré. Le label Syliphone, crée par l'Etat guinéen, a enregistré les musiciens du pays, produisant un nombre incroyable de 800 chansons, 82 LP and 75 EP de 1967 à 1980.

L'une des premières visites de Sékou Touré à l'étranger en tant que chef d'État fut au Cuba où il a négocié des bourses pour les étudiants guinéens. En 1966, le Bembeya Jazz National a joué à la Havane, et en 1972, Fidel Castro s'est rendu en Guinée. Connu comme «l'Éléphant», Touré fut un chef d'Etat radical, charismatique et partisan d'une discipline stricte qui, selon moi, a peut-être révélé sa philosophie lorsqu'il a dit, « *Tout se partage sauf la femme et le pouvoir* ».

Touré a libéré son peuple du joug de la colonisation française ; il fut le mécène des artistes mais après sa mort en 1984, des rapports sur son régime ont révélé qu'il était aussi un autocrate qui n'a pas hésité à emprisonner ses adversaires politiques. Diapy Diawara, qui un moment, fut le manager du Bembeya Jazz et qui distribua leurs disques et ceux des Amazones à partir de Paris où était basé son entreprise, Bolibana, estime que la tyrannie de Sékou Touré s'expliquait par les mauvais traitements qu'il avait reçus dans une école dirigée par les Français.

183

---

3   Francis Akhalbey, 'The Speech by Sekou Toure that Angered Colonial France to Pack Out of Guinea (Video)', Face 2 Face Africa, https://face2faceafrica.com/article/the-speech-by-sekou-toure-that-angered-colonial-france-to-pack-out-of-guinea-video Consulté 17 janvier 2021.

89. LP éponyme de l'orchestre guinéen, Bembeya Jazz National © Disques Espérances.

Diawara a également affirmé qu'un voyant lui avait prédit le jour et l'heure précise de sa mort. En fait, il est décédé en mars 1984 pendant une opération du cœur dans un hôpital à Cleveland aux États-Unis.[4]

En 1989, le Bembeya Jazz s'est produit à l'Africa Centre de Londres. Même dans cet espace confiné, leur concert fut très animé, avec le légendaire guitariste Sékou Diabaté très en forme. Il a reçu le surnom « *Diamond Fingers* » en 1977 à la suite d'une prestation éblouissante au festival FESTAC à Lagos où il a incorporé des solos époustouflants comme celui du morceau « Akukuwe Bembeya ». Il a d'ailleurs été élu meilleur artiste du festival. Sékou Diabaté est né dans une famille de célèbres balafonistes à Kankan, à 250 kilomètres Bamako. Son père lui avait acheté une guitare acoustique et Papa Diabaté, son cousin, lui a appris à en jouer. Lorsque le Bembeya Jazz a été formé, une voiture a

____

4 Conversation avec l'auteure, Paris, 2002.

90. Sékou Diabaté et Kaba de l'orchestre Bembeya Jazz National au restaurant Julie's à Londres. © Jenny Cathcart.

été envoyée à Kankan pour chercher Sékou Diabaté. Il a reçu sa pre- 185
mière guitare électrique dans les années 1960 et, en 1965, une guitare hawaïenne a affirmé son style, en particulier ses lignes de mélodie. Il jouait également d'une guitare métallique, à six cordes, qui donnait un gros son.

Le lendemain du concert à l'Africa Centre, j'ai amené Sékou et Kaba à Kew Gardens où nous avons discuté pendant une promenade. Nous avons ensuite pris le thé chez Julie's, un restaurant de style nord-africain à Notting Hill. À voix basse, Sékou m'a décrit l'accident à Dakar qui leur a enlevé leur merveilleux chanteur Aboubacar Demba Camara, un faiseur de tubes, celui qu'on appelait « Le Dragon », et une véritable bête de scène. On est en avril 1973. Le groupe est invité à jouer au théâtre Daniel Sorano à Dakar, juste avant la fête de l'Indépendance du Sénégal. Arrivés à l'aéroport de Dakar, ils ont découvert que l'ambassade de Guinée avait envoyé une voiture pour Sékou Diabaté. Salifu Kaba a demandé à l'accompagner et Demba voulait venir aussi parce qu'il se sentait fatigué et souhaitait se reposer. Dans un virage de la route côtière à Ouakam, près de l'endroit où se trouve actuellement le Monument de la Renaissance, le conducteur a perdu le contrôle de la

91. Les artistes sénégalais Seydina Insa Wade et Oumar Sow sur scène chez Momo, Londres. © Jenny Cathcart.

186   voiture qui a fait un tonneau et a chuté sur le bas-côté. Quand la voiture a basculé, une portière s'est ouverte, Demba est tombé et a été blessé. Il n'a pas repris conscience et est mort deux jours plus tard dans un hôpital de Dakar. Sékou Diabaté a survécu avec seulement une bosse au front et Salifou a eu une entorse à la cheville. Tout le monde était dépassé par cet évènement inattendu. En essayant d'expliquer un tel malheur, les superstitieux se rappelaient que cette année-là, le Bembeya avait failli à sa coutume de sacrifier un taureau noir aux esprits de la rivière Bembeya. Il fallut trois mois complets aux musiciens pour se remettre du choc de la perte de leur ami et talentueux chanteur. Mais en fait, comme Hélène Lee le raconte dans son livre *Rockers d'Afrique*,[5] le groupe ne s'en est jamais remis. « Musicalement, il est toujours fantastique. Mais la présence de Demba, la star, en faisait une chose à part, un phénomène inouï et bizarre dans ce monde transitoire des indépendances. Et c'est pourquoi le drame du 3 avril 1973 a secoué tout ce que l'Afrique de l'Ouest compte de fans et de rockers... ».

---

5   Hélène Lee, *Rockers d'Afrique*, Éditions Albin Michel, 1988, p.72.

Chapitre 15

La musique acoustique au Sénégal

Seydina Insa Wade : Le père de la musique folk sénégalaise

Le 9 mai 2012, un autre pilier de la musique sénégalaise est décédé. La nouvelle de la mort de Seydina Insa Wade est annoncée immédiatement sur Facebook, accompagnée de photographies émouvantes et d'hommages sincères et nostalgiques de ses nombreux amis et admirateurs. Seydina a été diagnostiqué d'un cancer dans les premiers mois de 2012 et quand il fut hospitalisé à Dakar, Youssou lui a rendu visite et a fait une contribution généreuse pour ses dépenses médicales. Seydina était un chanteur, auteur-compositeur dont les textes et mélodies ont influencé tous les grands artistes du Sénégal, y compris Youssou N'Dour, Baaba Maal, Ismaël Lô, les Frères Guissé, Pape et Cheikh, et une nouvelle génération d'artistes hip hop, comme son propre neveu, Aladji Man (ex Daara J).

Né à Dakar en 1948 dans une famille de pêcheurs Lébou, Seydina a grandi dans le quartier populaire de Gueule Tapée, près du port des pêcheurs de Soumbédioune, une zone parfois dénommée le 'Harlem de Dakar.' Un grand nombre des musiciens que nous connaissons aujourd'hui sont nés et ont grandi dans ce quartier, parmi eux, Charley Ndiaye et Abdoulaye Mboup qui ont rejoint l'Orchestra Baobab, mais qui ont commencé leur carrière musicale en même temps que Seydina au Rio Sextet, ainsi nommé à cause de la proximité avec le cinéma Rio qui se trouvait en face du Marché de Gueule Tapée. Fils d'imam, Seydina a fait ses études dans une école coranique où il a appris à réciter le Coran et à écrire en arabe. Il parlait le français, mais il n'a jamais pu l'écrire, et a préféré reproduire ce qu'il entendait phonétiquement dans un style élégant en utilisant les caractères arabes. Seydina était un vrai artiste pour qui l'art reflétait la vie, et la vie, l'art. Il m'a une fois dit que la première fois qu'il a rencontré son ami et camarade Lébou, l'artiste, Issa Samb, alias Joe Ouakam, ils étaient tellement fascinés l'un par l'autre qu'ils ont commencé à parler, ils ont commencé à marcher et ils ne se sont arrêtés que lorsqu'ils ont atteint la ville de Thiès, située à une soixantaine de kilomètres de Dakar. Ses premières chansons furent inspirées des mélodies de la communauté religieuse Layenne à laquelle il appartenait. Seydina fut fortement influencé, non seulement par la musique cubaine qui était en vogue à Dakar pendant son adolescence, mais aussi par les grands orchestres d'Afrique de l'Ouest, dont le Bembeya Jazz International, Ifang Bondi et le West African Cosmos. Il était particulièrement intrigué par la flûte traversière de Boncana Maïga qui a été formé à Cuba.

De 1968, lorsqu'un esprit révolutionnaire balaie la société française et pays francophones largement, Seydina sympathise avec la gauche intellectuelle au Sénégal, en particulier avec la famille d'Omar Diop Blondin, qui est mort en détention avant d'être jugé. Seydina était déjà reconnu comme le pionnier de la musique folk sénégalaise chantée en wolof, et il faisait bien partie de la communauté artistique de Dakar. À l'époque, ses paroles ont soulevé des questions sociales assez controversées comme l'excision et les droits des femmes. En 1974, sa composition « Tablo Feraille » a été boycottée par la radio de l'État du Sénégal qui l'a jugé litigieuse mais elle a été choisie par le cinéaste Cheikh Ngaïdo Ba comme bande-son pour son court métrage du même nom. Ses chansons comme le tube « Khandiou » offrent de charmants portraits de la vie sénégalaise, chantés avec style et humour.

En 1975, Seydina a quitté le premier groupe Xalam pour rejoindre les Negro Stars, puis la Plantation. Plus tard, il a rejoint, avec Idrissa Diop, un autre natif de Guele Tapée, le groupe Le Sahel qui résidait au Sahel Club. En 1985, les deux ont formés avec Oumar Sow (guitare) un trio acoustique, Tabala, dont l'album *Yoff* donnait la parole à Dakar. Lorsqu'Eric Sylvestre a organisé une tournée pour Tabala en France, en Suisse et en Italie, Seydina est resté en France où il a passé six ans avec le groupe Xalam II.

C'est avec beaucoup d'émotion que Seydina et Oumar se sont réunis à Dakar en 2003 pour un concert au Just4U, des retrouvailles filmées par Ousmane William Mbaye pour un documentaire intitulé *Xalima* (la plume).[1] Lorsque j'ai créé le label indépendant, Stargazer Records,

---

1 *Xalima, La Plume*, réalisé par Ousmane William Mbaye, Autoproduction Films, Mame Yandé, 2004.

en Irlande du Nord, notre première production a été l'album *Xalima* de Seydina avec les musiciens Oumar Sow (guitare), Souleymane Faye (chants) et Jean-Philippe Rykiel (claviers). Je me souviens du plaisir éprouvé lorsque Seydina et Oumar, avec qui je me suis marié en 2002, ont fait une tournée en Irlande. Seydina a séjourné chez nous à Enniskillen où il se plaisait à rencontrer les gens de la ville autour d'un verre au bar situé à proximité, avant de cuisiner le repas du soir et puis répéter avec Oumar. Les deux jouaient tard dans la nuit, leurs guitares sympathisant dans une fusion originale de styles musique traditionnelle africaine, blues et jazz. Les publics lors de leurs concerts à Belfast, à Derry ou Dunfanaghy sur la côte nord du Donegal ont répondu chaleureusement à leur répertoire acoustique et mélodique qui ressemble assez à la musique folk irlandaise. Avec son don de conteur, Seydina voulait introduire chaque chanson avec une anecdote en français, mais il le faisait d'une manière si sympathique que le public semblait comprendre ce qu'il disait avant même qu'Oumar ait offert une traduction en anglais.

Comme tous les amis de Seydina, j'ai été profondément attristée par sa disparition en 2012. Il avait une âme charitable qui aimait aussi les bonnes choses de la vie: la bonne nourriture, le bon vin, les beaux habits. Il portait généralement des chaussures blanches immaculées, un chapeau noir et une chemise en coton blanc ou du linge soigneusement blanchi et repassé. Il a été enterré à Yoff, près de son guide spirituel, Mame Limaamu Laye.

Pape et Cheikh

Cheikhou Coulibaly est né à Kaolack en 1961, et Pape Ahmadou Fall à Dakar en 1965. Enfants des années soixante, ils étaient fans de Cat Stevens, Bob Dylan et Simon & Garfunkel. Leur histoire est celle typique de musiciens ambitieux qui éprouvent des difficultés et qui se désespèrent parfois. Pape était le leader vocal dans une chorale folk à Kaolack lorsqu'il a rencontré Cheikh. Kaolack est l'un des endroits les plus chauds du Sénégal où l'air est lourd de sel, de sable et de mouches. Aussi Pape saignait souvent du nez, donc il est parti avec Cheikh à Dakar. Pendant plusieurs années, Pape a travaillé comme tailleur dans un atelier de couture au marché Colobane, à Dakar ou bien il triait des vêtements de seconde main qui provenaient d'Europe pour être vendus sur les étals des marchés. Puis il a rejoint Cheikh au conservatoire de musique de Dakar où ils ont fait une étude sur le folklore sérère avant

92. Le duo sénégalais Pape et Cheikh.

de se séparer à nouveau – Cheikh à joué avec Ouza Diallo et Pape à chanté avec Sampta Muna, un groupe acoustique sérère qui jouait dans des hôtels.

En 1997, Pape et Cheikh sont devenu un duo et deux ans plus tard, ils ont enregistré l'album *Yaakar* (Espoir) au studio Xippi pour le label Jololi. Ils étaient soutenus par quelques-uns des meilleurs musiciens du pays, dont Jimi Mbaye et Oumar Sow aux guitares, Mbaye Dièye Faye aux sabars et Assane Thiam au tama. Le musicien canadien, Mac Fallows, qui a produit l'album, joue des claviers et propose des arrangements raffinés. Le résultat est un collage séduisant de voix dynamiques, de guitares acoustiques, de sabars scintillants, de tama et de kora, aux rythmes authentiques comme le *ndioup* palpitant, une forme sérère de la biguine, et le *ndiom* qui fait danser des lutteurs sérères. Viviane N'Dour, la belle-sœur de Youssou, et Alassane Fall ont fait les chœurs alors que Mamy Kanouté, une jeune femme de dix-neuf ans à la voix aussi puissante et mature que celle de Yandé Codou Sène, chante l'intro de « Mariama » pour donner le ton d'un conte paysan plein d'intrigues et de jalousies. L'intégralité de l'album a une énergie singulière et une belle clarté.

Lors d'un baptême traditionnel ou d'un mariage, pendant que les invités arrivent toujours plus nombreux, le cercle (*geew*), s'élargit pour accueillir les spectateurs autour des joueurs de sabar. Le morceau de Pape et Cheikh « Yataal Geew », qui veut dire 'élargir le cercle', est devenu un manifeste musical pour presque tous les vingt-cinq partis politiques participant aux élections législatives au Sénégal en avril 2000. Abdoulaye Wade du Parti démocratique sénégalais, qui a remporté les élections présidentielles cette année-là avec le slogan *Sopi* (changement), a été le premier à adopter la chanson pour représenter les valeurs universelles de démocratie, de tolérance et de paix.

En 2002, j'ai signé un contrat de licence au nom de Jololi Productions avec le label Realworld de Peter Gabriel pour l'album de Pape et Cheikh et j'ai aussi négocié un contrat d'édition avec Bug Music. Les morceaux ont été remixés au studio Realworld par Ben Findlay avant la sortie internationale de l'album renommé *Mariama*. Tracy Chapman a été tellement impressionnée par la performance de Pape et Cheikh pendant l'émission télévisée *Later With Jools* à la BBC, à laquelle elle participait également, qu'elle les a choisi pour jouer la première partie des concerts de sa tournée européenne en 2003.

Cheikh Lô

En 1994, Cheikh Lô, un chanteur, auteur-compositeur à qui les dreads et les costumes patchwork donnent l'allure Baye Fall, s'est approché de Youssou avec une cassette démo qu'il avait traînée dans son sac pendant deux ans. Youssou a accepté de produire l'album dans son studio Xippi et de le sortir sous son label, Jololi. Quand Cheikh s'est présenté pour les sessions d'enregistrement, ses idées étaient tellement originales et puissantes et les musiciens si expérimentés et flexibles que les six morceaux ont été enregistrés et mixés en neuf jours. Le résultat fut une belle collection discrète et attirante de douces mélodies, de lignes de guitare séduisantes, de sabars pétillants. Une sensibilité musicale parfaite, un style impeccable et une profonde spiritualité caractérisent chaque morceau dans *Né La Thiass*. Grand nombre des chansons sont imprégnées de l'esprit et de l'enseignement de la fraternité musulmane Mouride. Le mot *mouride* définit ceux qui se soumettent à la volonté de Dieu, ainsi les

93. Portrait en *suwer* du chanteur sénégalais Cheikh Lô par Mor Gueye.

musulmans comprendront la notion de destin qui en un clin d'œil (*Né La Thiass*), peut changer même les meilleurs plans.

La nouveauté de l'album, qui transcende les frontières et les catégories musicales, réside dans son concept global; un mélange acoustique/électrique doté de contrebasse, de guitare acoustique, de tama, de cymbales, de sabars et de tambours brossé, flûte et un soupçon de basse électrique et de claviers. Des rythmes entraînants, y compris le mbalax plutôt rare qu'on appelle *dagagn* ou *thieboudiene*,[2] insufflent à l'album de l'énergie, mais le feeling est curieusement et pertinemment latin. *Né La Thiass* a instantanément été bien reçu au Sénégal et lorsque je suis devenue le manager de Cheikh Lô, j'ai signé un contrat de licence avec le label World Circuit à Londres où l'album a reçu d'excellentes critiques. Quant à la journaliste Rose Skelton, elle a écrit « Ceci est du pur bonheur acoustique avec l'inspiration du reggae et l'ondulante du jazz mélangé avec la voix de Cheikh Lô, fraîche et pleine d'humour ».[3]

---

2   Le *dagagn* peut se jouer à la calebasse. le *thièboudieune* ne se joue qu'au sabar.
3   Rose Skelton, *Songlines*, Issue 70, 2010.

Né de parents sénégalais à Bobo-Dioulasso, la deuxième ville dans la Haute-Volta, aujourd'hui le Burkina Faso, Lô a grandi dans les années 1950 dans une communauté ethniquement mixte où il a montré une passion et une aptitude précoce pour la musique. Ayant appris beaucoup de dialectes locaux, il a aussi écouté les styles de musique de la région, surtout la rumba zaïroise qui a ses racines dans le *son* cubain. En effet, la musique cubaine faisait fureur à cette époque et lorsque les frères aînés de Cheikh mettaient leurs disques 78 tours sur la platine et dansaient avec leurs petites amies aux rythmes des chansons à succès de Pancho El Bravo, Cheikh pouvait dire les paroles en espagnol, même s'il savait à peine ce qu'elles signifiaient. Puis, la famille a déménagé au Sénégal où Cheikh a appris tout seul à jouer de la guitare et de la batterie et, une fois qu'il a quitté l'école, il a rejoint le groupe d'Ouza Diallo. Au début des années 1980, il faisait partie d'un groupe de variété qui jouait les tubes les plus populaires anglais ou américains au bar de la piscine de l'hôtel Savana à Dakar. Ensuite, il est parti à Paris où il a passé deux ans en tant que musicien de session aux studios Bastille. À son retour à Dakar, il a composé « Doxandeme » sur le sort de ses frères et sœurs sénégalais à l'étranger.

Chaque dimanche, Cheikh se rendait à Ndiguel, un village à 100 kilomètres de Dakar, où il prenait le thé avec son guide spirituel et marabout, Mame Massamba Ndiaye, un parent de Cheikh Ibra Fall et ami intime de Serigne Fallou Mbacké. Il a chanté les louanges du centenaire dans sa chanson « Guis Guis » et a commencé à se faire appeler Cheikh « Ndiguel » Lô.

Les paroles de la chanson « Cheikh Ibra Fall » suggèrent qu'il n'y aurait pas de gaspillage et moins de pauvreté si tout le monde était aussi économe et débrouillard que le leader des Baye Fall. Lorsque Cheikh Lô, qui croit aussi que la propreté rapproche de la piété, a terminé son album, survient une grève des employés municipaux à Dakar et l'accumulation d'ordures dans les rues était tellement effrayante qu'il a écrit « Set » pour alerter des dangers qui en découlaient. Les interventions vocales de Youssou N'Dour dans ce morceau et dans « Guis Guis » convient à l'esprit de l'album qui est chaleureux, lyrique, pour ne pas dire passionné et complètement séduisant.

La deuxième édition de la Revue Jololi, prévue en 1997, promouvait Cheikh Lô, Dimi Mint Abba de Mauritanie et Doura Barry de la Guinée. J'ai fait un voyage spécial à Nouakchott et à Conakry afin de les persuader à participer à la tournée européenne. Nouakchott avait l'air d'une ville nouvelle avec ces bâtiments à étages aux toits plats construits systématiquement dans des carrés et des blocs. La proximité du désert rend la ville poussiéreuse, la couleur grise domine avec un faible soleil visible à travers une persistante brume blanchâtre. Dimi, dont le père avait composé l'hymne national mauritanien, vivait dans un certain confort avec sa famille élargie dans une nouvelle maison à la périphérie de la ville. La chanteuse préférée d'Ali Farka Touré, Dimi était la protégée de Mohammed V, Roi du Maroc, qui l'a fréquemment invitée à se produire dans son palais à Casablanca. Elle s'est produit aussi à las Palmas où elle aimait jouer au bingo. Malheureusement, Dimi Mint Abba est décédée en 2011.

A Conakry, j'ai rencontré Doura Barry qui m'a fait visiter la capitale dans la Chevrolet qu'il avait achetée à l'ambassadeur du Canada. Hormis l'hôtel Novotel, avec sa vue sur le port et les pavillons splendides construits pour abriter des chefs d'État lors du sommet de l'Organisation de l'Union africaine, en 1984, la capitale me paraissait morne et miteuse.

Le succès international sans précédent de Youssou N'Dour a été un encouragement pour ses collègues musiciens sénégalais, mais cela a également donné lieu à des attentes qui, souvent, étaient irréalistes. Ceci était vrai pour Cheikh Lô et le duo Pape et Cheikh qui ont été produits par le label Jololi. Même s'ils ont signés de prestigieux contrats d'enregistrement au Royaume-Uni, avec des possibilités de tournées internationales, ils se sont plaints d'avoir été exploités par Youssou. Ils croyaient, à tort, à mon avis, que leur musique rapportait beaucoup plus d'argent au label de Youssou que ce qu'eux ils gagnaient. Après la sortie de ses albums, *Bambaye Guee j* (1999), *Lampe Fall* (2005) et *Jamm* (2010), tous produits par le label londonien World Circuit, Cheikh Lô a compris que la patience paie. Avec le grand succès de *Balbalou* (2015), produit par le producteur suédois, Andreas Unge pour le label français Chapter Two Records, Lô a reçu des critiques élogieuses. Il a gagné le prestigieux prix du meilleur artiste à la rencontre musicale de Womex 2015 et fut très honoré d'accepter l'invitation du président François Hollande à chanter lors de la clôture du Sommet historique des consciences pour le climat à Paris, sommet qui a accueilli 40.000 personnes de 195 pays.

Chapitre 16

Les musiciens unis

Le concert Telefood de la FAO

En 1997, Henri Guillabert, ancien claviériste du groupe Xalam, et propriétaire du complexe Le Quai des Arts à Saint-Louis, a composé des morceaux spécialement pour les meilleures voix du Sénégal comme Youssou N'Dour, Ismaël Lô, Cheikh Lô, Pape Niang, et Afsana, une chanteuse rwandaise. Le résultat fut l'album « Benn », qui signifie un en wolof.

En octobre de l'année suivante, Dakar a été choisi par la FAO (Organisation des Nations unies pour l'alimentation et l'agriculture) comme lieu du concert de gala **Telefood** qui devait être filmé par la télévision italienne, RAI, et retransmis en direct sur Mondovision et TV5 dans plus de soixante pays à travers le monde. Le gala a été honoré par la présence du Président Abdou Diouf et le directeur général de la FAO, Monsieur Jacques Diouf. Les chansons de « Benn » constituaient la pièce maîtresse du programme et les artistes représentés dans l'album ont été rejoints par des invités renommés. Le grand percussionniste Doudou Ndiaye Rose (1930–2015) a ouvert le gala accompagné des majorettes du Lycée Kennedy. Coumba Gawlo Seck, dont le tube de l'été en France, sa version du célèbre « Pata Pata » de Miriam Makeba, qui lui avait valu deux disques d'or et un disque de platine en France est revenue à Dakar avec sa troupe de danseurs. Ouza Diallo et Thione Seck, qui possédait l'une des plus belles voix du continent et qui a une énorme base de fans au Sénégal, était également présent ainsi qu'Omar Pène. En tant que leader vocal du groupe Super Diamono et le chanteur préféré des étudiants et leur ambassadeur auprès du gouvernement, Pène a régulièrement produit des morceaux à succès au Sénégal et à l'étranger avec sa musique jazzy tels «Diaraff», «Fans», «Sai Sai», ou «Niit». Ismaël Lô,

94. *Diawar*, Ismaël Lô © Sterns Records.

ex-chanteur du Super Diamono, qui a fait une belle carrière solo en musique quoiqu'il soit par ailleurs peintre et acteur, était présent également. Ayant grandi en écoutant James Brown, Wilson Pickett et Otis Redding car son père, un fonctionnaire aimait beaucoup la musique soul américaine, Lô a été surnommé « le Bob Dylan du Sénégal », parce que son style folk se sert de la même combinaison de guitare acoustique, de voix et d'harmonica que son modèle. Un seul orchestre avec Henri Guillabert et Jean-Philippe Rykiel (claviers), Oumar Sow (guitare), Pathé Jassi (guitare basse), Thio Mbaye (percussions) et Soriba Kouyaté (kora), a accompagné tous les chanteurs.

Musiciens en tournée

La tâche d'organiser des tournées internationales des artistes venant de l'Afrique est souvent ardue à cause des lois et réglementations de plus en plus strictes édictées par les ambassades des pays invités. Il est vrai qu'au fil des ans, il y a eu de nombreuses infractions. Parfois les personnes

95. L'artiste sénéglaise Coumba Gawlo Seck © l'artiste.

qui présentent une demande de visa affirment qu'ils sont musiciens alors qu'ils ne le sont pas. Il y a parfois eu complicité entre les managers en Afrique et les promoteurs africains en Europe. Certains musiciens qui quittent le Sénégal en tournée, notamment pour le Royaume-Uni, l'Italie ou les États-Unis, y sont restés une fois la tournée terminée. En 2000, par exemple, il a été signalé que 17 danseurs sénégalais du Ballet d'Afrique Noire ont disparu après un spectacle au collège universitaire de Berkeley, avec comme conséquence l'annulation du reste de la tournée américaine.[1] En 2004, Papa Wemba a été inculpé et condamné à 30 mois de prison dont 4 avec sursis en France pour avoir introduit environ 200 immigrés clandestins congolais pour des tournées en les présentant comme faisant partie de son groupe de musiciens[2],[3]. Lorsque j'ai organisé la première tournée de Cheikh Lô aux USA, l'ambassade

1 'Senegalese dancers go missing in US', BBC News, le 13 avril 2000. Disponible à https://news.bbc.co.uk/1/hi/world/africa/712068.stm. Consulté le 1 mars 2019.

2 RFI - Justice - Papa Wemba condamné à quatre mois de prison, http://www1.rfi.fr/actufr/articles/059/article_31811.asp Consulté 19 janvier 2021.

3 'Guilty verdict for Congolese star', BBC News, le 16 novembre 2004. Disponible à https://news.bbc.co.uk/1/hi/world/europe/4015473.stm, consulté le 1 mars 2019.

américaine à Dakar a insisté que Cheikh et chacun de ses musiciens viennent à l'ambassade avec leurs instruments afin de démontrer leur aptitude et prouver qu'ils étaient, bel et bien des musiciens. Youssou et le Super Étoile étaient si bien établis qu'ils ont rarement rencontré de tels problèmes. En 2010, la politique dite d'« environnement hostile » pour l'immigration clandestine adoptée par le gouvernement britannique et le Home Office a entraîné des difficultés notables pour les musiciens dans l'obtention de visas. En 2018, des groupes devant jouer au festival WOMAD, dont Sabry Mosbah de Tunisie, Wazimbo du Mozambique et certains membres du Tale Niger du Niger, se sont vus refuser l'entrée au Royaume-Uni. Peter Gabriel, le co-fondateur du festival, a qualifié la situation « alarmante » et a déclaré : « Voulons-nous vraiment un plat pays du Brexit à la barbe blanche, un pays qui n'a plus la volonté d'accueillir le monde ? »[4]

Du Sénégal au Donegal – une collaboration musicale

En 2000, le commentaire de Baaba Maal semblait pertinent : « J'estime qu'aujourd'hui, à l'aube du nouveau millénaire, il faut se déplacer quelque part, soit dans un autre pays, vers une autre musique, ou à travers les médias, parce que tout le monde veut comprendre ce que fait l'autre ».

L'écrivain et cinéaste irlandais Bob Quinn qui a voulu tracer les racines de la musique celtique nous dit que le chant traditionnel irlandais très élaboré et non accompagné, *Sean Nos*, avait des échos dans la musique de l'Afrique du Nord. De la même façon que Youssou a, plus tard, démontré les liens entre sa musique wolof et la musique égyptienne dans son album *Egypt*, sorti comme *Dolli Sant*, j'ai organisé un atelier de musique dans l'île luxuriante de Lusty Beg dans le comté du Fermanagh où je réside en Irlande du Nord, afin de tester les liens entre la musique sénégalaise et la musique irlandaise. En outre, il s'agissait de prouver que des musiciens talentueux, de traditions aussi éloignées les unes des autres que sont celles de l'Irlande et du Sénégal pouvaient trouver un terrain d'entente. Le projet, que j'ai nommé, Du Sénégal au Donegal[5] réunissait quatre éminents musiciens sénégalais, Oumar Sow (guitare),

---

4   Laura Snapes, "'A Brexited flatland", Peter Gabriel hits out after Womad stars refused entry to UK', *Guardian,* le 31 juillet 2018. Disponible à https:// www.the-guardian.com/culture/2018/jul/31/brexited-flatland-peter-gabriel-womad-stars-refused-entry-uk-visa, consulté le 1 mars 2019.

5   Senegal to Donegal, Music Workshop, Lusty Beg Island dans le comté de Fermanagh, Irlande du Nord, 24 fevrier–3 mars, 2002.

Pathé Jassi (basse), Thio Mbaye (percussion), Soriba Kouyaté (kora) et leurs homologues irlandais, Cathal Hayden (violon et banjo), Máirtín O'Connor (accordéon), Desi Wilkinson (flûte) et Trevor Stewart (uilleann pipes).

J'ai voulu leur offrir l'espace et le temps de faire de la musique à leur guise, à la seule condition qu'ils partagent les résultats lors de deux concerts publics. Les critiques et les gens qui ont assisté aux concerts s'accordaient à dire que les musiciens avaient réussi à présenter une musique originale, fidèle à l'improvisation et à l'énergie rythmique qui sont si vitales dans la musique sénégalaise, tout en soulignant le lyrisme et la profondeur émotionnelle des mélodies irlandaises. Parfois, la fusion de la musique des deux traditions a été si complète qu'il n'était plus possible de dire lesquels des morceaux avaient évolué à partir d'une idée sénégalaise ou bien irlandaise.

Malheureusement, nous avons perdu **Soriba Kouyaté,** un musicien hors pair, en 2010. Né en 1963 dans une famille de *griots* célèbres, son père Mamadou Kouyaté était le koriste préféré du président Senghor.

96. Du Sénégal au Donegal: rencontre d'artistes sénéglais et irlandais dans le Fermanagh en Irlande du Nord © John McVitty.

Soriba pouvait jouer tous les répertoires et notamment du jazz (il était fan de John Coltrane, Miles Davis, Duke Ellington et Charles Mingus). Il a créé avec sa kora africaine un jazz-fusion vraiment original, conçu et perfectionné une technique d'accordage spéciale qui lui a donné toutes les notes de la gamme occidentale. Admiré par Peter Gabriel, Harry Belafonte, Diana Ross, Spike Lee et d'autres grands musiciens, sa polyvalence ne connaissait pas de limites, ses improvisations pétillantes étaient étonnantes, son feeling et sa sensibilité profondes. Derrière ses fanfaronnades, Soriba était un homme doux et affectueux.

Un projet de marché musical en Afrique

L'industrie de la musique au Sénégal reste sous-développée malgré des gens extrêmement talentueux, intelligents et motivés qui travaillent dans le secteur. El Hadj N'Diaye, puis Youssou N'Dour, ont créé dans les années 80 les premières usines de duplication de cassettes. Il existe de nombreux studios d'enregistrement, y compris des 'home studios' dont beaucoup appartiennent aux musiciens de Youssou N'Dour. Les ingénieurs d'éclairage et du son sont pour la plupart autodidactes. Des instruments cassés sont empilés dans des décharges car il n'y a ni techniciens formés ni ateliers pour les réparer. Avec un seul magasin de musique à Dakar, où les prix sont exorbitants, il y a un manque d'instruments modernes partout au Sénégal ; même si, de nos jours, un marché de vente par internet se développe de plus en plus avec des sociétés d'ecommerce établies au Sénégal et surtout à Dakar. Il n'y a pas suffisamment de pièces de rechange ou d'accessoires tels que des cordes de guitare. Les instruments importés sont assujettis à une taxe d'importation élevée. Les stations de radio et télévision du Sénégal, plus en plus privées, diffusent de la musique, mais comme le nouveau bureau des droits d'auteur, la SODAV qui a remplacé le Bureau Sénégalais des Droits d'Auteurs (BSDA) n'est pas toujours arrivé à centraliser et collecter les droits de la musique indépendante, les musiciens ne reçoivent pas toujours les redevances qui leur sont dues.

La piraterie est un problème chronique et, comme partout ailleurs, les ventes de CD sont en baisse au Sénégal. Auparavant, Youssou vendait 150.000 cassettes en quelques jours, mais à partir de l'an 2000, il a été difficile de vendre même 25.000 exemplaires du CD d'un nouvel album. En Afrique, le premier marché de Youssou, les CDs ont été considérés comme un luxe, à un moment, et hors de portée de beaucoup des fans, avant qu'ils se familiarisent avec l'achat et le téléchargement de musique à partir d'internet ou de transfert par de clé USB.

En 2001, la Banque mondiale a proposé un projet pertinent de création au Sénégal et dans d'autres pays africains (Afrique du Sud, Ghana, Mali…) une infrastructure musicale semblable à celle qui existe dans la ville de Nashville aux États-Unis. Le projet a imaginé une réforme urgente des industries culturelles, des programmes de formation et le renforcement de l'industrie musicale (y compris un centre dédié au commerce électronique en Afrique du Sud). En compagnie du musicologue, Aziz Dieng, j'ai rencontré les musiciens et ceux qui travaillent dans l'industrie musicale au Sénégal et, par la suite, j'ai rédigé une vingtaine de propositions qui ont été soumises à la Banque mondiale. Finalement, à cause des aléas administratifs entre la Banque, les ministères des Finances et de la Culture au Sénégal, les projets proposés n'ont jamais été mis en œuvre. Par contre, le texte de lois régissant les activités culturelles au Sénégal a été révisé et publié en 2012.

D'autre part, le continent se dynamise toujours dans le secteur. En 2016, deux nouvelles écoles de musique ont été inaugurées à Dakar. Un homme d'affaires togolais, Benjamin Kpeglo, a financé Études, harmonie, acoustique (EHA) et le Dakar Music School (DMS) qui se spécialise en piano et l'histoire de la musique est dirigé par Livia Laifrova, une slovaque mariée à un sénégalais. Zuzana Ceralova Patrofova, PDG de Petrof Pianos en République Tchèque, a présidé à l'ouverture officielle de cette école en mai dans la même année. Le conservatoire de musique continue à enseigner tout d'abord la musique traditionnelle.

S'exprimant en juillet 2018 avec Khalil Guèye sur la chaîne sénégalaise Box TV, Youssou N'Dour a déploré le manque prolongé d'infrastructures pour le secteur de la musique au Sénégal, ainsi que les difficultés rencontrées par tant de musiciens talentueux. Il a estimé qu'il était grand temps que le gouvernement reconnaisse l'énorme potentiel de l'industrie musicale et y investisse.

Évidemment, depuis plusieurs années, la situation évolue assez rapidement depuis plusieurs années avec les intérêts et les opportunités offertes par des plateformes tels qu'Apple Music, Google Play, Spotify, Tunecore et d'autres plateformes internet et numériques. Boosté par un continent avec un taux d'utilisation de téléphone mobile élevé, le marché de la diffusion pour un artiste africain devient quasiment digital. Même si le montant perçu par des artistes nouveaux ou moins connus peut être modeste au début, les plateformes numériques ont

97. Ade Bantu et Cie. Photo credit: Uche James-Iroha © Soledad Productions Ltd.

transformé les opportunités pour les artistes. Certes l'ère d'Internet et les réseaux sociaux n'ont pas supprimé l'importance pour un artiste d'arriver à convaincre un investisseur, label ou agent de talent pour sa promotion, l'opportunité d'être découvert et de développer un fan-base en utilisant des spots de YouTube monétisés est en train de changer le marché de la musique africaine. En particulier, au Ghana, au Nigeria, et au Sénégal, les musiciens peuvent s'appuyer sur des industries ci-nématographiques et audiovisuelles assez développées pour créer des spots monétisés, grâce également aux facilités de paiement numérique. De plus en plus, le marché est rempli d'artistes sans album, mais avec des millions de likes et vues sur YouTube. Le marché présente aussi des places pour des nouvelles megastars. Les poids des artistes comme Burna Boy, Davido, Tekno, Yemi Alade, et Wizkid au Nigeria, Diamond Platnumz en Ouganda, Fally Ipupa et Innoss'B du RDC, ou Master KG en Afrique du Sud, se mesurent en millions d'abonnés à leurs chaînes YouTube, pages Instagram et Facebook, ce qui leur permet de combiner des carrières d'influenceur et de musicien pour vivre.

Chapitre 17

Le jazz au Sénégal

Le Festival international de jazz de Saint-Louis

Au fil des ans, depuis sa création en 1992, dans la cité-île souvent surnommée « la Venise de l'Afrique », le Festival international de jazz de Saint-Louis a attiré des noms comme Herbie Hancock, Joe Zaiwinul, Gilberto Gil et d'autres éminents musiciens de jazz. Saint-Louis du Sénégal pourrait être considéré comme le foyer naturel du jazz en Afrique car l'auteur Ned Sublette retrace les origines du jazz-swing directement à la musique amenée par les esclaves quittant Saint-Louis du Sénégal pour arriver à la Nouvelle Orléans : « Dans les années 1719–1731, lorsque la Compagnie des Indes mettaient leurs négriers à la mer vers la Louisiane, seize des vingt-deux navires venaient du Sénégal… Alors, comment était cette musique sénégambienne du XVIIIème siècle ? Elle oscillait…ce feeling du *swing* est l'arrière grand-père du jazz ».[1]

Youssou avait à cœur de promouvoir le jazz contemporain africain et il m'a demandé d'organiser la participation d'un groupe de jazz sénégalais au festival de Saint-Louis en 1998.

Pape Dieng (batterie), Oumar Sow (guitare), Lamine Diagne (saxophone ténor), Laye Ndiaye (saxophone alto), Thio Mbaye (percussions), Habib Faye (basse), Ibou Cissé (claviers) faisaient partie du groupe que nous avons nommé Harmattan, comme le vent sec du Sahara. Leur invitée spéciale était la grande diva Aminata Nar Fall, ancienne chanteuse avec le légendaire Saint-Louis Star Jazz Band. Reconnaissant cette touche locale au programme, le public a réagi avec enthousiasme et le journaliste Amadou Gaye Ndiaye a écrit : « L'Harmattan Jazz générait

---

1 Ned Sublette, *Cuba and Its Music – from the first drums to the Mambo,* Chicago Review Press, 2004, pp 162–5.

98. Quai de pêche de Saint-Louis, Sénégal © Adama Doucouré.

une brise exquise… le passage d'Aminata Fall a touché de nombreuses personnes jusqu'à leurs faire verser des larmes ».

Pendant les répétitions, les musiciens Oumar Sow, Pape Dieng et Habib Faye me parlaient de leur admiration pour Chick Corea, George Benson, Stanley Clarke, Flora Purim et d'autres grands du jazz. Ils avaient tous rencontré leurs héros Stan Getz, Tommy Flanagan, Buster Williams et Ron Carter, qui sont venus à Dakar pour un festival de jazz organisé par le Club Méditerranée en 1979. Avant cela, ils avaient fait un bœuf à Dakar avec Nina Simone, Archie Shepp, Bobby Few et Bobby McFerrin. Pendant qu'ils tournaient avec Youssou, Oumar, Pape Dieng et Habib ont eu l'occasion de rencontrer de nombreux musiciens de jazz. Lorsque Pape Dieng, qui prétend avoir 2.000 standards de jazz en tête, a rencontré le batteur Steve Gadd à New York, il lui a démontré, au grand étonnement de Gadd, qu'il pouvait reproduire ses lignes de batterie. Pape m'a expliqué que, lorsqu'il joue de la batterie, il entend les notes et même celles qui ne sont pas là. Par juxtaposition, certaines notes jouées côte à côte semblent créer des notes intermédiaires, ou des notes fantômes, qui apparaissent à travers le sentiment et l'esprit du riff. Selon Pape, c'est là que réside la véritable magie. Dans l'excellent documentaire de Hannah Rothschild, *The Jazz Baroness*,[2] qui est passé à la BBC, la productrice raconte l'histoire de sa tante Pannonica Rothschild qui était la proche amie de Thelonius Monk, le grand prêtre du Be Bop et le père du jazz moderne. Dans une entrevue, le bassiste de Monk fait allusion aux talents mystérieux de celui-ci : « J'ai joué avec les pianistes qui ont joué toutes les touches blanches ; j'ai joué avec les pianistes qui ont joué toutes les touches noires mais je n'ai jamais joué avec quelqu'un [à l'exception de Monk] qui joue entre les deux ! ».

La musique africaine est polyrythmique, donc l'on pourrait penser que les musiciens africains ont un talent naturel pour le jazz. Mais souvent, ils ne comprennent pas tous les codes, toutes les virgules et toutes les codas des standards du jazz. Dieng et les autres musiciens du groupe Harmattan n'ont pas fréquenté une école de jazz, mais ils ont appris tout ce qu'ils connaissent à l'oreille en écoutant le jazz classique, le jazz moderne, le jazz rock et le jazz funk. Ils s'entraînaient douze heures par jour, année après année pour acquérir la dextérité technique; ils ont écouté des enregistrements et les ont repris simultanément. Il n'était pas seulement question d'imiter, mais de comprendre ce qu'ils entendaient. À Dakar, ils ont assisté aux concerts de Dizzy Gillespie, Max Roach, Roy Haynes, Stan Getz ou Sonny Fortune, mais ces jazzmen expérimentés sont retournés chez eux et les apprentis étaient obligés de déchiffrer ce qu'ils avaient entendu. Ils se demandaient, « Qu'est ce que c'est que le Jazz? ». Les rythmes africains tournent en boucle (des batteurs jouent en phrases et en battements ininterrompus, ce qui fait qu'ils peuvent passer rapidement d'un rythme 6/8 au rock, reggae ou zouk), mais le jazz laisse la place pour l'expression et le dialogue entre les musiciens. C'est ainsi que ces jeunes sénégalais ont été obligés d'élaborer et de reconstituer leur propre langage du jazz sans l'aide de vrais maîtres, recréant, point par point, les moments d'ironie et d'humour, puis allant au-delà afin d'exprimer tout ce qu'ils avaient vécu, tout ce qu'ils avaient entendu, leurs idées, leurs amitiés.

Habib Faye, dont l'approche du jazz est très rythmique, était un grand fan du groupe légendaire Weather Report qui est arrivé sur la scène de jazz américaine dans les années 1970 avec un son électrique révolutionnaire. En particulier Habib admirait le regretté Jaco Pastorius dont la guitare basse a émergé comme un instrument solo. Parmi ses héros, il comptait aussi Marcus Miller. Habib m'a dit, « Je pense que je joue le même rôle dans le

205

---

2 *Storyville, The Jazz Baroness*, Dir. Hannah Rothschild, BBC 4, le 18 février 2012.

206

99. La couverture de *Teranga*, Hervé Samb © l'artiste.

groupe Harmattan que Marcus Miller dans le groupe de Miles Davis. Miller était plus jeune que Miles et les autres, mais il a amené de nouvelles idées ».

Les modes atonales de John Schofield ou Pat Metheny conviennent au tempérament *outsider* d'Oumar Sow qui aime produire des notes sauvages, étranges, mais souvent assez belles. Par principe, il ne voudra jamais reproduire un solo de jazz classique deux fois de suite. Oumar affirme que le jazz, c'est l'improvisation et c'est ainsi qu'ils vivent en Afrique, ils improvisent.

La nouvelle star du jazz sénégalais a pris la place qui lui revient dans le line-up du XXVIème Festival de jazz de Saint-Louis en mai 2018. Le guitariste accompli Hervé Samb est né à Dakar d'une mère vietnamienne et d'un père sénégalais mais il réside actuellement à Paris. Il est retourné dans sa ville natale pour enregistrer son troisième album, *Teranga*, qui signifie « hospitalité, convivialité ». Défini comme «jazz mbalax», la marque de jazz fluide et mélodique de Samb bat avec les poly-rythmes émaillés par le minuscule tama, les sabars brûlants d'Alioune Seck, les patterns de batterie d'Abdoulaye Lô et la contre-basse de Pathé Jassi. Il y a de l'humour et de la romance, de la nostalgie, de la tendresse et de la pure exubérance dans le morceau « Giant Steps » de Coltrane, « Days of Wine and Roses » d'Henri Mancini et « There Will Never Be Another You » de Harry Warren. L'ambiance générale de l'album est joviale, réchauffée par les douces voix d'Adiouza et de Faada Freddy, par les tons graveleux de Souleymane Faye et Ndiouga Dieng et par le discours rap de Ndongo Lo. Les compositions de Samb, « Dem Dakar », « Thiossane » et « Niouk » nous emmènent au cœur de la ville capitale du Sénégal.

Retour à Gorée[3]

En 2006, le réalisateur de documentaires suisse, Pierre Yves Borgeaud, a invité Youssou à retracer les routes du jazz en compagnie d'éminents musiciens de jazz européens et américains notamment le pianiste Moncef Genoud, qui est tunisien de naissance, mais suisse d'adoption et profes-seur d'improvisation de jazz au conservatoire de musique de Genève. Le guitariste autrichien, Wolfgang Muthspiel, le trompettiste basé au Luxembourg, Ernie Hammes ; et l'harmoniciste Marc Grégoire qui est de Genève et qui a travaillé avec Pat Metheny, Marcus Miller et Herbie Hancock. À New York, ils ont été rejoints par James Cammack, bassiste et ancien collaborateur d'Ahmad Jamal et le vocaliste Pyeng Threadgill.

L'aventure musicale a commencé à la Nouvelle Orléans où le groupe a rencontré le batteur Idris Muhammad, puis ils sont allés à Atlanta ex-plorer la musique gospel. À New York, le vétéran poète afro-américain Amiri Baraka a diverti le groupe devant un public d'invités. Après les répétitions au Luxembourg, les musiciens sont arrivés à Dakar pour un grand concert sur l'île de Gorée. Youssou, qui n'a jamais vraiment envi-sagé de chanter du jazz, semblait parfaitement à l'aise, interprétant cer-taines de ses propres compositions comme « Red Clay », « Diabaram » et « Samay Nit ».

En février 2011, Youssou, accompagné de Habib Faye et Mbaye Dièye Faye, s'est associé au pianiste Herbie Hancock et au saxophoniste Joshua Redman et leur équipe sur la scène de Wroclaw en Pologne. Ensemble, ils ont comblé le fossé transatlantique en interprétant les com-positions de Youssou, « Fital » (Armes inutiles) et « Yakaar » (Espoir).

3 *Retour à Gorée*, Dir. Pierre Yves Borgeaud, CAB Productions, 2007.

100. L'artiste sénégalais Wally Seck © l'artiste

Chapitre 18

Du rap ancien au hip hop et au mbalax moderne

Aujourd'hui l'influence de la langue wolof est présente dans le hip hop sénégalais. *Xippi* se prononce *hipi* en wolof et désigne une personne qui ouvre les yeux donc hip. *Deggeë* qui veut dire entendre et comprendre en wolof, devient « dig », alors que *jiv*, parler de façon désobligeante, devient Jive. L'usage courant du mot 'cat' pour décrire les musiciens de jazz pourrait bien avoir ces origines dans le « kat » du *Tamakat*, le joueur de tama en wolof. Au Sénégal, les styles traditionnels de chant rapide comme le *bakh*, le *taxuraan*, le *tassou*, anticipaient les tendances modernes de la musique rap sénégalais. Le *tassou*[1] a été créé par les Laobés, pour parler rapidement afin de dissimuler leurs commentaires. Ainsi, les jeunes rappeurs sénégalais se sont trouvés toute de suite à l'aise dans le hip-hop moderne avec sa forte pulsation rythmique.

Au cours des années 1990, Bouba, le frère de Youssou N'Dour, qui avait repéré le potentiel de nombreux jeunes groupes de rap sénégalais, a produit des albums des groupes Daara J, Bideew Bu Bess, et Pee Frois pour le label Jololi. Il a ensuite obtenu une licence pour de nombreux morceaux à la maison de disque De Label de Paris.

A cette époque, lorsque les idoles étaient **MC Solaar** qui est né Claude M'Barali au Sénégal en 1969 de parents tchadiens, mais qui a grandi en France, ainsi que le groupe sénégalais novateur, Positive Black Soul (DJ Awadi et Duggy-Tee), il y a une floraison de groupes de rap au Sénégal. Chaque rue semblait avoir son propre groupe qui se vantait d'être les défenseurs du vrai hip hop. À un moment donné, le Sénégal était troisième après les États-Unis et la France dans la première ligue des artistes et musiciens hip hop. En réalité, ils étaient peu nombreux à avoir produit des albums. Quelques-uns seulement ont percé sur la

---

1 Le *tassou* est une composition spontanée à une phrase, qui reflète un moment, une situation. La musique n'est pas importante. Seules les paroles comptent.

scène internationale. MC Solaar félicitait les rappeurs africains d'avoir évité les stéréotypes américains et d'être totalement indifférents au bling bling et aux vêtements griffés, s'habillant en tenues africaines.[2]

Les musiciens du groupe **Daara J,** dont le nom signifie « l'école », ont perfectionné la formule Rap Ragga Soul. Ils expliquent que plutôt que de s'impliquer dans le mouvement gangsta (le hip hop dur associé aux gangs de rue américains), ils se soucient de questions sociales et restent optimistes de pouvoir élever leurs fans à un niveau supérieur de conscience sociale. C'était touchant d'entendre le chanteur Faada Freddy dire, « Nous essayons vraiment de faire comprendre à nos femmes qu'elles sont des fleurs et que nous devons prendre soin d'elles parce qu'elles le méritent. Les femmes font les hommes! ». Peu de temps après, Faada Freddy s'est présenté en artiste solo et ses concerts innovateurs et enchanteurs en Europe et ailleurs allaient mettre le feu.

Le rappeur Didier Awadi qui a fondé avec Duggy Tee le groupe **Positive Black Soul** souligne l'importance du Rap dans la société sénégalaise. « Depuis le début, nous sommes devenus la voix des sans voix. Nous voulions informer les jeunes sur la corruption, l'injustice et le manque de démocratie et leur donner les clés de la vie.[3]

Il prétend qu'en soulevant des questions sociales d'actualité et en démontrant leur engagement pour le progrès social, les rappeurs ont contribué au changement du régime politique lorsqu'Abdoulaye Wade a été élu président du Sénégal. Ils ont été appelés à jouer un rôle encore plus décisif au cours de l'élection présidentielle en avril 2012 pour le dégager.

Avec l'arrivée de la pandémie Covid-19 en 2020, Awadi et ses collègues du Studio Sankara ont mobilisé toute la communauté hip-hop afin de filmer un clip vidéo réalisé par Abdou Ba pour sensibiliser la population sur les dangers du fléau et les mesures préventives à prendre. Vingt artistes ont participé à « Daan Coronavirus » en commençant par Youssou N'Dour dont le morceaux « Xale Reew Mi » a été choisi comme la base musicale de la composition du clip. Les contributeurs sont Mamy Victory, Viviane, Moonaya, OMG, Fou Malade, Samba Peuzzi, Ndongo D, Xuman, Pape Birahim, Duggy Tee, Bakhaw, Simon, Clayton Hamilton, Matador, Idrissa Diop, Korka, Ngaaka Blindé et Dip

---

2   Interview dans l'émission 'West Africa', *The African Rock 'n' Roll Years*, BBC 4, le 21 juin 2005.

3   Interview avec Afua Hirsch pour *African Renaissance, When Art Meets Power*, BBC 4 diffusé le 31 août 2020.

101. Ndoumbelane, Bideew Bou Bess © les artistes.

Doundou Guiss. Ce dernier, doté d'une très belle voix, avec des textes remarquables et mémorables sur l'unité et la tolérance entre autres, est devenu la plus grande star du Rap au Sénégal, accumulant plus de 11 millions de vues sur YouTube.

Fatou Mandiang Diatta, alias **Sista Fa,** défend fièrement son fief dans une arène à prédominance masculine. Elle a signé avec le label allemand Piranha et a sorti son premier album international, *Sarabeh – Tales from the Flipside of Paradise* en 2010. Elle parle avec passion de sa croisade contre la pratique cruelle de l'excision qu'elle a, elle-même, subi.

102. Mara Seck et son groupe Guiss Guiss Bou Bess sur scène à Medina lors de l'Expo Dakar 2020. Photographié par Jean-Baptiste Joire.

Le plus connus de tous ces artistes sénégalais est celui qu'on appelle **Akon**. C'est un chanteur américain né Alioune Badara Thiam en 1973 de parents sénégalais à Saint-Louis dans le Missouri et a passé sept années de son enfance à Dakar avant de retourner avec sa famille aux États-Unis. En 2004, il sort son premier album *Trouble* suivi de *Konvicted* et *Freedom*. A deux reprises, il est monté simultanément au no 1 et no 2 du hit parade, Billboard ; il a vendu plus de ringtones que tout autre artiste dans le monde. En tant que producteur, il a créé deux labels, KonvictMusik et KonLive Distribution. Akon revient fréquemment au Sénégal où il a une grande base de fans et où il a mis sur pied la fondation éducative Konfidence avec le footballeur El Hadj Diouf, parmi d'autres projets de développements en cours.

Certes le pays a été toujours très politisé et n'inclut que des rappeurs ou artistes dans la lutte contre la corruption, de l'injustice et les failles de la gouvernance. L'histoire du Sénégal est remplie des citoyens de tous bords engagés même perdent leurs vies dans les manifestations, comme Balla Gaye, Bassirou Faye, Mamadou Diop etc.

Une nouvelle vedette sur la scène

Né en 1985, **Wally Seck,** fils de Thione Seck dont les ancêtres, griots des Damels du Cayor, ont chanté pour Lat Dior, est monté en flèche sur la scène musicale. Le nouveau prince charmant de la musique sénégalaise a séduit son public par ses dons naturels de chanteur, les rythmes cadencés et envoûtants de son mbalax contemporain, son beau visage d'idole et sa célébrité; marié à l'ex-top modèle, Sokhna Aïdara, roulant dans une Chevrolet corvette, habillé en Louis Vuitton, Versace, ou Philippe Plein. Ses fans, les *Wallyettes*, les *Xaley Wally* (enfants de Wally) et même les *Badiènou Wally*[4] (les femmes de certaine âge) le suivent dans des clubs comme Penc Mi, Vogue ou Nirvana et au Grand Théâtre de Dakar. Elles lui offrent des dizaines de billets qui sont ramassés par un membre de son staff qui arrive sur scène avec un sac à dos. À Paris, il a rempli le Zénith et le 4 juin 2016, il a accueilli 13.000 personnes à l'Accor Arena. Il a collaboré avec d'autres musiciens africains comme Magic System de la Côte d'Ivoire, Wizkid du Nigeria et la chanteuse marocaine Sarah Ayoub et Sidiki Diabaté, le fils de Toumani, le virtuose malien de la kora. Il a montré sa polyvalence et sa sensibilité dans son hommage à la star congolaise Papa Wemba, décédé en 2016.

Quand je l'ai rencontré Wally a parlé de son succès fulgurant et de son mode de vie qui fait qu'il ne sort que la nuit afin d'éviter d'être assailli par des fans. Entouré d'une équipe de jeunes gens de son âge qui font du marketing, ses tubes apparaissent instantanément sur YouTube, Facebook et Twitter, et sont accessibles à travers le monde entier. Décidément, nous sommes à des années-lumières des cours des grands empires ouest-africains.

213

---

4   En wolof *Badiènou* sont les tantes paternelles. B*adiènou Wally* sont les fans femmes de certain âge, entre 30 à 50 ans.

103. Youssou en mode Baye Fall sur scène. © L'artiste.

104. Youssou au Bataclan à Paris, France. Photo par Patrick Tucker. © L'artiste.

IV

La musique africaine à la une

105. Jean-Marie Ahanda du groupe Têtes Brûlées © Louis Vincent.

106. Les Têtes Brûlées, groupe du Cameroun, connu pour le genre bikutsi sur scène © Louis Vincent.

Chapitre 19

Un continent en concert

En 1984, pendant l'apartheid, la controverse a fait rage autour de la visite de Paul Simon en Afrique du Sud et sa commercialisation de la musique des townships. Il est incontestable, toutefois, que le succès mondial en termes de ventes de l'album *Graceland* de Simon a renforcé la confiance des maisons de disque occidentales à signer avec des artistes africains qui semblaient prêts à rencontrer leurs pairs dans le reste du monde.

Au premier rang était Youssou N'Dour (qui, avec Mbaye Dièye Faye, a joué des sabars dans la chanson « Diamonds on the Soles of her Shoes »), Baaba Maal également du Sénégal, Salif Keita et Ali Farka Touré du Mali, l'algérien Cheb Khaled et la béninoise, Angélique Kidjo. Leur musique n'entrait dans aucune catégorie de marketing reconnue auparavant et bientôt, nous nous sommes familiarisés avec le terme World Music, inventé le 29 juin 1987 dans une salle au premier étage du pub l'Empress of Russia à Islington, au nord de Londres, par un groupe de producteurs de disques britanniques indépendants désireux de commercialiser un produit qui n'était ni classique, ni pop, ni jazz, ni folk.[1]

Alors que l'étiquette musique du monde s'appliquait aux musiques nouvellement découvertes d'Afrique, d'Amérique latine, d'Asie et d'Europe centrale, parfois tout ce qui n'est pas « occidental », ce sont les musiciens africains qui attiraient le plus l'attention des maisons de disques occidentales et des amateurs de musique du monde.

La musique africaine a été la source de nombreux styles musicaux, gospel, blues et salsa. Il y a plus de cinquante pays en Afrique et dans l'un des plus grands, le Congo, il y a 450 groupes ethniques différents, chacun avec son propre style de musique. Dans le continent, il y a une réserve inépuisable de mélodies traditionnelles et de rythmes qui

---

1 Philip Sweeney, *The Virgin Directory of World Music*, Henry Holt & Co, 1992, p. ix.

nourrissent la musique africaine d'aujourd'hui. Le camerounais Manu Dibango l'exprime succinctement lorsqu'il dit, « la musique est notre pétrole ».[2]

De nos jours, l'Afrique a produit une multitude de styles musicaux populaires comme le mbalax (Sénégal), le mbaquanga (Afrique du Sud), le gnawa (Maroc), le rai (Algérie), le soukouss (RD Congo) ou le makossa et le bikutsi (Cameroun). La plupart d'eux sont des fusions de musiques traditionnelles et occidentales, hybrides, qui se sont développées rapidement pour satisfaire un vaste marché dans ces pays. En dépit de l'éternel problème du piratage, l'industrie musicale africaine a été stimulée par l'intérêt récent de l'extérieur du continent. Juste au moment où les musiciens africains semblaient prêts à rencontrer ceux du reste du monde sur un pied d'égalité, l'apport de moyen provenant des maisons de disques européennes ou américaines a aidé à promouvoir la musique africaine à l'étranger, a boosté les ventes et généré les tournées internationales de promotion. On peut dire que les tendances qui ont mené à la World Music d'aujourd'hui étaient déjà évidentes au début des années 1960, lorsque les voyageurs hippies ont découvert de nouveaux sons et que les musiciens commençaient déjà à s'harmoniser à l'échelle mondiale. Brian Jones des Rolling Stones a rencontré les Maîtres Musiciens de Jujuka au Maroc. Ginger Baker a amené sa batterie au Nigéria et David Fanshawe a voyagé en Égypte et en Afrique de l'Est avant d'écrire *African Sanctus*. Paul McCartney a enregistré « Band on the Run » dans les studios d'EMI à Lagos.

Le sud-africain Hugh Masekela dont le single, « Grazing in the Grass », est resté en haut du hit-parade américain pendant deux semaines en juillet 1968, se plaçant devant les Rolling Stones, était parmi les premiers artistes africains à émerger sur la scène musicale pop.

Dans les années 1970, Manu Dibango, inspiré par Louis Armstrong et Charlie Parker qu'il a connu par les disques de jazz apportés par les marins au port de sa ville natale, Douala, a quitté le Cameroun pour rejoindre une communauté croissante de musiciens francophones à Bruxelles et à Paris, et a été nominé aux Grammy Awards pour son album, « Soul Makossa ». Osibisa du Ghana est apparu comme l'un des premiers groupes africains à Londres et des musiciens zaïrois, dont Franco et son OK Jazz, se sont installés à Bruxelles.

---

2 Frank Tenaille, *Music Is the Weapon of the Future: Fifty Years of African Popular Music*, Lawrence Hill Books, 2002, p.229.

James Brown, qui était l'idole de la génération de l'ère de l'indépendance en Afrique, a influencé Fela Kuti qui, après avoir visité l'Amérique à l'apogée des campagnes des droits civiques, a réalisé tout ce que l'Afrique, avec son patrimoine ancien et encore vivant, avait à offrir au reste du monde. De retour au Nigéria, Kuti a créé une nouvelle fusion qu'il a appelé Afrobeat, un jazzy, funky, brouillant mélange qui balisait le chemin pour la musique populaire en Afrique.

Dans le même temps, de grands musiciens afro-américains tentaient de réaliser leur rêve d'appartenance à l'Afrique. John Coltrane, en particulier, est devenu de plus en plus influencé par l'Afrique surtout quand il a écrit « Tanganyika Strut », « Dahomey Dance » et « Africa ». Miles Davis a été inspiré par les Ballets africains de la Guinée quand il écrivait « Kind of Blue ». Dizzy Gillespie a enregistré « Night in Tunisia » et Lamont Dozier a composé « Return to my Roots » avec l'exilé sud-africain, Hugh Masekela.

Et l'Afrique a accueilli ses fils et filles perdues. En 1974, lorsque la République démocratique du Congo a été renommé le Zaïre, le Président Mobutu a organisé le festival Rumble in the Jungle qui a duré une quinzaine de jours. L'attraction principale fut le combat de Mohammed Ali contre George Foreman et les boxeurs étaient eux-mêmes présents dans le stade bondé où James Brown, B.B. King et les cubains, Johnny Pacheco, Celia Cruz et Fania All Stars sont montés sur scène.

Les stars de l'African Prom

Lorsque *Africa '95*, un grand festival de musique et d'art africain s'est tenu à Londres à l'été 1995, l'étoile de Youssou N'Dour, la vedette sénégalaise, brillait à l'extérieur du continent. Il a donc été le premier artiste africain à être invité à ce festival. J'ai proposé à la BBC une saison estivale africaine, *African Summer Season* qui coïnciderait avec le festival. Des programmes télévisés ont été commandés par le responsable de la BBC 2, Michael Jackson. J'ai alors produit deux de ces programmes, à savoir *Africa's Rock 'n' Roll Years* et *The African Prom*.[3] En cent ans de *Promenades Concerts* au Royal Albert Hall, jamais des musiciens africains n'avaient été invités. Cependant, en septembre 1995, dans le cadre d'*Africa '95*, cinq des plus grands noms du continent, Youssou N'Dour, Baaba Maal, Lucky Dube, Salif Keita et Khaled, ont joués au *Proms*.

---

3 *Africa's Rock 'n' Roll Years*, BBC 2, diffusé le 5 août 1995 et *The African Prom: The Gala Concert for Africa '95*, BBC 2 diffusé le 22 septembre 1995.

107. Couverture du programme pour le concert 'African Prom' au Royal Albert Hall de Londres pendant le festival Africa '95 © BBC.

Malheureusement, le talentueux musicien, Lucky Dube est mort tragiquement en 2007, assassiné dans une banlieue de Johannesburg. Dube qui a adopté et réadapté le reggae jusqu'à ce qu'il swingue aux rythmes sud-africains, a été influencé par la musique traditionelle zulu *mbaquanga* et motivé par des quartiers urbains, et par les sentiments et l'âme du gospel. Ses albums, comme *Prisoner*, qui ont eu un énorme succès ont régulièrement été vendu à plus de 300.000 exemplaires en Afrique du Sud. Dube avait signé un contrat avec Tabu records, qui fait partie du label Motown et il espérait créer des liens plus étroits avec les afro-américains et conquérir un marché qui avait jusqu'alors été curieusement insaisissable, même pour les artistes africains les plus vendus ailleurs.

The African Rock 'n' Roll Years

D'après un format de télévision populaire à l'époque, l'émission de la BBC, intitulée *Africa's Rock 'n' Roll Years*, et qui durait une heure a été diffusée le 5 août 1995. L'annonce dans le magazine, *Radio Times*, l'a décrite comme « une étude des évènements capitaux de l'ère post coloniale accompagnée de musiques magnifiques ». Les images des évènements qui se sont déroulé entre 1960 et 1995 étaient sous-titrées et intégraient des performances musicales ainsi que de la bande-son.

En 2005, après une période où j'avais travaillé à Dakar avec Youssou, je suis retournée à la BBC où j'ai conçu, documenté et produit une série télévisée en six épisodes. Nous avons suivi le même format d'émission fait d'archives, d'extraits de concerts, de bandes-son, et d'images sous-titrées sans commentaires que j'avais produit dix ans auparavant. Cette fois, la série s'intitulait *The African Rock 'n' Roll Years*. Transmise sur BBC 4, les six émissions reflétaient l'histoire de la musique africaine moderne en Afrique du Nord, en Afrique australe, en Afrique Centrale, en Afrique de l'Ouest, la zone highlife (Nigéria, Ghana, Bénin et Cameroun), et enfin les pays lusophones, les ex-colonies portugaises (Cap-Vert, Mozambique, Angola et Guinée-Bissau). Pour préparer les émissions, j'ai visionné des heures d'archives vidéo et j'ai filmé environ cinquante entretiens, principalement à Londres et à Paris où j'ai été beaucoup aidée par Mabinuori Kayode Idowu, ami et biographe de Fela Kuti. Lorsque j'ai compris que la tâche de produire les six programmes seule en seulement quatre mois était impossible, le producteur exécutif, Mark Cooper, a accepté que nous invitions le journaliste chevronné Robin Denselow à se joindre à notre équipe de production.

Heureusement, nous avons terminé tous les six programmes à temps et lorsque le premier, l'Afrique de l'Ouest, a été diffusé le 21 juin 2005, Youssou N'Dour a donné le ton avec ces mots d'accueil : « Dans les pays riches, les pays développés, lorsqu'on montre l'Afrique, c'est souvent le visage du sida, de la pauvreté, de la guerre, mais l'Afrique a un autre visage, un visage positif, celui qui offre de la couleur, de la joie, une merveilleuse musique et de l'art ».

Et puis Youssou a chanté « New Africa », un morceau d'esprit panafricain qui faisait appel à l'unité et à l'autosuffisance.

C'est Youssou N'Dour

Qui appelle tous les Africains,

À se réunir et partager des idées

Oublions les frontières, travaillons ensemble

Je m'adresse à vous, les chefs d'états

Vous dirigez le pays mais

Le pays ne vous appartient pas
De vrais chefs aiment leur pays
Nous pouvons demander de l'aide
Mais essayons d'être indépendants
Nous sommes des Africains
Quand le soleil se lève
Soyons debout
Prêts à travailler
Les journées passent vite
Nous n'avons qu'à résoudre les problèmes
Un à un
Unis nous sommes plus forts
Notre chemin est long
Nous avons beaucoup de choses à faire
Donc préparons-nous
Changeons nos attitudes
Travaillons ensemble, et ne nous arrêtons pas

Cheikh Anta Diop, Kwame Nkrumah, Steve Biko,
Vous nos frères et sœurs
AFRICA.

La zone highlife - Afrique de l'Ouest

En Sierra Leone, et tout le long de la côte du Golfe de Guinée en passant par le Ghana, le Bénin jusqu'au Nigéria, des auteurs-compositeurs-interprètes avaient l'habitude de divertir les clients dans les bars à vin de palme avec leurs chansons improvisées, accompagnées par des instruments traditionnels tel le *likembe* piano à pouces et les bouteilles, et plus tard les guitares et les banjos. Les esclaves qui sont revenus des Caraïbes à Freetown ont rajouté la musique *mento*, calypso et ragtime afin de créer un nouveau style appelé *maringa*. Une telle musique coulait tout le long de la côte pour devenir *ashiko* au Nigéria et *osibisaaba* au Ghana. Ici, quand l'élite sortait dans les clubs huppés et dans les salles de danse chic d'Accra, les badauds ont nommé cette musique séduisante

108. *Travel and See*, Hi-Life International © Sterns Music.

qu'ils entendaient à l'intérieur le highlife.[4] À partir du Ghana, le highlife fut portée vers la côte du Nigeria où il s'est développé dans toute une série de nouveaux styles dont la musique *Juju* de King Sunny Ade et Ebenezer Obey.

Prince Sunday Anthony Ishola Adeniyi est né en septembre 1946 à Oshogbo, dans l'ouest du Nigeria, dans la famille royale d'Ondo, mais il a rompu avec la tradition familiale pour devenir le musicien nommé King Sunny Ade. Il m'a dit, « Je suis un prince par naissance, mais un

---

4 D'après Chris Stapleton et Chris May, auteurs de l'ouvrage *African All Stars: The Pop Music of a Continent*, Quartet Books, 1987, p.37, 'The people outside clubs like the Roger Club called it highlife as they did not reach the class of the couples going inside, paying high entrance tickets and wearing full evening dress including top hats if they could afford it.'

109. King Sunny Ade.

roi par ma musique ». Sa musique *Juju* qu'il a nommé ainsi parce que les colons autrefois considéraient le culte des dieux africains du fer, du tonnerre, du feu et de l'eau comme étant du charlatanisme (juju). C'est un mélange de musique de ces cérémonies avec la musique du vin de palme, de divertissements, que les Yorubas appelaient *ashiko;* et puis les tambours traditionnels se mêlent avec des guitares modernes y compris la Pedal Steel guitare qu'Ade a entendu dans la musique « country et western » de Jim Reeves et qui lui semblait très africaine. Ade joue de la guitare à la manière des joueurs de *goje,* un instrument à cordes traditionnel. Tout comme Youssou N'Dour, Ade a débuté sa carrière en chantant les louanges de riches mécènes, mais il a s rapidement pris son indépendance et a créé un nouveau son synchromatique, une nouvelle danse et un nouveau rythme qu'il a annoncé en 1976 dans sa chanson « Synchro System Movement ». Comme l'indique le nom de son groupe de seize musiciens, les African Beats, Ade fut aussi influencé par l'Afrobeat de Fela Kuti.

En 1982, Island Records a signé un contrat de trois albums avec Ade, convaincu d'avoir trouvé le nouveau Bob Marley. King Sunny Ade a fait ses débuts à Londres avec un concert triomphal au Lyceum Ballroom en janvier 1983, puis il a enregistré deux albums, *Juju Music* et *Synchro System* produits par Martin Meissonier. Mais lorsque la maison de disque lui fait part de ses idées pour rendre sa musique plus commerciale, King Sunny Ade refuse tout compromis et leur a dit : « Que vais-je dire ? Comment expliquer d'où est venue cette musique ? Comment vais-je oser me montrer chez moi? ».[5] Et c'est ainsi que King Sunny Ade a quitté Island Records, mais il a continué à jouir d'une énorme popularité au Nigéria et s'est enrichi grâce à sa musique et à ses intérêts commerciaux dans les secteurs pétroliers et miniers.

En 1984, un autre artiste de Island Records, **Wally Badarou**, qui est né à Paris de parents médecins béninois, d'origine Yoruba comme Sunny Ade, a écrit un album remarquable et révolutionnaire intitulé *Echoes*, fortement synthétisé et présentant des morceaux instrumentaux novateurs inspirés par le jazz, la musique classique et la musique traditionnelle du Bénin. Badarou, qui a voulu à un moment donné devenir pilote, a toujours été fan de nouvelles technologies. Selon lui, les gens ne comprenaient pas son album. Island ne l'a pas compris, indécis peut-être à cause de son éventail d'idées, et ne savait donc pas comment le promouvoir. Pour les fans africains de Badarou *Echoes* était un album africain, mais le groupe anglais Massive Attack le considérait comme un album hip-hop. Pour ce brillant compositeur et musicien, le jazz n'était pas seulement une école ; c'était la base de son développement musical. À son avis, puisque les éléments de jazz ont quitté les côtes de l'Afrique avec les esclaves, et que désormais le jazz souffle vers l'Europe et le continent africain, il le considère comme de la musique classique contemporaine de l'Afrique. Il n'y aurait pas eu de Fela Kuti ni de Manu Dibango sans le jazz.

Emmanuel « Manu » N'Djocke Dibango (1933–2020) est arrivé à Paris du Cameroun en 1949 à l'âge de 16 ans. L'écrivain et musicien camerounais, Francis Bebey, l'a présenté à Duke Ellington, Sidney Bechet, et dans des clubs de jazz, comme La Bohème, tenu par l'épouse de Bud Powell, où les musiciens se rendaient après leur prestation. Il a commencé à s'enthousiasmer pour le jazz qu'il a défini comme « l'éphémère structuré autour du moment ».[6] Une fois qu'il a créé son propre groupe à Paris, il a, dans les années 1980 et 1990, rassemblé autour de lui une pépinière de jeunes musiciens camerounais talentueux, y compris les bassistes Étienne Mbappé, Armand Sabal Lecco et Richard Bona, qui ont tous un don particulier de jeu dans un style inspiré par les techniques percussives traditionnelles des joueurs de balafon de leur pays. En 1972, quand le Cameroun accueillait la huitième coupe des nations africaines,

225

---

5   Interview avec l'auteure, Londres, juillet, 2005.
6   Interview avec Beatrice Soulé pour son film *Silences, Rhythms of the World*, BBC 2, diffusé le 7 août 1993.

226

110. Le musicien de jazz cameroonais Manu Dibango sur scène ©Adama Doucouré.

il a été demandé à Dibango d'écrire l'hymne de cet événement. À la face B, il a sorti « Soul Makossa » (soul pour la musique soul et makossa qui veut dire danse) et ce morceau est devenu un tube. Comme il l'a expliqué : « La musique soul correspond plus au tempérament africain que le jazz, car on la danse plus facilement et les Africains entendent la musique avec leurs pieds.[7]

En décembre 1984, Manu Dibango a organisé et produit à Paris l'enregistrement du morceau « Tam Tam pour l'Éthiopie » pour les victimes de la famine en Éthiopie. Youssou N'Dour, Salif Keïta, Mory Kanté, Touré Kunda, Souzy Kasseya, Ray Lema, Hugh Masekela, et King Sunny Ade y ont tous participé. Le single à deux faces s'est vendu à plus de 80.000 exemplaires et l'argent a été versé à Médecins sans Frontières. La carrière distinguée et exceptionnelle de Manu Dibango a continué sans interruption jusqu'à sa mort, en mars 2020, du coronavirus à l'âge de 86 ans.

Olufela Olusegun Oludotun Ransome-Kuti (1938–1997), fils du pasteur Israel Ransome-Kuti, principal d'une école secondaire à Abeokuta, et de sa femme Funmilayo, militante féministe, est devenu mondialement connu sous le nom de Fela Kuti. Il a étudié au Trinity College of Music à Londres et, en 1969, il a séjourné à Los Angeles à l'apogée des mouvements pour les droits civiques. Malcolm X, en particulier, l'a beaucoup marqué. Quand il est rentré au Nigeria l'année suivante, enflammé par des idées nouvelles sur la politique et la musique, la guerre au Biafra venait de se terminer mais les soldats fédéraux patrouillaient toujours dans les rues de Lagos, et les chefs et les généraux retraités se partageaient les revenus du pétrole. L'opposition de Fela aux militaires, à la corruption et à l'injustice lui ont valu d'être puni ainsi que sa famille. Il fut battu, détenu en prison (dans une cellule appelée Kalakuta, le nom qui l'a donné par la suite à sa maison et son club le Kalakuta Republic).

Le 18 février 1977, une semaine après la fin de Festac 77, la deuxième édition du festival mondial des arts nègres, où Fela avait refusé de participer en protestation contre l'impunité d'état, le Kalakuta Republic a été pris d'assaut par mille soldats qui ont violé les femmes, jeté la mère de Fela et son frère par la fenêtre et incendié la propriété.[8] La mère de

---

7   Katharina Lobeck, *Folk Roots*, Issue 249, mars 2004, p.40.

8   Fela a souligné dans une interview que l'une des raisons de cette attaque contre lui était parce qu'il a refusé de participer au Fesman 1977, voir '1993: Fela's Ikoyi Prison Interview with detained editors – P.M. News' (pmnewsnigeria.com).

111. *Teacher Don't Teach Me Nonsense*, Fela Kuti, photographe Bernard Matussiere ©Knitting Factory Records.

Fela âgée de 78 ans est décédée l'année suivante de blessure reçue de cet assaut. Fela fut battu, hospitalisé et détenu en prison pendant 27 jours. Cet événement et la charade de la justice nigériane contrainte par le gouvernement ont été immortalisée dans les deux albums *Unknown Soldier* (1979) et *Coffin for Head of State* (1981), deux véritables tours de force de talent et de virtuosité pour la justice.

Fela était une telle épine pour les autorités que lorsqu'en 1983, il décida de se présenter aux élections présidentielles en tant que leader du parti politique *Movement of the People* ou MOP, sa candidature fut refusée. Il fut arrêté et détenu en prison plusieurs fois. En 1984, il fut condamné pour dix ans pour soi-disant trafic de devises étrangers (destinés à un tournée avec son groupe) par le gouvernement militaire de Muhammadu Buhari et a passé plusieurs années en prison jusqu'au 1986, après Buhari a été délogé par un autre militaire Ibrahim Babangida.

Avec son groupe Koola Lobitos, la musique de Fela a mélangé le highlife d'Afrique de l'Ouest avec le funk américain du style James Brown (le chanteur s'est rendu à Lagos en 1970) et le jazz. Fela a toujours dit que le talentueux batteur, Tony Allen, qui était si doué techniquement qu'il donnait l'impression de, à lui seul, battre quatre tambours, a mis du rythme dans son nouveau style, l'Afrobeat. Les chansons, en anglais pidgin et yoruba, étaient de longs commentaires critiques sur son époque et Fela fut un compositeur prolifique. Dans sa boite de nuit, le Shrine (qui comportait un vrai autel dédié aux dieux yoruba), Fela et son orchestre Africa '70, qui est devenu ensuite Africa '80, proposaient des soirées qui duraient jusqu'au petit matin.

L'ami et manager de longue date de Fela, Rikki Stein, l'a décrit comme un géant dont la musique est : « un grondement de tonnerre et un coup de foudre, couche sur couche de rythmes et de mélodies sublimement entrelacées, emmêlés dans un délicieux nœud d'inspiration divine ». Quant aux concerts de Fela, Stein appréciait le grand spectacle :

« La cerise sur le gâteau, c'était les chanteuses et danseuses, des créatures fabuleuses, irréelles et scintillantes qui dégageaient des vagues de sensualité et de sexualité. Au milieu de ce festin audiovisuel, Fela était le roi. Il était partout à la fois, jouant des claviers, du saxophone soprano ou alto, parfois un solo de tambours ou une danse sinueuse qui traversait la scène, puis c'était le moment de chanter, l'omniprésent spliff toujours entre ses doigts élégants ».[9]

Fela était tellement célèbre que quand il est décédé à l'âge de 58 ans, d'une pathologie liée au sida en 1997, une foule de 150.000 personnes s'est rassemblée au Tafawa Balewa Square à Lagos pour lui rendre hommage devant le cercueil vitré. Le cortège funèbre est allé du Shrine à Pepple Street, dans le quartier d'Ikeja, où sa famille et ses amis ont participé à une cérémonie privée et le lendemain matin, après son inhumation devant sa maison, son fils Femi a joué un simple solo de saxophone. Fela Kuti a été célébré dans un super spectacle musical, « Fela ! », qui a

---

9   Rikki Stein, 'A giant of a man, 1938–1997', notes de pochette pour le double CD/ DVD *The Best of Fela Kuti: Music Is the Weapon*, Wrasse Records, WRASS 132, 2004.

débuté au théâtre Eugene O'Neill à New York en 2009 et a ensuite été présenté à Broadway et au Théâtre national de Londres.

L'Afrika Shrine a été recrée sous la gérance de Femi Kuti et de sa sœur Yeni. Femi et son frère Seun gèrent chacun leur propre orchestre, respectivement Positive Force et Africa '80, et ils n'ont pas peur de s'exprimer sur les problèmes sociaux. Femi prétend que la corruption s'est maintenant généralisée à tous les niveaux de la société nigériane. D'après lui, les chefs d'États sont si corrompus que le peuple a également besoin d'être corrompu pour survivre.

Olufemi Sanyaolu, aka **Kezia Jones,** né au Nigeria en 1968, s'est détaché du style de la musique populaire Yoruba dans laquelle il a grandi, et a perfectionné un rythme funky et percussif qu'il appelle *Blufunk* et qui lui a apporté du succès à Paris et à Londres. Il m'a parlé de son admiration pour Fela Kuti : « Il a couvert tous les domaines, la politique, la religion, la culture, la mode et il l'a fait avec beaucoup d'élégance ».

230

112. L'artiste nigérian Keziah Jones.

113. L'artiste béninoise Angélique Kidjo, 2014 © Aija Lehtonen/Shutterstock.

Selon la journaliste et présentatrice ghanéenne, Rita Ray, Jones est le lien musical entre Fela et les afrobeats de plus en plus populaires et répandus d'aujourd'hui.[10]

Angélique Kpasseloko Hinto Hounsinou Kandjo Manta Zogbin Kidjo, que nous connaissons sous le nom d'Angélique Kidjo, est née en 1960, au Bénin où son père était contrôleur de la Poste. Jeune, elle espérait devenir chanteuse, mais elle trouvait l'atmosphère dans son pays étouffante. En effet le président marxiste-léniniste, Matthieu Kérékou qui avait pris le pouvoir par un coup d'État en 1972, voulait que les musiciens écrivent des chansons à la gloire de son régime. En 1983, elle est partie à Paris étudier à l'école de jazz, la CIM, et c'est là qu'elle a rencontré son mari, le musicien et producteur, Jean Hebrail. Avec lui à ses côtés en France et plus tard à New York, Angélique a forgé une brillante carrière qui lui a valu de nombreuses récompenses, dont quatre Grammy Awards, en 2008, en 2015, en 2016 et en 2020.

Elle a collaboré avec d'autres chanteuses célèbres comme Dianne Reeves et Alicia Keys. Mais une femme lui a donné la confiance de poursuivre son rêve d'être une chanteuse célèbre. Elle m'a dit : « Il est difficile d'être femme et chanteuse en Afrique, car c'est une société machiste. Mais quand j'ai entendu Miriam Makeba chanter, ma vie a

___

10 *Africa: A Journey into Music*, BBC 4, diffusé en mai 2018.

114. *République Amazone*, Les Amazones d'Afrique © Realworld Records.

232

complètement changé. Voici une femme africaine qui chantait à égalité avec les hommes et je me suis dit si elle peut le faire, pourquoi pas moi ! » Toujours curieuse et inventive, Kidjo est dotée d'une voix remarquable, puissante et étendue ; elle est également énergique et ambitieuse et a su exploiter les outils modernes de commercialisation, y compris les vidéos promotionnelles telles celle de « Agolo » dans laquelle, habillée d'un costume doré, elle brille autant que sa musique. Avec son album *Black Ivory Soul,* elle a exploré les liens entre sa musique et celle de la diaspora noire de Bahia du Brésil, tandis que « Oyaya », reflète son intérêt pour le *calypso,* les fûts en acier, et le son Cubain.

En 2017, Kidjo chante « Dombolo », un puissant cri du cœur, dans l'album *République Amazone.* Interviewée par le magazine *Rolling Stone,* Kidjo explique qu'elle chante la beauté et la force des femmes unies ainsi que leur capacité à donner une nouvelle perspective de la société. L'album présente la musique d'un collectif féminin ouest-africain nommé Les Amazones d'Afrique formé à Bamako en 2014 par Kandia Kouyaté, Mamani Keita, Mariam Doumbia, Mariam Koné, Massan Coulibaly,

Nneka, Pamela Badjogo, Rokia Koné et le batteur Mouneissa Tandina afin de soutenir les femmes victimes de violence.

Pour Charlie Brinkhurst-Cuff, cette musique produite par l'Irlandais Liam Farrell alias Doctor L, donne un nouvel élan aux instruments traditionnels tels le tama. « Elle ressemble à l'activité de *melting pot* qui définit les nouvelles villes du continent africain », souligne Brinkhurst-Cuff. Pour sa part, Kidjo explique : « Nous avons une nouvelle génération de producteurs et artistes en Afrique qui traitent nos rythmes et sons comme on n'a jamais vu ».[11]

Afrique australe

Le sujet de la musique sud-africaine ne peut être abordé sans parler de la contribution d'immenses icônes que sont Miriam Makeba, Hugh Masekela et Abdullah Ibrahim.

Dollar Brand, de son vrai nom Adolph Johannes Brand, est né à Cape Town en 1934 et il a commencé à jouer du piano à l'âge de 7 ans. Il a grandi dans un milieu multiculturel en écoutant les chansons traditionnelles, le gospel et les ragas indiens, mais c'est le jazz qu'il a entendu grâce aux disques amenés par les marins au port du Cap, qui est devenu sa vraie passion. Sa carrière de pianiste a commencé avec l'African Jazz and Variety Show dirigé par Alfred Herbert au théâtre Windmill à Johannesburg où Miriam Makeba était chanteuse. Il a ensuite fondé les Jazz Epistles avec Hugh Masekela. En 1962, il a créé son propre trio avant de partir pour l'Europe où il persuade Duke Ellington lui-même d'assister à son concert à Zurich. Ellington l'a présenté au label parisien Reprise Records, et rapidement le Dollar Brand trio a participé à des festivals prestigieux, non seulement en Europe, mais également aux États-Unis en commençant par le festival Newport Jazz de 1965. À New York, Dollar Brand a étudié à l'École Julliard et il a collaboré avec des musiciens de jazz progressistes tels que Don Cherry, John Coltrane, Ornette Coleman et Archie Shepp. En 1968, il s'est converti à l'Islam et a changé son nom pour Abdullah Ibrahim. La même année, il a été le sujet d'un documentaire très apprécié intitulé *A Brother with Perfect Timing*[12]

---

11 Richard Gehr, 'Les Amazones d'Afrique: Hear the debut LP from West African supergroup', *Rolling Stone*, le 24 March 2017. Disponible à https://www.rollingstone.com/music/music-news/les-amazones-dafrique-hear-the-debut-lp-from-west-african-supergroup-110206/, consulté le 1 mars 2019.

12 *Arena: A Brother with Perfect Timing*, BBC 2, le 27 février, 1987.

réalisé par le sud-africain Chris Austin (qui a également réalisé le documentaire de la BBC sur Salif Keita). Dans le film, Ibrahim présente son merveilleux et mémorable morceau, « Mannenberg » inspiré du quartier de Cape Flats où vivent aujourd'hui les expulsés de District Six, en plein centre de Cape Town.

Miriam Makeba (1932–2008) a chanté à l'école ainsi que dans la chorale de son église à Johannesburg. A l'âge de vingt ans, elle devient choriste pour l'un des orchestres les plus connus d'Afrique du Sud, les Manhattan Brothers. En 1955, elle est la vedette du spectacle musical, « King Kong ». Suite à son passage dans le documentaire *Come Back Africa,* Makeba a été invitée au festival du film de Venise et à Londres où elle a chanté dans l'émission de la BBC, *Tonight.* Un autre invité, Harry Belafonte, fut tellement impressionné par la voix et le talent de Makeba qu'il est devenu son mentor, collaborateur et *grand frère*. Quand elle a émigré aux États-Unis, Belafonte l'a soutenue dans sa campagne contre l'apartheid et Makeba a été reçue par des chefs d'État comme John F. Kennedy et Fidel Castro. Mais quand, en 1960, elle a essayé de rentrer en Afrique du Sud pour assister aux funérailles de sa mère, elle a découvert que son passeport avait été révoqué par le gouvernement sud-africain. Elle est donc restée trente ans en exil. Elle a dit :

234

> « Je suis chanteuse et pas politicienne ; pourtant depuis que je suis en exil, chaque chanson que je chante devient un manifeste politique qui reflète les espoirs et les aspirations de mon peuple. Je ne sais pas ce que ce mot veut dire. Les gens pensent que j'ai délibérément décidé de dire au monde ce qui se passait en Afrique du Sud. Non! Je chantais sur ma vie, et en Afrique du Sud, nous chantions toujours les évènements de nos vies ; en particulier, les choses qui nous blessaient ».[13]

En 1962, Makeba et Belafonte étaient présents au concert de Madison Square Garden fêtant l'anniversaire du Président John F Kennedy, cette même soirée où Marilyn Monroe a chanté « Happy Birthday » pour le président. L'album *An Evening with Belafonte/Makeba,* sorti en 1965, a reçu un Grammy Award. Miriam Makeba et Hugh Masekela se sont mariés en 1964 pour divorcer deux ans plus tard. En 1968, suite à son mariage avec l'activiste politique américain, Stokely Carmichael, Makeba a dû faire face à la discrimination ; ses concerts ont été annulés et sa maison de

---

13 Alan Cowell, «Miriam Makeba, South African songstress, dies at 76», *New York Times,* le 10 novembre 2008. Disponible à https://www.nytimes.com/2008/11/10/world/africa/10iht-obits.1.17682273.html, consulté le 1 mars 2019.

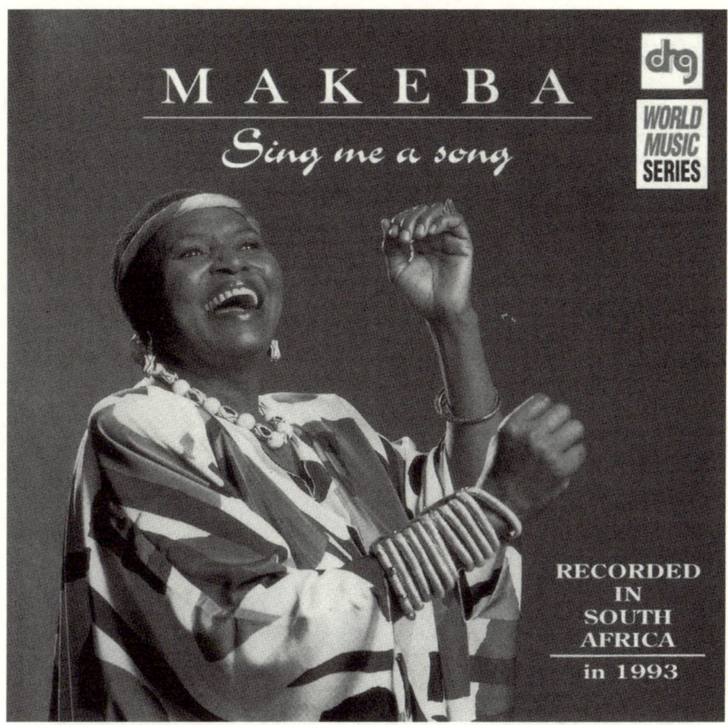

115. *Sing Me a Song*, Miriam Makeba © Celluloid Records.

disque a rompu son contrat d'enregistrement. Elle est alors partie en Guinée où le Président Sékou Touré, l'a nommée représentante aux Nations Unies, et en 1975 et 1976, elle s'est adressée à l'Assemblée générale sur le sujet de l'apartheid. Miriam Makeba et ses collègues musiciens d'Afrique du Sud, le guitariste Ray Phiri, le célèbre groupe *a capella*, Ladysmith Black Mambazo, et Hugh Masekela, ont rejoint la tournée mondiale pour *Graceland* de Paul Simon en 1987. La dame surnommée « l'impératrice de la musique africaine » ou « Mama Africa », est morte d'une crise cardiaque juste après un concert en Italie en novembre 2008, à l'âge de 76 ans.

Hugh Ramopolo Masekela est né à Witbank, près de Johannesburg en 1939. A l'âge de 10 ans, ses parents ont déménagé à Alexandra, un quartier noir où il fut élève à l'école secondaire St. Peter's dirigé par le père Trevor Huddleston. Au cinéma, le jeune Masekela a vu *Young Man with a Horn*, qui racontait la vie du trompettiste Bix Beiderbecke, et à partir de ce moment-là, il décide de devenir jazzman. Il a été chef d'orchestre du Huddleston Jazz Band qui jouait de la musique locale *marabi* aussi bien que du jazz. Quand le père Huddleston a rencontré Louis

116. L'artiste sud africain Hugh Masekela © Oliver Delahaye/Shutterstock.

Armstrong à New York et lui a parlé de Masekela, Armstrong lui a tout de suite fait cadeau d'une trompette.[14]

La première percée professionnelle de Masekela survient lors-qu'il intègre le spectacle musical « King Kong » avec les Manhattan Brothers et Miriam Makeba. En 1960, avec l'appui des musiciens Yehudi Menuhin et Johnny Dankworth, il entre au Guildhall School of Music à Londres mais le quittera rapidement pour retrouver Miriam Makeka à New York et poursuivre ses études au Manhattan School of

14 Sue Lawley, 'Hugh Masekela', *Desert Island Discs*, BBC Radio 4, diffusé le 16 juillet 2004. Disponible a https://www.bbc.co.uk/programmes/p00938bc, consulté le 1 mars 2019.

Music. Quand son single « Grazing in the Grass » a été classé no. 1 du Billboard, Masekela a donné un concert à guichets fermés au Carnegie Hall. Mais en 1972, soucieux de se connecter encore avec la musique africaine, Masekela s'est rendu en Afrique de l'Ouest où il a travaillé avec les musiciens de même tendance comme le Xalam à Dakar, et Fela Kuti à Lagos. « Stimela » qui décrit la dure vie des ouvriers migrants, et « Grazing in the Grass » et « Bring him Back home », qui a été écrit pour Nelson Mandela font partie des morceaux les plus appréciés de Masekela. Après soixante ans de carrière distinguée, le maestro nous a quitté à l'âge de 78 en janvier 2018.

Quand les exilés, Hugh Masekela, Miriam Makeba et Abdullah Ibrahim sont finalement retournés en Afrique du Sud à la fin de l'apartheid, ils ont trouvé un réseau de jeunes auteurs-compositeurs confiants qui faisaient du hip hop, du jazz moderne et de nouveaux styles tels que le *Kwaito* de Simphiwe Dana, Thandiswa Mazwai et Skwatta Camp. Avec la disparition de nombreux labels internationaux et la chute des ventes mondiales d'albums, ces jeunes vedettes savent qu'ils n'atteindront probablement jamais la renommée internationale dont jouissaient un Hugh Masekela, une Miriam Makeba ou un Abdullah Ibrahim, mais semblent heureux d'accepter leur succès considérable dans leur pays et dans les pays voisins.

Au Zimbabwe où la situation politique et sociale a commencé à se détériorer de façon dramatique à l'aube du nouveau millénaire, Thomas Mapfumo, qui avait joué un rôle très engagé dans les années avant l'indépendance (1980), inspirant les guérillas Zanla, les combattants de la liberté, avec sa musique *chimurenga*. Mapfumo a passé 90 jours en prison sous le gouvernement d'Ian Smith et a joué sur la même scène que Bob Marley à Harare lors du concert célébrant l'indépendance du Zimbabwe. Il trouvait le régime de Mugabe si intolérant et intolérable qu'il a décidé de partir en Amérique. Timide, réservé et très gentil, Mapfumo déplore l'injustice et est sensible à la famine des innocents, et les enfants qui dorment dans la rue. Pour lui, la musique peut être la voix aux sans-voix. Dans un entretien avec moi à la BBC en 1991, il a dit, « Nous parlons au nom des pauvres lorsque nous écrivons des chansons, je me considère encore comme un combattant de la liberté ».[15] De la même manière que Youssou N'Dour a intégré les sabars dans sa musique mbalax, Mapfumo et son groupe, Les Blacks Unlimited se sont inspirés du *mbira*, piano de

237

---

15 'Viva Zimbabwe', *Rhythms of the World*, BBC 2, diffusé le 2 mars 1991.

pouce, et ont chanté en Shona pour que les peuples parlants cette langue en Afrique australe comprennent.

Lorsque Robert Mugabe, qui a été président du Zimbabwe pendant 37 ans, a été contraint de quitter le pouvoir en novembre 2017, Mapfumo a décidé de retourner à Harare pour la première fois en 14 ans avec ses dix-sept musiciens et danseurs chevronnés. Il a joué devant 20.000 fans excités, de nouveaux aussi bien que d'anciens, au Glamis Open Air Arena. A cette occasion, il a déclaré au journaliste Banning Eyre : « Mon message est toujours le même, il n'a pas changé. Je veux rester aux côtés des pauvres, c'est là ma place ».[16]

Afrique centrale

François Makiadi Luambo dit **Franco,** probablement le plus grand guitariste Africain de tous les temps, celui qu'on appelait le sorcier et grand maître de la musique big band soukouss, est né en 1938 à Sona Bata au Congo Belge. Il avait 10 ans quand son père est décédé et il aidait sa mère qui vendait des beignets dans la rue en chantant des *kebos*, les chansons populaires de l'époque, en s'accompagnant d'une guitare de fortune. Quand, à Kinshasa, il a formé Le Tout Puissant OK Jazz, un groupe de vingt musiciens, il a perfectionné une technique de jeu de guitare, semblable à celle utilisée par les joueurs de *likembe,* le piano à pouces et il a développé le *sebene,* un style de rumba rythmé par des boucles répétitives de plusieurs guitares d'accompagnement, ce qui a donné une puissante vitalité à sa musique. Le musicien Ray Lema l'explique ainsi : « Pour créer le *sebene,* il faut jouer une phrase et la répéter jusqu'à ce qu'elle devienne hypnotisante, jusqu'à avoir la tête qui tourne ».

C'est à Bruxelles où Franco s'est révélé être un entrepreneur avisé (un modèle pour King Sunny Ade et Youssou N'Dour). Il a créé les labels Visa 80, Edipop et Choc ainsi qu'une maison d'édition, African Sun Music, afin de collecter les droits de son catalogue de 3.000 morceaux et 150 albums. Une de ses dernières chansons et peut-être même la plus impressionnante fut « Attention Na

---

16 Banning Eyre, 'Thomas Mapfumo, "Lion of Zimbabwe", returns from exile with triumphant homecoming', NPR, le 7 mai 2018. Disponible à https://www.npr.org/sections/therecord/2018/05/07/609046651/thomas-mapfumo-lion-of-zimbabwe-returns-from-exil-with-triumphant-homecoming?t=1552493170720, consulté le 1 mars 2019.

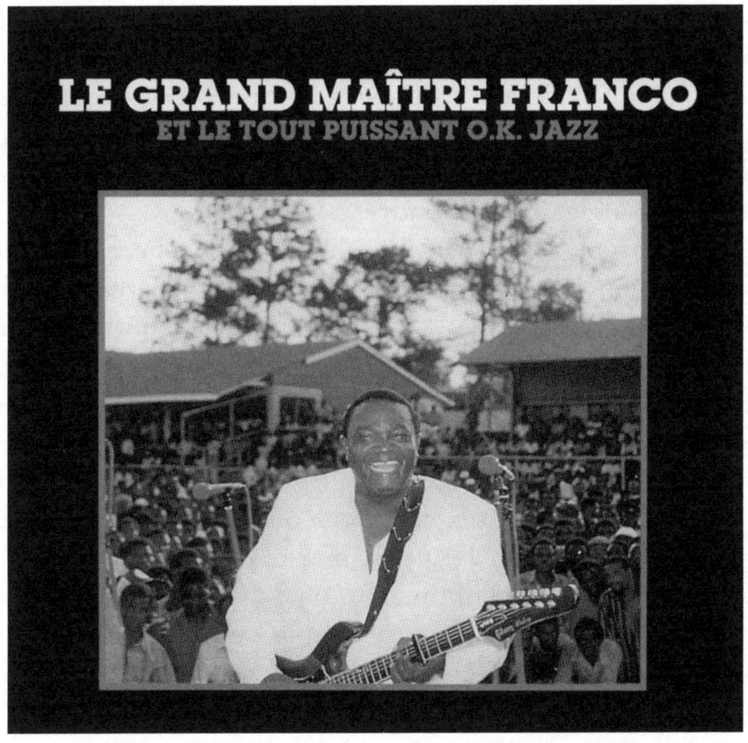

117. Le Grand Maître Franco, Franco © Celluloid Records.

Sida » sortie en 1987. Elle durait une vingtaine de minutes et adressait un message pertinent et poignant à ses fans :

« Protégez vos corps contre cette maladie qui n'épargne personne ; vous, les étudiants, méfiez-vous des partenaires que vous ne connaissez pas assez ; vous, les femmes ne tombez pas enceintes si vous portez déjà le virus VIH ; enseignants, prêtres, pasteurs, passez le message ; docteurs soyez prudents avec les aiguilles et portez toujours des gants quand vous touchez du sang ».

Franco est décédé à Bruxelles en octobre 1989, apparemment d'une maladie associée au sida. Trois semaines auparavant, son biographe, Graeme Ewans, m'a présentée à Franco dans un hôtel à King's Cross, Londres. Il avait l'air vraiment fatigué et n'était que l'ombre de son imposante personne. Après son décès son corps a passé trois jours au Palais du Peuple à Kinshasa et le gouvernement zaïrois a décrété quatre jours de deuil national. Dans la rubrique nécrologique du journal londonien, *The Independent,* le journaliste Philip Sweeney a écrit : « Franco était un artiste de grande envergure et de grande stature. Ceux qui ont assisté à son unique performance en Grande Bretagne au Palais de Hammersmith en 1984 se rappelleront du choc instantané d'énergie de la musique lorsque la forme corpulente de Franco, drapé dans un blazer, est arrivée sur scène. Pendant que ses musiciens jouaient les morceaux pour chauffer le public, Franco se faisait photographier à l'étage avec de nombreux VIP africains de Londres ».[17]

Le grand rival de Franco fut Tabu Ley Rochereau (1940–2013). Il a adopté le nom du général Pierre Denfert-Rochereau, qu'il a connu en classe d'histoire à l'école. En 1971, il change son vrai nom, Pascal Emmanuel Sinayoyi Tabu, et devient Tabu Ley pendant le période d'authenticité du Président Mobutu Sese Seko. Comme Franco, Tabu Ley a composé des milliers de morceaux et il a créé l'Orchestra Afrisa International qui rivalisait avec le Tout Puissant OK Jazz. De leur base à Bruxelles, Tabu Ley et ses musiciens ont beaucoup voyagé et promu leur style soukouss. Tabu Ley s'est marié avec une de ses chanteuses, Mbilia Bel dont il a eu un enfant, mais on dit qu'il est le père de soixante-huit enfants de mères différentes.[18] Tabu Ley a vécu en exil pendant la plus grande partie de l'ère Mobutu (il se vantait d'avoir joué dans la même boîte de nuit que les Beatles à Hamburg où il leur a enseigné à chanter à l'unisson) et est revenu à Kinshasa en 1997, quand il a été nommé ministre dans le gouvernement du Président Laurent Kabila. Il a aussi été Vice-gouverneur de Kinshasa en 2005. Il a eu un accident vasculaire cérébral en 2008 et il est décédé à Bruxelles en novembre 2013.

Un des chanteurs de l'orchestre de Rochereau était **Papa Wemba,** né Jules Shungu Wembadio Pene Kikumba en 1949 dans la région de Kasai. Quand il avait six ans, sa famille est allée à Kinshasa où sa mère a travaillé comme pleureuse professionnelle dans les funérailles. La future carrière de Papa Wemba a été influencée par ces cérémonies ainsi que par la musique religieuse et le Rhythm and Blues américain, surtout celui d'Otis Redding. En 1974, lors du festival Rumble in the Jungle, il a entendu les Fania All Stars de New York dire « Viva La Musica » sur scène et donc il a choisi ce nom pour le groupe qu'il crée en 1977. Ils ont adopté Village Molokai au cœur du quartier Matonge à Kinshasa comme base, et l'adorable film *La vie est belle* raconte leur vie quotidienne à l'époque. En 1979, à la suite d'une tournée en Europe, et d'une réelle fascination pour les vêtements de marque, Wemba a commencé à

---

17 Philip Sweeney, 'Obituary Franco', *The Independent,* le 16 octobre 1989.
18 'Le Chanteur Tabu Ley est mort', BBC News Afrique, le 30 novembre 2013.

promouvoir la SAPE (Société des ambianceurs et personnes élégantes). D'après Wemba, un sapeur doit être « bien habillé, bien rasé, bien parfumé ».[19] En fait, les sapeurs dépensent de petites fortunes en vêtements ; ils organisent des bals, publient leurs propres manifestes et codes (par exemple, dix façons de marcher pour mettre en valeur leurs vêtements griffés). La carrière internationale de Papa Wemba a décollé grâce au soutien des maisons de disques en Angleterre, en France et au Japon. Papa Wemba a poursuivi une carrière musicale exceptionnelle jusqu'à sa mort subite sur scène, à Abidjan, le 23 avril 2016.[20]

En 2004, les cinéastes français Renaud Barret et Florent de la Tullaye ont dormi comme des clochards sur des cartons dans les rues de Kinshasa à la recherche de musique congolaise contemporaine. Ils sont tombés sur un groupe de musiciens ambulants paraplégiques nommé Benda Bilili. Après avoir enregistré leur album *Très, Très Fort*, tous deux ont commencé à filmer des images du groupe pour des besoins de marketing et m'ont fourni quelques clips pour l'émission « L'Afrique centrale ». J'étais loin de penser qu'ils préparaient un documentaire qui allait être primé. Leur film *Benda Bilili* a reçu une ovation de cinq minutes après sa première mondiale au Festival de Cannes en 2010.

Au Rwanda voisin, un jeune musicien, **Corneille Nyungura**, a miraculeusement survécu au génocide, mais son père Tutsi, sa mère Hutu et ses frères et sœurs ont tous été tués. Il a réussi à se cacher des assaillants puis à s'enfuir au Zaïre puis en Europe. Son album, *Parce qu'on vient de loin* a été très apprécié en France.

241

Afrique lusophone

Quand les Portugais qui avaient colonisé l'Angola, le Mozambique, la Guinée-Bissau et le Cap-Vert, ont finalement quitté l'Afrique, ces pays se sont sentis coupés des états voisins parce que leur langue officielle commune était le portugais et non le français ou l'anglais. Leur lutte pour la liberté a été brutale et sanglante, et ce ne fut qu'en 1975 que tous ces pays ont acquis leur indépendance. De nos jours, les pays lusophones ont exploité leurs propres styles de musique, depuis les styles animés d'Angola au blues triste et tranchant des ballades en mineur *morna* des

---

19 'Groove Zaire', *Rhythms of the World*, BBC 2, diffusé le 24 février 1990.

20 'Papa Wemba, Congo music star, dies after stage collapse', BBC News, le 24 avril 2016. Disponible à https://www.bbc.co.uk/news/entertainment-arts-36123214, consulté le 1 mars 2019.

îles du Cap Vert qui ont fait de **Cesaria Evora** (1941–2011) une diva internationale. Elle est née à Mindelo, sur l'île de Sao Vicente. Son père est décédé très jeune et sa femme albinos à dû élever leurs sept enfants. Cesaria a chanté dans des bars autour de la baie comme le Calypso ou le Café Royal, rue Lisbonne, mais elle restera complètement inconnue en dehors de son pays jusqu'en 1988, quand le producteur Jose Da Silva la persuade d'enregistrer son premier album à Paris, « La diva aux pieds nus », surnom qui vient du fait qu'elle chante pieds nus sur scène. Trois ans plus tard quand son troisième album intitulé tout simplement « Cesaria » sort, la réputation de cette belle voix moelleuse et de sa musique plaintive de *morna*, qui ressemblait au *fado* portugais et aux rythmes de tango argentin étaient faites. Des concerts au club New Morning à Paris, des articles dans *Le Monde*, *Libération* et d'autres journaux de la place confirmèrent son talent, comparant son style de chant simple et authentique à celui de Piaf, Bessie Smith ou Billie Holiday. Elle commence des tournées mondiales et en 2004, elle a reçu le prix suprême, un Grammy Award pour son album, *Voz d'Amor*.

Balayées par les vents, les îles du Cap-Vert portent le nom de la presqu'île de Dakar qui est à 40 minutes de vol de Praia. Par le passé, le nombre de Cap-verdiens si important ont émigrés de ce terrain rocheux et désertique, tant qu'ils sont maintenant plus nombreux à l'extérieur qu'au pays. Certains groupes sénégalo-cap-verdiens comme Cabo Verde Show et Tam Tam 2000 ont été chaleureusement accueillis par leurs compatriotes au Sénégal, en Europe et aux États-Unis. Formé à Paris en 1977 par les musiciens Luis Silva (batteur), Emmanuel 'Manu' Lima (vocale et clavier), Gérard Mendes (vocale et guitare) et Jean Claude Mendes (percussions), Cabo Verde Show a sorti leur premier album *Recordo Pensa* en 1978. Établis à Mulhouse en France, Tam Tam 2000 ont eu un succès mondial avec leur tube entraînant et dansant 'Ti Chérie' qui parait sur l'album *Best of Tam Tam 2000* sortie en 1986 sur le label Syllart. Toutefois, aujourd'hui l'économie des îles du Cap Vert est devenue de plus en plus florissante grâce à la stabilité politique et investissements dans les secteurs clés de l'économie comme l'éducation, la télécommunication et le tourisme.

À Paris, où j'ai interviewé nombre d'artistes pour l'émission, *The African Rock 'n' Roll Years*, j'ai parlé avec Lura (de son vrai nom, Maria de Lurdes Assunçao Pina), un talent émergeant, qui, bien que vivant en Europe, tient à retrouver les traditions musicales de ses parents cap-verdiens : la danse *funana* menée par l'accordéon ou la *coladeira*

118. L'artiste cap-verdienne Césaria Evora © Shutterstock.

cadencée qui met en valeur la petite guitare, la *cavaquinho*. J'ai également rencontré le très courtois Bonga, né Barcelo de Carvalho en Angola mais installé à Lisbonne, où il a d'abord été champion national de 400 mètres puis joueur de football pour le Benfica. À un moment, ses propos indépendantistes l'ont contraint à fuir Lisbonne en 1972 pour les Pays-Bas, mais aujourd'hui le musicien à succès présente fièrement sa musique *semba*, ancêtre de la samba brésilienne. Avec sa voix rauque, il chante

119. L'artiste mozambico-portugaise Mariza © Shutterstock.

en kangolais, un mélange de portugais et de langues nationales et ses touchantes compositions, souvent des berceuses, parlant de la pauvreté, des traditions angolaises (des masques de glaise fabriqués par les enfants), du quotidien africain.

À Gateshead, lors des BBC Radio 3 World Music Awards, j'ai rencontré la chanteuse de *fado* contemporain, l'élégante et talentueuse, Mariza qui venait de remporter le prix du meilleur artiste européen. Née en 1973 au Mozambique d'une mère mozambicaine et d'un père portugais, **Marisa dos Reis Nunes** est venue à Lisbonne, la ville de son père quand elle avait trois ans. Ici, la famille gérait un restaurant dans le quartier de Mouraria où, parait-il, le *fado* est né. Le *fado*, comme la *morna*, mélange les rythmes africains avec une mélodie et des paroles portugaises. Le mot *fado* veut dire« destin » mais Mariza préfère le définir comme un feeling : « Chanter un *fado*, c'est exprimer l'intensité de l'âme portugaise, et souvent cela veut dire exprimer la *saudade*, un désir doux-amer pour quelque chose d'indéfinissable et d'une beauté exquise.[21] La voix très émouvante de Mariza trouve son écho dans les tons pleureurs de la guitare espagnole à cordes en acier et sa présence sur scène est enrichie par sa taille de mannequin, ses cheveux blonds sculptés et tressés et les tenues de soirée à la dernière mode qu'elle a l'habitude de porter.

---

21 Isabel de Lucena, 'A Guide to Fado', *Songlines* 27 novembre/décembre, 2004.

Dans sa ferme à Essex, sa résidence pendant une tournée en Angleterre, j'ai parlé avec Djindji Dilon, vétéran chanteur et ancienne star qui a donné le nom *marrabenta* à la musique moderne en Mozambique.

Afrique du Nord

Arrivée à l'aéroport d'Alger au milieu des années 80, j'ai eu un sentiment d'appréhension. Dans la ville, les regards frustrés des hommes dans la rue et l'austérité des tenues des femmes dénotaient une atmosphère générale de répression. L'institutrice diplômée de l'université devait demander la permission de son mari avant de quitter sa maison et ne s'asseyait jamais seule dans un café de rue. À l'élégant hôtel Saint-Georges avec ses jardins ensoleillés parfumés au jasmin et carrelés de mosaïques mouillées par les jets de fontaines scintillantes, je me souviens d'être allongée dans ma chambre, apathique, comme submergée par un chagrin profond et inexplicable. J'avais l'impression que les fantômes de cette guerre qui fut parmi les plus sanglantes, la lutte pour l'indépendance de l'Algérie, hantaient encore la terre. Ou peut-être était-ce la prémonition de l'effusion de sang à venir, l'horrible et désespérant carnage de civils innocents, tués par des terroristes fondamentalistes au nom d'Allah, dans les années 1990.

Alidu Hajji Brahim Khaled, fils de policier, est né dans le port algérien d'Oran en 1960 et a été un personnage-clé dans l'élaboration de la forme musicale raï (ce qui signifie « l'avis »). D'une sensualité hypnotique, cette musique de danse a initialement été chantée par les femmes, puis par les Chebs, les jeunes chanteurs qui l'ont modernisée à l'aide de guitares électriques, de saxophones et de synthétiseurs et qui représentaient la rébellion des jeunes en Algérie dans les années 1970 et au début des années 80, tout comme le rock 'n' roll était la voix des jeunes occidentaux dans les années 60. Surnommé « le roi du raï », Cheb Khaled était le plus important et le plus célèbre des artistes de raï, mais il fut également le premier à amener le rai à un public international, faisant ses débuts en France en 1986 où il a obtenu des critiques enthousiastes. Sa musique est donc un mélange de rythmes et de chants traditionnels algériens, d'accordéon français, d'oud arabe et de violon tzigane, de flamenco espagnol, de jazz, de soul, de reggae, de funk et de rock 'n' roll. Ses premières chansons appelaient à la tolérance religieuse et culturelle, et à la libération de la femme dans un État à parti unique où les militants islamistes menaçaient les libertés sociales. Lorsque plusieurs artistes et producteurs de raï, dont le chanteur Cheb Hasni et le producteur Rachid Baba-Ahmed ont été assassinés par des intégristes, Cheb Khaled est devenu de plus en plus inquiet de la situation politique en Algérie et, craignant pour sa propre sécurité, il s'est installé en France en 1990. Khaled qui avait alors trente ans, a abandonné le préfixe Cheb. Il a signé un contrat d'enregistrement avec la maison de disques Barclay et, sous l'influence des principaux producteurs comme Don Was, Clive Hunt, et Michael Brook, sa musique a commencé à intégrer le jazz, le reggae et le hip hop. Was, qui a produit l'album *Khaled* en 1992 a observé que « Khaled a du charisme et quand il est dans une pièce, tout s'éclaire ».

L'une des stars féminines qui a participé à cette édition de la série était Amina Annabi de la Tunisie. Actuellement, elle vit en France et a représenté ce pays à la finale du Concours Eurovision de la Chanson en 1991 avec « Dis moi pourquoi ». Le musicien sénégalais Wasis Diop y a joué à la guitare et le morceau a été produit par son mari à l'époque, le producteur français Martin Meissonier. Amina fait partie d'un groupe de femmes nord-africaines talentueuses et éloquentes qui ont grandi dans une société qui les réprimait mais qui ont finalement trouvé leur chemin vers la liberté. Dans son entrevue avec moi elle a dit :

246

120. *Hada Raykoum*, Cheb Khaled © Triple Earth Records.

« Être libre nous permet de nous connaître. Plus on se connaît plus, on peut choisir pour soi-même. Nous, les femmes, nous avons une grande responsabilité. Nous devons enseigner aux hommes, avec une douceur et une détermination comment nous respecter et lorsque nous sommes respectées, nous pouvons les respecter ».

Chanteur et activiste, **Rachid Taha** (1958–2018), dont la musique est influencée par de nombreux styles (raï, rock, électronique et punk), est né en Algérie en 1958, mais vivait en France. Il ne blâme pas l'Islam pour les inégalités entre hommes et femmes en Algérie ; il considère plutôt le *Code de la famille* présenté par le Président Chadli dans les 1980 et 1990 comme la principale raison de la soumission et de l'obéissance chez les femmes.

Chanteuse, auteure-compositrice, guitariste, Souad Massi, qui a grandi dans les dédales du vieux quartier de Bab El Oued à Alger, a décrit les difficultés de s'exprimer comme une jeune en portant des jeans ou jouant de la guitare pendant le couvre-feu de 19 heures au début des années 90, quand les divers groupes islamistes se battaient contre le gouvernement algérien, aidé par l'Armée nationale populaire. Des milliers de civils ont été tués. Parmi ceux qui ont échappé à la mort mais ont été grièvement blessés, le présentateur de radio et télévision très aimé 247

121. L'artiste tunisienne Amina Annabi © l'artiste.

des jeunes, Aziz Smati, s'est exilé en France. En 1999, quand Smati et Mohammed Allalou ont organisé le festival Femmes d'Alger au Cabaret Sauvage à Paris, ils ont invité Massi. Elle est restée en France où elle a signé un contrat d'enregistrement avec Island Records et a poursuivi sa carrière avec succès. Connue pour son style acoustique folk, elle chante accompagnée de sa guitare, en arabe, en français et en anglais, et dans ses compositions, elle est souvent nostalgique de son pays. « Mesk Elil » (parfum de chèvrefeuille), s'inspire des jardins fleuris d'Alger et de la Kabylie, la région de ses parents berbères. Il faut noter aussi que c'est Idir, un autre chanteur de cette région d'Algérie qui, en 1976, nous a fait connaître la musique de son pays avec son fameux tube, « A Vava Inouva », que l'on pourrait même qualifier l'une des toutes premières chansons à succès de la World Music.

Le parcours créatif de Malika Zarra l'a conduite du Maroc à Paris, puis à New York où elle a signé avec le label Motema (ainsi que Gregory Porter, lauréat d'un Grammy Award). La musique de Malika s'inspire des rythmes de son pays natal, mais ses collaborations l'ont amenée dans de nouvelles et passionnantes directions. Son style vocal polyvalent convient bien à l'improvisation et au jazz. Je me suis liée d'amitié avec Malika lors de sa prestation au FESMAN à Dakar en 2010. À cette occasion, elle a joué avec son collaborateur de longue date, le bassiste sénégalais Mamadou Ba, ainsi que des musiciens de France, du Surinam, de Guadeloupe et du Maroc. Malika m'a fait part de sa ferme conviction que l'émergence des artistes africains prendrait toute son ampleur au XXIème siècle, en disant simplement : « Un énorme potentiel de talents va émerger ».

Dans les années 1980, mon amie Izza Genini a produit une série de films importants intitulés *Maroc corps et âme*. En 2007, l'un d'entre eux, *Transes marocaines*, qui présente Nass El Ghiwane, un groupe de musiciens de Casablanca, a été choisi par Martin Scorsese pour son projet World Cinema. Il écrit :

> « En 1981, je travaillais la nuit pour éditer *The King of Comedy*. La télévision était toujours allumée. Un soir, vers 2 ou 3 heures du matin, un film intitulé *Transes* a été diffusé. J'ai tout de suite été fasciné par la façon dont le documentaire a été réalisé, par le mélange de poésie, de musique et de théâtre qui remonte aux origines de la culture marocaine : les

122. Le groupe malien Tinariwen sur scène © Shutterstock.

musiciens chantent leur pays, ses habitants, leurs souffrances. Depuis lors, je ne cesse d'être obsédé par ce film ».[22]

« Les femmes sont l'épine dorsale de la société touareg », m'a dit l'une des chanteuses du groupe malien Tartit (union), réunies dans un camp de réfugiés en Mauritanie, en 1992. Leur musique est caractérisée par le son des instruments traditionnels tels que le *ngoni* et le *imzad*, et est animée par des refrains en forme de question/réponse et de vigoureux claquements de mains ; leurs chants, le blues du désert, portent souvent un message de solidarité avec les autres femmes. Elles sont capables, par exemple, de chanter pour une femme récemment divorcée afin de la consoler, lui remonter le moral et l'aider à oublier sa tristesse.

Le groupe touareg **Tinariwen**, lauréat d'un Grammy Award, a également été créé dans un camp de réfugiés en Libye. Le père d'un des musiciens, Ibrahim Ag Alhabib, a été tué dans la première insurrection

22 Cité dans les notes de pochette du DVD Martin Scorcese présente *Transes*, Un film de Ahmed El Maanouni, sorti le 18 janvier 1985 et restauré en 2007.

touareg en 1963. Ces musiciens couronnés de succès sont issus donc, d'une lignée de nomades touaregs indépendants qui se sont longtemps opposés aux gouvernements maliens. En 2012, utilisant des armes acquises en Libye, les rebelles touaregs ont monté une insurrection au nord contre les soldats du gouvernement malien qui a mené au coup d'état dirigé par le capitaine Amadou Sanogo qui a évincé le président Amadou Toumani Touré.

The African Rock 'n' Roll Years a reçu de bonnes critiques dont cette description du premier épisode :

> « Si vous n'avez jamais entendu les sons glorieux de la musique de l'Afrique de l'Ouest, vous êtes bons pour une révélation. Si vous les connaissez déjà, ce superbe documentaire vous présentera encore plus de musiques irrésistibles. Enrichi d'interviews fortes, ce pourrait être le documentaire de l'année mais … il y a encore cinq épisodes… Je suis impatient ».[23]

Et pour la série toute entière : « En regardant ces émissions, vous seriez vraiment cyniques de continuer à prétendre que la musique ne peut insuffler le changement »[24]… « tel un juke-box vidéo bien approvisionné, *The African Rock 'n' Roll Years* était aussi une leçon discrète d'histoire moderne, reprenant le thème familier de l'effondrement post colonial et de la corruption qui enrage, qui enflamme et qui inspire les musiciens, encore de nos jours ».[25]

---

23 Geoff Ellis, 'The African Rock 'n' Roll Years' *Radio Times*, du 18–24 juin, 2005.

24 Phelim O'Neill, 'The African Rock 'n' Roll Years', *The Guardian*, le 28 juin 2005. Disponible à https://www.theguardian.com/media/2005/jun/28/trandradio.television, consulté le 1 mai 2019.

25 Rupert Smith, 'The cradle will rock', *The Guardian*, le 3 août 2005. Disponible à https://www.theguardian.com/media/2005/aug/03/tvandradio.television3 consulté le 1er mars 2019.

CODA

Dans son livre *My Festival Romance*,[1] Thomas Brooman, co-fondateur du festival WOMAD, inclut un chapitre intitulé « Un Albatros appelé musique du monde ». Il décrit l'élision malheureuse qui s'est produite entre le terme World Music tel qu'il a été conçu par lui-même et d'autres promoteurs et labels britanniques pour commercialiser la musique du monde entier qui ne correspondait pas aux reggae, blues, jazz, folk ou classique. et son interprétation subséquente en tant que genre musical qui a conduit ses artistes à se sentir aliénés du courant dominant. Selon Brooman, « intellectuellement, c'était très frustrant et de nombreux artistes se sentaient mal à l'aise. Youssou N'Dour, un artiste de musique du monde? Eh bien, non merci beaucoup. Que diriez-vous d'un artiste du Sénégal? Qu'est-ce qui ne va pas avec ça? Et pendant que nous y sommes, que diriez-vous d'un grand artiste du Sénégal? »

En 1993, le compatriote de Youssou, Baaba Maal, avait déjà exprimé ses inquiétudes au journaliste britannique Chris Salewicz: « La musique du monde est devenue le camp de réfugiés de l'industrie du disque: seule une poignée a réussi à échapper à ses confins et à obtenir une résidence permanente en Occident.»[2]

Le musicien, producteur et activiste social nigérian-allemand, Ade Bantu, explique la même idée du point de vue africain:

« La musique africaine est maintenant généralement considérée comme branchée, cool et sexy. A une époque, la seule voie pour avoir accès à un public en Europe ou en Amérique était la World Music. Maintenant, vous n'avez pas besoin de suivre cette route. Dans un club R & B à

---

1 Thomas Brooman, *My Festival Romance,* Tangent Books and Bristol Archive Records, 2017, p.247.

2 Chris Salewicz, 'Going the extra Maal', *Independent,* le 12 mai 1992. Disponible à https://www.independent.co.uk/arts-entertainment/art-going-the-extra-maal-baaba-maal-has-cracked-the-big-entrance-on-the-live-stage-now-hes-set-on-2322381.html. Consulté le 1 mars 2019.

Berlin, ils jouent de la musique nigériane et les Africains de deuxième et troisième générations sont fiers de cela. »[3]

En septembre 2015, la journaliste Anita Awbi a écrit, « Elle [la musique africaine] est sortie de son lit, se répandant de la catégorisation de 'world music' et sa programmation conceptuelle dans les salles de concert pour inonder les courants dominants, les scènes alternatives et elle ira plus loin encore. »[4]

La musique du monde a tout de même permis à de nombreux artistes d'atteindre une renommée mondiale et bien qu'elle ait maintenant atteint son apogée, les musiciens du monde entier s'écoutent des quatre coins du monde et beaucoup sont en mouvement. Les collaborations entre les musiciens africains et ceux de l'extérieur du continent sont en nette augmentation, une tendance menée par Youssou N'Dour et Neneh Cherry, Ali Farka Touré et Ry Cooder, Taj Mahal et Toumani Diabaté pour n'en nommer que quelques-uns.

En 2006, la pop star britannique Damon Albarn et le journaliste Ian Birrell créent l'Africa Express Collective qui offre aux musiciens africains et à leurs collaborateurs une plateforme de rencontres musicales et d'expérimentation. Juldeh Camara, le merveilleux joueur de ritti gambien s'est associé au guitariste britannique Justin Adams.

À part des succès en Allemagne dans les années 90, en 2003, Ade Bantu, son frère Abiodun et le chanteur de reggae allemand Gentleman ont enregistré un single «Rudie (Hold It Down)» avec UB40. En 2004, le premier album de son nouveau groupe BANTU inclu des artistes tel que Don Abi, Sly Dunbar, Positive Black Soul et Pee Froiss du Sénégal. Leur single «Fuji Satisfaction» une melange eclectic de Fuji, hiphop, Dancehall, Afrofunk et Afrobeat a gagné le Kora Awards pour "Best Group West Africa" et "Best Group Africa" en 2005.

Une des plus heureuses fusions musicales a donné naissance à l'album *Clychau Dibon*, l'un des albums les plus populaires de la fusion, sorti en 2013 ; il s'agit de duos entre la harpiste du Pays de Galle, Catrin Finch et le koriste sénégalais, Sékou Keita qui réside maintenant en Angleterre. Ces duos remarquables entre deux harpes originaires de

252

---

3 Interview avec Rita Ray dans *Africa: A Journey Into Music*, BBC 4, diffusé le 2 juin 2018.

4 Anita Awbi, 'Awesome Africa', *M Magazine* 57, septembre 2015. Disponible à https://www.m-magazine.co.uk/features/awesome-africa/, consulté le 1 mars 2019.

deux continents différents ont été décrit comme « complexe, éthérés et ravissants, un pas de deux élaboré ».[5]

L'album *Ladilikan* du Trio Da Kali et du Kronos Quartet, enregistré en seulement quatre jours dans un studio en Suisse, présente des musiciens traditionnels du Mali; la voix riche et ravissante de Awa Kassé Mady Diabaté, fille du célèbre tenor Kassé Mady Diabaté, le ngoni de Mamadou Kouyaté, fils de Bassekou Kouyaté et le balafon virtuose de Lassana Diabaté. David Harrington, fondateur et directeur artistique du Kronos Quartet, célèbre pour leurs aventures musicales en dehors de la tradition classique occidentale, a décrit cet album comme l'un des plus beaux de leur répertoire.

L'album de Youssou N'Dour, *Africa Rekk*, fut classé dans les bacs 'pop' et non pas 'world music', ce qui signifie pour moi l'acceptation par l'industrie musicale des musiques d'ailleurs. À Dakar, dans une interview avec Ibrahima Khalil Wade du journal *l'Enquête*, Youssou a dit ceci :

> « *Africa Rekk* est un cri d'espoir, un slogan panafricaniste pour faire comprendre au public, et en particulier à la jeunesse africaine, qu'ils ont une responsabilité vis-a-vis du continent qui les a vu naître et s'accomplir. Face à un bilan mitigé en plus de 50 ans d'indépendance, c'est à eux d'être les soldats pacifiques du décollage de notre continent dans tous les domaines… *Africa Rekk* est aussi une représentation de l'Afrique au reste du monde à travers la beauté des sonorités et du talent de la jeune et prometteuse génération d'artistes. En définitive, cet album incarne et montre une Afrique positive. »

Youssou a fait exprès d'inviter des musiciens de la nouvelle génération, le guitariste nigérian Femi Leye (*Bull Ko Door*) et son compatriote Spotless (*Dawal*), le chanteur Congolais Fally Ipupa (*Ban La*) et la superstar Sénégalo-Américaine Akon. Dans ce véritable tube, deux voix puissantes reconnaissent le pouvoir de leur muse. « Si tu ouvres mon cœur tu trouveras Youssou N'Dour dedans », chante Akon et il finit par affirmer, « Puisque vous êtes dans mon âme je vais conquérir, "Conquer the World." »

D'ici 2050, environ 2,2 milliards de personnes pourraient s'ajouter à la population mondiale et plus de la moitié de cette croissance se produirait en Afrique. À lui seul, le Nigeria devrait compter plus de 300 millions d'habitants. Après des années de pauvreté et de guerre,

---

5   Neil Spencer, *Uncut,* novembre 2013.

l'Afrique, le deuxième continent le plus peuplé de la planète, se développe à un rythme vertigineux. Six des dix économies les plus dynamiques du monde sont maintenant africaines. Cette prospérité se reflète dans une floraison de créativité dans les arts, la mode, la musique et le sport. L'Afrique est en train de révéler au monde son nouveau visage du vingt-unième siècle.

C'est à Lagos, une ville de 30 millions d'habitants dans le pays le plus peuplé du continent africain (1 Africain sur 7 est nigérian) que Sony Music a installé son siège africain en janvier 2016. Interviewé pour le journal français *Le Monde* par Joan Tilouine, le PDG, Michael Ugwu a déclaré: «Nous croyons que le moment est venu pour nos artistes de prendre leur place sur la scène internationale et nous voyons cela comme le début d'une révolution culturelle en Afrique.» Pour Tilouine, des artistes comme Tiwa Savage, Wizkid alias Ayodeji Ibrahim Balogun (31 ans) et Davido alias David Adeleke (28 ans) sont désormais capables de négocier des contrats importants tout en préservant leur liberté artistique. Ils sont des acteurs clés d'une nouvelle génération de jeunes artistes confiants et entreprenants qui savent ce qu'ils veulent et sont fiers d'être africains.

254 Dans la série télévisée, diffusée par la BBC en 2018, *Africa, A Journey into Music*, la présentatrice ghanéenne Rita Ray a visité trois pays – le Nigeria, l'Afrique du Sud et le Mali – et a remarqué qu'au Nigeria en particulier, un espace s'est ouvert pour des femmes artistes comme Tiwa Savage, souvent surnommée la Beyoncé du Nigeria, qui est parmi les plus populaires. Les Afrobeats d'aujourd'hui sont devenus un phénomène mondial et, comme l'a observé Rita Ray, « l'Afrique est en train de vanter sa culture et son identité de manière passionnante ».

En acceptant son Grammy Award en Janvier 2020, Angélique Kidjo l'a dédié à la superstar Burnaboy qui était sur le point de sortir son 5ième album *Twice as Tall*, qui a eu le Grammy en 2021 pour Best World Music Album. Dans le premier morceau Burnaboy s'étonne de son propre succès et s'émerveille d'avoir pu remplir un stadium comme Wembley à Londres. "C'est effrayant mais c'est magique" dit-il. Son invité, Youssou N'Dour, l'encourage – "Ne t'arrête pas. You can do it…."

On peut dire que grâce aux luttes d'un Fela Kuti ou d'un Youssou N'Dour, ou Angélique Kidjo ces stars montantes d'Afrique ont le talent, l'imagination, l'élan et les outils médiatiques pour enfin se libérer des frontières de la musique du monde et prendre leur place aux côtés de Jay Z ou Will.i.am. Bref, ils ont l'ambition de conquérir le monde.

BIBLIOGRAPHIE

Angelou, Maya, *All God's Children Need Travelling Shoes* (Virago, 1986).

Arnaud, Gérald, *Youssou N'Dour, Le griot planétaire* (Dem.i-Lune Collection, Voix du Monde, 2008).

Ba, Mariama, *Une Si Longue Lettre* (Les Nouvelles Éditions Africaines du Sénégal, 1979; Le Serpent à Plumes, 2001; *So Long a Letter*, Heinemann, 1981, Serpent's Tale, 2011).

Benaiche, Marc, *Great Black Music* (Actes Sud/Cité de la Musique, 2014).

Belafonte, Harry with Schnayerson Michael, *My Song: A Memoir of Art, Race & Defiance* (Canongate, 2011).

Brooman, Thomas, *My Festival Romance*, (Tangent Books and Bristol Archive Records, 2017).

Cathcart, Jenny, *Hey You! A Portrait of Youssou N'Dour* (Fine Line Books, 1989).

Cruise O'Brien, Donal, *The Mourides of Senegal, The Political and Economic Organization of an Islamic Brotherhood*, (Clarendon Press, 1971).

Diome, Fatou, *Le Ventre de L'Atlantique*, (Éditions Anne Carrière, 2003).

Greer, Bonnie, *Obama Music, Some Notes from a South Sider Abroad* (Legend Press, 2009).

Idowu, Mabinuori Kayode, *Fela le combatant*, (Le Castor Astral, 2002).

Jackson, Michael, *Moonwalk* (William Heinemann, 2009).

Fox, James, *White Mischief* (Jonathan Cape, 1982, Vintage, 1998).

Kapuscinski, Ryszard, *The Shadow of the Sun: My African Life* (Penguin, 2001).

Kidjo, Angélique with Rachel Wenrick, *Spirit Rising: My Life, My Music* (Harper Collins, 2014).

Lahana, Michelle, *Youssou N'Dour La Voix de la Médina* (Patrick Robin editions, 2005).

Lee, Hélène, *Rockers D'Afrique*, (Albin Michel 1988).

Lessing, Doris, *Collected African Stories, Vol. 2: The Sun Between Their Feet* (Michael Joseph Ltd., 1973; Triad Panther, 1979).

Leymarie, Isabelle, *Les Griots Wolof du Sénégal*, (Servedit-Maisonneuve & Larose, 1999).

Makeba, Miriam & James Hall, *My Story* (Bloomsbury Publishing, 1988).

N'Dour, Youssou with L. Rosenbaum & L. Touitou *Sénégal: La Cuisine de ma Mère* (Ed. Minerva, Geneva, Switzerland, 2004).

Samba, Papis, *Musique Sénégalaise* (Vives Voix, 2014).

Sankhare, Oumar, *Youssou N'Dour Le Poète* (Nouvelles Éditions Africaines du Sénégal, 1998).

Springsteen, Bruce, *Born to Run* (Simon & Schusters UK, 2016).

Stapleton, Chris and Chris May, *African All Stars, the Pop Music of a Contiunent*, (Quartet Books, 1987).

Sting, *Broken Music*, (Simon and Schuster, 2003).

Sublette, Ned, *Cuba and its Music: From the First Drums to the Mambo* (Chicago Review Press, 2004).

Tolle, Ekhart, *The Power of Now* (Hodder & Stoughton, 1999).

YOUSSOU N'DOUR
DISCOGRAPHIE

Diongoma (Mandingo MP122, 1983).

Immigrés/Bitim Rew, (Celluloid CEL 6709 France 1984, LP; Earthworks, STEW10CD, le 16 avril 2002).

Djamil/Inedits 84-85 (Celluloid CEL6809, 1986; M.P.G, MPG74075, le 5 mars 2009).

Nelson Mandela (Magnetic 240 4461 France 1985, LP; Earthworks/ Rough Trade, ERT 1009, London 1986; Earthworks/Rough Trade, ET 004, 1986, EP; Polygram Records, Inc., New York, 8310294-2, 1986).

The Lion (Virgin V2584, 1989).

Set (Virgin V2634, 1990).

Eyes Open (40 Acres and a Mule Musicworks, CSK455, 1992; *Best of Youssou N'Dour* Virgin, CDV2773, le 15 décembre 1994; *Birth of a Star* Manteca MACICD025, 2001).

Joko, From Village to Town, Sony/Columbia, 489718-2, le 23 avril 2000).

The Guide (Wommatt) (Chaos/Columbia, 4765089, le 23 octobre 2002).

Nothing's In Vain (Coono Du Reer) (Nonesuch, 755979654-2, le 21 octobre 2002).

Egypt (Nonesuch 755979694-2, le 7 avril 2004).

Hey You, The Essential Collection, (Nascente NSCD111, le 25 octobre 2005).

Rokku Mi Rokka (Nonesuch/Warner Music, 7559799745 le 29 octobre 2007).

Alsaama Day (Global Voice Syndicate, 2007).

Dakar-Kingston (Decca/Universal, 2010).

I Bring What I Love (From the Film) (Nonesuch 7559798021, 2010).

Fatteliku Live (Realworld, le 9 octobre 2015).

Africa Rekk (Sony Music Jet/Epic, le 4 novembre 2016).

History (Naïve Records/Believe, juillet 2019).

Mbalax (Universal Music Africa, novembre 2021).

<h1 style="text-align:center">100 CLASSIQUES
DE LA MUSIQUE AFRICAINE</h1>

AFRIQUE DU SUD

Abdulla Ibrahim (Dollar Brand), 'Mannenberg', *Mannenberg Is Where It's Happening* (The Sun SRK786134, 1974).

Hugh Masekela, 'Grazing in the Grass', *The Best of Hugh Masekela* (Sony Music Entertainment South Africa/Columbia Records, 10 octobre 2001).

Johnny Clegg and Savuka, 'Asimbonanga', *The Best of Johnny Clegg and Savuka – In My African Dream* (Priority Records CDEMCJ [WF] 5551, 1994).

Lucky Dube, 'Respect', *Respect* (Gallo, 2006).

Mahotella Queens, 'O Boshako', *Khwatha O Mone* (Hit Special-IAL 4005, 1984).

Miriam Makeba, 'Pata Pata', *Miriam Makeba Homeland* (Putumayo PUTU 164-2, 2000) Soul Brothers, 'Inhlalayenza, Usual Thing', *Jive Explosion* (Earthworks – EWV8, 1988).

Thandiswa, 'Ntyilo Ntyilo', *Zabalaza* (Gallo GWVCD 59, 2006).

Yvonne Chaka Chaka, 'Motherland', *Princess of Africa, the Best of Yvonne Chaka Chaka* (Teal Records CDRBL 190, 1992).

ALGÉRIE

Khaled, 'Aicha', *The Best of Khaled* (Wrasse Records, WRASS214, 12 mai 2008).

Rachid Taha, 'Valencia', *Made in Medina, Ole Ole 2000* (Wrasse Records, WRASS150, 14 April 2005).

Souad Massi, 'Ech Edani', *Deb* (Wrasse Records, WRASSE 096X, 21 June 2004).

ANGOLA

Waldemar Bastos, 'Sofrimento', *Pretaluz* (Luaka Bop, 1998).
Bonga, 'Olhos Molhados', *Swinga Swinga* (Piranha CDPRIR1040, 31 mai 1996).

BÉNIN

Angélique Kidjo, 'Agolo', *Aye* (Island/Mango IMCD244, 1994).
Wally Badarou, 'Hi Life', *Echoes* (Island Records, ILPS 9822, 1984).

CAMEROUN

Manu Dibango, 'Soul Makossa', *Soul Makossa* (Musidisc – CO 1506, 1979).
Richard Bona, 'Dina Lam' (Incantation), *Munia: The Tale* (Universal 980 109-3, 14 octobre, 2003).
Sam Fan Thomas, 'African Typic Collection', *The African Typic Collection* (Earthworks EWV12, 1984).

CAP-VERT

Cesaria Evora, 'Saudade', *Miss Perfumado* (Lusafrica/BMG 74321188212, 1992).
Lura, 'Marinhero', *Eclipse* (Lusafrica 562222, 2009).
Tam Tam 2000, 'Ti Cherie', *Symbiose* (Syllart 8227, 1993).

CONGO (RD)

Bisso Na Bisso, 'Bisso Na Bisso', *Racines* (V2 Records VVR1005632, 28 février 2005).
Franco et le Tout Puissant OK Jazz, 'Bolingo Ya Bougie', *Francophonie Vol. 1* (Sterns STCDE3041-42, 12 octobre, 2009).
Konono No. 1, 'Luuala Ndonga', *Congotronics* (Crammed Discs, CRAW27, 2004).
Papa Wemba, 'Esclave', *Molokai* (Realworld CDRW 71, 29 mai 1998).
Ray Lema, 'Af Coeur', *Nangadeef* (Mango CIDM 1000, 1989).

EGYPTE

Ali Hassan Kuban, 'Bettitogor Agil ', *Walk Like a Nubian* (Piranha, PIR 43-2, 1991).
Musicians of the Nile, 'Al Bahr Al Gharam Wasah' (Love is as Vast as a River), *Luxor to Isna*, (Realworld CDRW 8, 1989).

ÉTHIOPIE

Mahmoud Ahmed, 'Ere Mela Mela', *Ere Mela Mela*, (Crammed Discs CRAM 047, 1986).

GABON

Pierre Akendengue, 'Ntin'Oba', *Owende* (Le Chant du Monde LDX 74677, 1978).

GAMBIE

Ifang Bondi, 'Mantra', *Mantra-Afro Manding Sound* (Interstate Records LPH2366, 1983).

Juldeh Camara & Justin Adams, 'Sahara', *Tell No Lies*, (Realworld CDRW170, 13 mai 2009).

GHANA

A B Crensil, 'I Go Pay You Tomorrow', *Toronto By Night* (Wazuri Productions WAZ101, 1985).

George Darko, 'Hi Life Time', *Hi Life Time* (Oval Records OVLP 509, 1984).

Osibisa, 'Sunshine Day', *Best of Osibisa* (Prestige Records BBCCD, 2009).

GUINÉE

Bembeya Jazz International, 'Telegramme', *Bembeya Jazz National* (Disques Espérance, Sono Disc ESP 8418, 1985).

Mory Kante, 'Yeke Yeke', *Mory Kante à Paris* (Barclay – 829690-1, 1984).

Mory Kante, 'Kouma', *10 Kola Nuts* (Barclay 837 614-1, 1986).

Sekou Bembeya Diabaté, 'Diamond Fingers', *Guitar Fo* (Discorama, WVF 479016, 2004).

GUINÉE BISSAU

Manecas Costa, 'Pertu di Bo', *Paraiso Di Gumbe* (BBCLJ3007-2, BBC Worldwide Ltd., 2003).

Ze Manel, 'African Citizen', *African Citizen* (M10 Records, M659 – 323222, 2003).

CÔTE D'IVOIRE

Alpha Blondy and the Wailers, 'Jerusalem', *Jerusalem* (Sterns 1019, 1987).

Reine Pelagie, 'Biande', *Reine de Feu* (DEG Music DM 025).

Tiken Jah Fakoly Feat. Didier Awadi, 'Quitte Le Pouvoir', *Coup de Guele* (Barclay 98233320, 2004).

KENYA

Ayub Ogada, 'Kothbiro', *En Mana Kuoyo* (Realworld CDRW 42, 1993).

Remy Ongala & Orchestre Super Matimila, 'Muziki Asili Yake Wapi', *Songs for the Poor Man* (Realworld CDRW 6, 1989).

MALI

Ali Farka Touré, 'Goye Kur', *The Source* (World Circuit WCD030, 1992; Hannibal HNCD1375, 1992).

Bassekou Kouyaté and Ngone Ba, 'I Speak Fula', *I Speak Fula* (Out Here Records OH013, 2009).

Fatoumata Diawara, 'Bakonoba', *Fatou* (World Circuit, 2011).

Fanta Damba, 'Djadjiri', *Fanta Damba* (Celluloid CEL 6637, 1982).

Jali Musa Diawara, 'Fote Mogoban' (Oval Records OVLP511, 1988; *Direct From West Africa*, Go Records GGLP1, 1988).

Oumou Sangare, 'Djorolen', *Worotan* (World Circuit WCD045, 1996).

Rokia Traore, 'Tounka', *Tchamantche* (Nonesuch 7559799345, 8th September 2008).

Sali Sidibe, 'Djen Magni', *The Wassoulou Sound, Women of Wassoulou* (Syllart/Sterns STCD1035)

Salif Keita, Ambassadeur International, 'Mandjou' (Celluloid, CEL 6721, 1984; *The Mansa of Mali*, Mango 74321 20849 2, 1994).

Salif Keita, 'Sina', *Soro* (Sterns STCD1020, 14th October 1987).

Salif Keita and Steve Hillage, 'Chérie', *L'Enfant Lion (Bande Originale du film)* (Mango 578 084-2, 1993).

Songhoy Blues, 'Soubour', *Music in Exile* (Transgressive Records, 2005).

Tinariwen, 'Aldhechen Manin', *Amassakoul* (Wrasse Records WRASS 125, 2004).

MAURITANIE

Khalifa Ouldeide and Dimi Mint Abba, 'Hassaniya Song for Dancing', *Moorish Music from Mauritania* (World Circuit, WCD019, 1991).

MAROC

Aziz Sahmaoui & Université de Gnawa, 'Inchallah', *Mazal* (World Village 479099, novembre 2014).

Malika Zarra, 'Prelude to Mossameeha', *Berber Taxi* (Motema MTM-60, 2011).

MOZAMBIQUE

Mariza, 'Ha Uma Musica do Povo', *Concerto em Lisboa'* (World Connection 5099922942326, 6 novembre 2005).

Mariza, 'Quando Me Sinto So', *Transparente* (EMI 0724347764622, 2005).

Mama Mosambiki, 'Mwanuni', Eyuphuro (Realworld CDRW 10, 1990).

NIGERIA

Fela Kuti, 'Lady', *Music is the Weapon* (Wrasse Records, WRASS 132, 1999).

Gangbe Brass Band, 'Remembering Fela', *Whendo* (Contre-Jour/Harmonia Mundi UK, 2004).

Kezia Jones, 'Rhythm is Love', *Best of Kezia Jones* (Virgin 875251, 29 octobre 2004).

King Sunny Ade, 'Synchro System', *Best of the Classic Years*, (Shanachie – SH66034, 2003).

Tony Allen, 'Secret Agent', *Secret Agent* (World Circuit WCD 082, 8 juin 2009).

RWANDA

Cecile Kayrebwa, 'Rubyiruko', *Rwanda* (Globestyle CDORBD083, 7 mars 1994).

Stromae, 'Carmen', *Racine Carrée*, (Mercury/DEP, 16 août 2013).

Somi Utamuriza, 'Ingele', *Red Soil in My Eyes*, (Harmonia Mundi/World Village, 10 avril 2007).

SÉNÉGAL

Africando All Stars feat. Thione Seck, 'Sey', *The Rough Guide to the Music of Senegal* (World Music Network, RGNET1284CD, 2013).

Baaba Maal, 'Baayo', *Djam Leeli* (Yoff Productions, YOFFCD0001, 1984, reissued 2005; Rogue Records, FMSL 2014, 1989).

Baaba Maal, 'African Woman', *Firin in Fouta* (Mango CIDM1109, 1994).

Carlou D, 'Namenala', *Muzikr* (World Village CD450013, 2010).

Cheikh Lo, 'Doxandeme', *Ne La Thiass* (World Circuit WCD046, 1996).

Coumba Gawlo Seck, 'Djessy', Sabar 1998; *African Garden* (Lola's World Records cls0000642, 2006).

Daara J Family, 'Temps Boy', *School of Life* (Wrasse Records, WRASS262, 5 juillet 2010).

Ismael Lo, 'Tajabone', *Best of Ismael Lo* (Sono Sylla CDS7053, 7 mai 1999).

Orchestra Baobab, 'Ndongoy Daara', *Specialist in All Styles* (World Circuit WCD 064, 23 september 2002).

Pape and Cheikh, 'Mariama', *Mariama* (Realworld CDRW108, 2002).

Positive Black Soul, 'Ataya', *Salaam* (Mango CIDMX1114, Island Records 524185-2, 1995).

Thione Seck, 'Yeen', *Le Pouvoir d'un Coeur Pur* (Sterns Africa, STERNS 1023, 13 janvier 2009)

Touré Kunda, 'Natalia', *Natalia* (Celluloid CEL6740, 1985).

Xalam 2, 'Kaniane', *Apartheid* (Encore ENC134C, 1986).

Youssou N'Dour, 'Immigres', *Immigrés/Bitim Rew*, (Celluloid CEL 6709 France 1984, LP; Earthworks, STEW10CD, 16 avril 2002).

SIERRA LEONE

S.E. Rogie, 'Go Easy With Me', *Guitar Music, The 60s Sound* (Cooking Vinyl – COOK010, 1988).

Sierra Leone's Refugee All Stars, 'Manjalagi', *Libation* (Cumbancha, 2014).

SOMALIE

Maryam Mursal, 'Refugee', *The Journey* (Realworld CDRW70, 1998).

SOUDAN

Abdel Aziz El Mubarak, 'Na-Nu Na-Nu', *The Rough Guide to the Music of Sudan* (World Music Network, RGNET 1152 CD, 2005).

Emmanuel Jal and Abdel Gadir Salim, 'Gua' *Ceasefire* (Riverboat Records/World Music Network TUGCD1038, 2005).

TANZANIE

Bagamoyo College of Arts, 'Mateso', *Tanzanian Yetu, Our Tanzania* (Triple Earth Records, Terra 101, 1985).

TUNISIE

Amina, 'Dis Moi Pourquoi', *Nomad*, *The Best of Amina* (Mercury 548 935-2, 2003).

UGANDA

Geoffrey Oryema, 'Land of Anaka', *Exile* (Realworld CDRW14, 1990).

ZIMBABWE

Machanic Manyeruke and the Puritans, 'Ndofara', *Machanic Manyeruke* (Cooking Vinyl 025, 1989).
Stella Chiweshe, 'Chachimurenga', *Talking Mbira,* (Piranha, 2002).
Thomas Mapfumo and the Blacks Unlimited,' Chigwindiri', *Corruption* (Mango CCD948, 1989).